집단상담 및 교육 프로그램 개발

박민수 지음

피앤씨 에듀

들어가는 글

우리가 프로그램을 개발한다고 할 때 프로그램 개발과 관련된 전문적인 이론과 원리에 근거하기보다는 개발자의 기획 능력과 현장 경험에 의존하는 경향이 있다. 이런 경향에 의해 프로그램 개발은 기존의 프로그램을 모방하거나 차용하고, 수정하는 것에 그치고 있다. 사실 프로그램 개발은 이론, 원리, 과정, 절차, 평가 등을 포함한 복잡한 과정이다. 하나의 프로그램이 개발되기 위해서는 합리적인 과정을 거쳐 과학적이고 객관적인 절차를 밟아 프로그램을 개발해야 한다. 즉, 효과적인 프로그램의 개발은 프로그램 개발에 대한 전문적인 능력을 요구한다. 개발자의 전문적인 능력에는 객관적인 프로그램 개발의 절차와 프로그램의 운영과 평가에 관한 역량이 포함된다.

이러한 맥락에서 이 책은 현재 상담 및 교육 기관에서 실제 프로그램을 개발하고 있는 개발자와 대학원생을 교육할 목적으로 집필되었다.

제1장은 프로그램 개발의 기초로, 프로그램 개발의 개념을 이해하는 데 목적을 두었다. 이를 위해 프로그램의 특성, 프로그램의 영역, 프로그램의 개발 원리를 포함했다.

제2장은 프로그램 개발의 이론적 접근으로서, 프로그램 개발의 이론의 중요성을 이해하는 데 목적을 두었다. 특히, 상담 프로그램은 프로그램 개발 이론과 상담이론을 근거로 개발되어야 한다. 이를 위해 프로그램 개발 이론에 기초하여 이론의 의미와 기능, 프로그램의 학문적 기초, 프로그램의 상담학적 기초를 포함했다.

제3장은 프로그램 개발 모형으로서, 프로그램을 개발할 때 따라야 할 절차와 과정을 이해하는 데 목적을 두었다. 이를 위해 프로그램 개발 모형 개념에 대한 이해를 기초로 교육 프로그램 개발 모형과 상담 프로그램 개발 모형을 포함하여 저자가 만든 상담 프로그램 개발 모형을 제시하였다.

제4장은 프로그램 기획으로서, 프로그램을 기획할 수 있는 역량을 갖도록 하는 데 목적을 두었다. 이를 위해 프로그램 기획의 의미에 기초하여 프로그램 기획의 성격, 프로그램 기획의 원칙, 프로그램 기획의 단계, 프로그램 기획의 상황 분석 등을 포함했다.

제5장은 프로그램 요구 분석으로서, 잠재적 프로그램 대상자의 요구를 조사하고 반영하는 요구 분석 방법을 설명하는 데 목적을 두었다. 이를 위해 요구 분석의 의미를 기초로 하여 요구 분석의 필요성, 요구 분석의 도구, 요구 분석의 절차 등을 포함했다.

제6장은 프로그램 목적과 목표 설정으로서, 프로그램의 목적과 목표를 설정할 수 있도록 도와주는 데 목적을 두었다. 이를 위해 프로그램 목적과 목표의 개념 이해를 기초로 프로그램 목적과 목표의 기능, 목적과 목표 설정 기준, 목적과 목표 설정 방법, 목적과 목표 진술 방법을 포함했다.

제7장은 프로그램 내용 구성으로서, 프로그램을 잘 구현할 수 있는 역량을 갖게 하는 데 목적을 두었다. 이를 위해 프로그램 내용 구성 개념에 대한 이해를 기초로 프로그램 구성의 원리, 프로그램 구성의 절차, 프로그램 구성의 구조화 방법과 사례 등을 포함했다.

제8장은 프로그램 활동 요소로서, 프로그램의 목표를 구현할 때 사용할 활동 요소를 수집하고 개발하는 방법과 절차를 설명하는 데 목적을 두었다. 이를 위해 상담 프로그램 활동의 구성 절차, 활동의 선정과 원리, 활동의 수집과 개발 그리고 수집된 활동의 효능성을 평가하는 방법 등을 포함했다.

제9장은 프로그램 실행으로서, 프로그램을 실행하는 데 필요한 준비사항과 구체적인 전략을 제공하는 데 목적을 두었다. 이를 위해 프로그램 실행의 개념 이해를 기초로 프로그램 실행의 원리, 프로그램 운영 방법 및 과정, 구체적인 프로그램 준비 과정, 프로그램 진행 등을 포함했다.

제10장은 프로그램 평가로서, 개발된 프로그램 평가의 종류와 중요성을 설명하는 데 목적을 두었다. 이를 위해 프로그램 평가의 개념 이해를 기초로 상담 프로그램 평가의 필요성, 평가의 유형, 평가의 영역, 평가의 단계 등을 포함했다. 이 장에서는 상담 프로그램 평가에 필요한 실제 검사지를 첨부하여 활용할 수 있도록 하였다.

제11장은 집단상담 프로그램 개발 실제로서, 상담 프로그램 개발자들을 위한 실제 지침이 될 프로그램을 제시하는 데 목적이 있다. 이를 위해 개발자가 상담 프로그램을 개발할 때 프로그램에 들어가야 할 프로그램의 성격과 목적. 이론적 배경. 회기별 제목 및 목표, 내용 그리고 활동 요소 등을 구체적으로 제시하였다. 제시한 집단상담 프로그램은 지도자 지침용이다.

이 책의 내용은 현장에서 프로그램을 개발하는 전문가와 대학원 수준에서 다룰 수 있을 만큼 깊이 있게 제시하였다. 그리고 이 책의 내용은 대학생에게도 교재로 사용할 수 있도록 배려하였다. 이 책의 제목은 집단상담 및 교육 프로그램 개발이지만 상담 현장에서만 적용할 수 있는 것이 아니라 교육, 사회복지, 산업현장 그리고 집단상담뿐 아니라 개인상담용 프로그램 개발 등의 다양한 현장에서도 활용할 수 있을 것이다.

계명대학교 영암관 연구실에서

박 민 수

차 례

CHAPTER

01 프로그램 개발 기초

CHAPTER

02 프로그램 개발, 이론의 필요성

CHAPTER

03 프로그램 개발 모형

CHAPTER
04 프로그램 기획

CHAPTER
05 프로그램 요구 분석

CHAPTER
06 프로그램 목적과 목표 설정

CHAPTER
07 프로그램 내용 구성

CHAPTER
08 프로그램 활동 요소

CHAPTER
09 프로그램 실행

CHAPTER
10 프로그램 평가

CHAPTER
11 집단상담 프로그램 개발의 실제

CHAPTER

1

프로그램 개발의 기초

이 장의 주된 목적은 집단상담 및 교육 프로그램 개발의 개념을 이해하는 데 있다. 이 장에서는 프로그램의 개념은 무엇인지, 프로그램의 영역은 무엇인지, 프로그램 개발의 원리는 무엇인지, 상담 프로그램의 특성은 무엇인지에 대해 살펴볼 것이다.

심리상담은 기본적으로 사람을 다루는 학문이며, 상담의 과정은 상담자와 내담자의 면대면 관계에서 이루어진다. 상담의 목적은 전통적인 심리치료적 모형과 발달적 모형 그리고 생태체제적 모형과 초월적 모형으로 이해할 수 있다. 심리치료적 모형에서의 상담 목적은 개인의 심리적인 병을 치료하거나 문제를 해결하도록 돕는 것이다. 발달적 모형에서의 상담 목적은 사전에 문제의 발생을 예방하는 동시에 자신의 힘으로 보다 나은 삶을 살아갈 수 있도록 심리적 발달과 성장을 촉진해 나갈 수 있도록 돕는 것이다. 생태체제적 모형에서의 상담 목적은 개인이 그가 가진 기능을 최대한 발휘할 수 있도록 돕기 위하여 그가 속한 조직체의 환경을 발달적으로 되도록 조성해 주려는 데 있다. 초월적 모형에서의 상담 목적은 정신건강의 수준을 넘어서 영적 성장과 자각을 촉진하는 의식의 변화를 돕는 것이다. 이와 같은 상담의 목적을 이루기 위한 다양한 개입 방법이 있다. 상담에서의 개입 방법은 개인상담, 집단상담, 가족상담 그리고 프로그램 등이 있다.

프로그램의 의미

우리는 프로그램이라는 용어를 일상생활 속에서 쉽게 접할 수 있다. 이 용어는 특별한 학문적인 분야가 아니더라도 다양한 영역에서 사용하고 있다. 예를 들면, 방송국에서는 라디오 프로그램, 텔레비전 프로그램 편성표를 사용되고 있다. 컴퓨터 프로그램이라는 용어는, 컴퓨터를 작동시키기 위해서 작성된 명령어의 모음을 의미한다. 이처럼 프로그램이라는 용어는 직원 및 교육 훈련 프로그램 등 다양한 영역에서 사용하고 있다.

어원적 의미

우리는 보통 교육 프로그램, 사회복지 프로그램, 상담 프로그램, 집단상담 프로그램, 전산 프로그램 등 다양한 의미의 프로그램들을 접할 수 있다. 이처럼 프로그램에 대한 다양한 용어들은 각 전문 분야에서 지향하는 목적성을 반영하고 있다(김진화 · 김소현 · 전은선, 2012).

프로그램(program)의 어원은 라틴어의 'pro'와 'graphein'의 합성어로, 사전 조치의 의미를 내포하는 'pro(프로)'와 균형과 무변화의 상태를 의미하는 'gram(그램)'이 결합한 것이다. 즉, 프로그램의 의미는 일정한 의도성을 갖고 사전에 준비 과정을 통한 처치 효과와 변화를 뜻한다. 프로그램은 의도된 사전 조치와 처치 과정을 통해 변화와 성장을 촉진하는 교육적 조건과 실체라고 할 수 있다(김진화 · 김소현 · 전은선, 2012).

프로그램은 어원상 다양한 의미를 갖는다. 슈워츠(Schwertz, 1972)는 프로그램을 언어철학적 입장에서 다섯 가지의 행태(mode), 즉 체제(system)의 의미, 계획 과정에서 동사의 기능을 수행하는 기획(planning)의 의미, 기획을 통해 완성된 결과로서의 계획(plan)의 의미, 문서(document)의 의미, 수행(performance)이나 활동(activity) 등으로 맥락에 따라서 다양하게 사용할 수 있다고 보았다(김진화, 2001 재인용). 따라서 프로그램은 인간의 변화와 성장을 위해 사전에 교육 내용과 진행 과정을 체제화시켜 놓은 것이다.

학자별 정의

프로그램의 의미는 학자에 따라 다양하게 정의된다. 요크(York, 1983)는 프로그램을 "목표를 달성하기 위한 일련의 상호 의존적 활동"이라고 하였고, 버너(Verner, 1964)는 "정해진 기간에 특정한 학습 목적을 달성하도록 고안된 학습경험"이라고 하였다. 코왈스키(Kowalski, 1988)는 "조직적·의도적 학습 활동의 설계이며 환경, 조직, 프로그램, 학습자 간의 상호작용"이라고 하였다. 보일(Boyle, 1981)은 "전문가와 학습자가 참여하는 프로그램 개발을 통해 도출된 결과물"이라고 하였으며, 카파렐라(Caffarella, 1994)는 "교육자와 학습자 간의 상호작용, 활동, 행정적 기능이 서로 연결되어 이루어지는 의사결정의 연속적·역동적 과정"이라고 하였다(신용주, 2017 재인용). 바커(Barker, 1995)는 "해야 할 일에 관한 계획과 지침"이라고 하였으며, 랩과 포어트너(Rapp & Poertner, 1992)는 프로그램을 "하나의 목적을 달성하기 위한 여러 가지 활동의 집합체"라고 정의하였다(김창대 등, 2015 재인용).

표 1-1 학자별 프로그램의 정의

학 자	프로그램 정의
요 크	목표를 달성하기 위한 일련의 상호 의존적 활동
버 너	정해진 기간에 특정한 학습 목적을 달성하도록 고안된 학습 경험
코왈스키	조직적·의도적 학습 활동의 설계이며 환경, 조직, 프로그램, 학습자 간의 상호작용
보 일	전문가와 학습자가 참여하는 프로그램 개발을 통해 도출된 결과물
카페렐라	교육자와 학습자 간의 상호작용, 활동, 행정적 기능이 서로 연결되어 이루어지는 의사결정의 연속적·역동적 과정
바 커	해야 할 일에 관한 계획과 지침
라프와 포이트너	하나의 목적을 달성하기 위한 여러 가지 활동의 집합체

[표 1-1]은 학자별 프로그램의 정의를 이해하는 데 도움이 될 것이다. 이러한 정의를 살펴보면 그 표현은 다양해 보이지만 공통적인 요소가 있음을 알 수 있다. 그것은 크게 세 가지로서 프로그램이 성립되려면 프로그램의 목

적과 목표, 프로그램의 내용, 프로그램의 활동 요소가 포함되어 있어야 한다.

일상적 의미

일상적 의미의 프로그램은 인간의 실존적 가치를 무시한 채, 단순히 앞으로 진행될 절차나 사건, 그리고 순서와 활동만을 강조한다. 따라서 일상적 의미의 프로그램은 일상적으로 방송 프로그램, 행사 프로그램, 컴퓨터 프로그램 등 단순히 어떤 활동이나 행사의 진행 과정을 시간 순서에 따라 구체적으로 나열한 진행표나 사전 계획표라 할 수 있다(김진화, 2001). 김한별·박소연·유기웅(2010)에 의하면, 프로그램의 세 가지 성격을 이해하는 것은 프로그램의 의미를 이해하는 데 중요한 근거가 될 수 있다.

첫째, 프로그램은 하위 구성 요소들을 포함하고 있다. 이 의미는 하나의 프로그램은 단일한 내용이나 형식으로 이루어진 것이 아니라 복수의 내용과 형식의 조합을 통해 프로그램을 구성한다는 것이다.

둘째, 프로그램의 구성 요소들은 의도적이고 체계적으로 조직되어 있다. 이 의미는 프로그램의 하위 구성 요소들은 임의로 조직된 것이 아니라 프로그램을 개발하는 개인이나 단체에 의해서 달성하고자 하는 목표를 이루기 위해 가장 적합한 형태로 만들어진 것이다.

셋째, 프로그램이 운영되는 과정과 결과에 대해 사회적으로 많은 관심이 있다. 이 의미는 사회적으로 바람직한 프로그램의 운영으로 효과적인 결과에 관해 관심을 가진 것을 의미한다.

교육적 의미

교육적 의미의 프로그램은 학교 교육 체제에서 주로 사용하는 용어로서 일정한 목표를 향해 학습자의 행동이 변화하도록 사전에 체계화시켜 놓은 내용을 의미한다. 이것을 커리큘럼 또는 교육과정이라고 한다. 교육적 의미의 프로그램은 합리주의와 논리실증주의 전통에 기초하여 학습자가 반드시 익혀야 할 것을 외부의 교수자와 전문가가 사전에 계획하여 준비한 교육 내용을 강조하는 것이 지배적이다(김진화, 2001). 교육 프로그램은 복합적인 구성 요소로 이루어진 실체이다. 교육 프로그램은 내용과 형식적인 면에서 전문성을 가진 사람들이 사회적 맥락에서 구성되는 체계화된 실체로서, 계획적으로 선정된 일련의 학습 경험들을 조직적으로 제공함으로써 학습자, 지역사회 그리고 사회 전체의 변화를 실현하는 매개체이다. 따라서 교육 프로그램의 성격은 다음 세 가지로 설명할 수 있다(김한별 · 박소연 · 유기웅, 2010).

첫째, 교육 프로그램은 목표를 중심으로 교육의 내용, 방법의 측면에서 복합적인 요소들이 함께 어우러져 있다. 프로그램은 실제로 프로그램의 목표를 중심으로 개별 하위 목표와 그에 따른 활동 등으로 구성되어 있다. 따라서 좋은 교육 프로그램은 하위 구성 요소들 간의 유기적인 상호 관계를 유지하고 있다.

둘째, 교육 프로그램은 참여자 개인의 변화 및 그를 통한 사회적 변화를 추구한다. 교육 프로그램은 대부분 프로그램 운영을 통해 도달하고자 하는 이상적 수준을 프로그램 목표로 제시한다. 주로 교육 프로그램은 개인적 차원인 지식, 기술, 태도 변화를 목표로 설정된다. 그러나 교육 프로그램은 이와 함께 집단적 · 사회적 수준의 변화까지 기대하여 프로그램을 개발하고 운영하여야 한다.

셋째, 교육 프로그램은 사람들에 의해서 개발, 준비, 운영 그리고 평가된다. 교육 프로그램은 사람에게 제공되며, 사람들을 위해 작동하는 것이다. 교육 프로그램은 참여자를 고려하며, 이들에게 교육적으로 의미 있는 효과를 제공하는 점에 주안점을 둔다.

평생교육적 의미의 프로그램은 일정한 기간 동안 미리 계획했던 학습 결과를 성취하기 위해 체제적으로 조직화한 일련의 교육 내용, 방법, 활동, 매체가 하나로 통합된 교육직 실체를 의미한다. 다시 말해 학습자가 교육적 경험을 통해 학습 내용을 포함하여 학습 목적과 목표, 활동 및 학습 과정, 활동 및 학습 방법, 장소, 시기, 학습자 조직(format), 매체 등의 모든 요소가 유기적인 네트워크를 형성하고 있는 하나의 체제라할 수 있다(김진화, 2001). 이처럼 평생교육의 프로그램은 기본적으로 교육적 의미의 프로그램과 유사한 면이 있다. 이에 비해 상담 프로그램의 목표인 개인의 성장과 변화는 심리학적인 원리에 기반을 두고 있다.

사회복지적 의미

사회복지 프로그램은 사회복지적 지향과 목적을 가진 프로그램을 의미한다(김영종, 2014). 지은구(2006)는 사회복지 프로그램을 "개인적 문제나 욕구를 해결하기 위한 것이 아니라 사회적 문제나 욕구를 해결하기 위해서 제공되는 것"이라고 규정하였고, 김영종(2014)은 "사회복지의 목적은 대부분 사회문제 해결에 있다. 그러므로 사회복지 프로그램은 사회문제의 어떤 상황이나 조건을 바람직한 상태로 변화시키는 데 사용되는 의도적 개입이 된다. 이를 위해 사회복지 프로그램은 사회복지 정책이 서비스로 구체화되어 전달되는 과정을 나타내는 것이다"라고 정의하였다. 따라서 사회복지 프로그램은 사회복지적 목적과 정책 그리고 실천 활동을 연결하는 수단이다. 이에 비해 상담 프로그램은 사회 공동체의 정책과 복지 향상보다는 개인의 심리적 안정과 변화를 추구한다.

상담학적 의미

김창대 등(2015)은 상담 프로그램을 "개인이나 조직의 심리적 발달과 성장에 초점을 두고 있으며, 이를 위한 활동의 구성 원리는 개인의 자기성장, 대인관계의 상호작용, 집단의 역동 등이다. 물론 상담은 여러 회기로 구성되어 있고, 각 회기는 일련의 교육 목표와 교육 내용이 포함되어 있으므로, 교육과정과 유사한 측면이 있는 것도 사실이다. 그러나 이를 구현하기 위한 활동의 구성 원리는 심리적 흐름과 변화에 초점을 맞추어야 한다"라고 규정하였다.

상담 프로그램은 개인의 심리적인 문제 해결에 초점을 둔다. 즉 개인의 인지적 · 정서적 · 행동적 · 태도적 문제 해결에 초점을 둔다.

이를 위해 상담 프로그램은 단순히 어떤 프로그램의 활동이나 진행보다는 오히려 인간의 실존적 가치에 일차적 관심을 두고 있어야 한다.

따라서 상담 프로그램은 프로그램 참여자의 실존적 요구를 중심으로 참여자들의 상호 의존적 활동을 통해 하나의 목표를 달성해 가는 과정을 고려한다.

프로그램의 영역

프로그램의 주요 영역은 문제 영역을 기준으로 하는 수평적 관점과 인간의 성장 단계를 기준으로 하는 수직적 관점으로 나눌 수 있다(김창대 등, 2015).

수평적 관점

수평적 관점은 프로그램의 목적이 문제 해결 및 변화에 초점을 둔 것과 예방 및 발달 그리고 성장에 초점을 둔 것에 의해 구분된다. 이러한 점에서 프로그램의 수평적 관점에서의 영역은 네 가지 영역으로 구분해 볼 수 있다. 이 네 가지 영역은 미국 집단전문가협회(Association for Specialist in Group Work: ASGW)에서 제시한 일반적인 집단작업에 핵심이 되는 능력에서 참조한 것이다(Corey & Corey, 2008에서 재인용).

심리치료 집단

심리치료 집단은 참여자의 심층 심리적 문제들의 재조정을 돕는다. 심리치료 집단은 심리 장애의 범위와 정도가 중요하기 때문에 성격의 주요 차원을 재구성하는 데 있어 개개인을 돕는 것이 목표이다. 사람들은 일반적으로 우울, 성적 장애, 불안 및 정신·신체장애 등과 같은 문제들을 완화하려고 집단치료에 참여한다. 심리치료 집단을 위한 전문가 훈련은 장애가 심한 집단을 대상으로 작업할 수 있는 능력을 갖추기 위해 심리학, 정신병리학, 진단평가의 과목에 중점을 둔다. 심리치료 집단에서는 다양한 방법들이 사용되는데 생애 초기 경험으로 퇴행을 유도하는 방법, 무의식적 역동을 다루는 방법, 외상적(traumatic) 상황을 재경험하도록 도와 감정의 정화가 일어날 수 있게 하는 것들이 절차에 포함된다.

심리상담 집단

심리상담 집단은 참여자가 겪고 있는 심리적인 문제나 대인관계의 문제들을 해결하도록 돕는다. 심리상담 집단의 주 관심사는 직업, 교육, 개인, 사회 그리고 성장에 대한 것이다. 심리상담 집단의 목표는 의식적인 사고, 감정, 행동을 강조하는 대인관계의 과정과 문제 해결에 초점을 둔다. 그리고 심리상담 집단은 참여자가 발달단계와 관련된 문제들을 잘 다루고 생활할 수 있도록 하는 데 목표가 있다. 또한 심리상담 집단은 상호 피드백과 지금-여기에 초점을 둔 지원 방법을 사용한다.

심리교육 집단

심리교육 및 생활지도 집단은 특정 분야에서 정보가 부족한 참여자를 교육하려고 한다. 심리교육 집단은 교육적 결핍과 심리적 장애를 예방하는 것을 목표로 한다. 이 집단에서의 활동은 실제적인 정보를 나누고, 토의하고, 실행 계획을 활용함으로써 새로운 정보는 통합된다. 심리교육 집단은 특정 주제에 대한 구조화된 프로그램을 많이 사용한다. 이러한 집단은 정부기관, 학교와 WEE센터 그리고 대학 상담소에서 점점 더 많이 활용되고 있다. 구조화된 집단의 주제는 다양한 범위에서 다루고 있다. 예를 들면, 스트레스 관리, 자기주장 훈련, 약물 남용 예방, 알코올 중독자 부모에 대처하기, 부모 효율성 훈련, 분노 조절하기, 대인관계 유지하기 등 현재 생의 위기에 처해 있는 것은 아니지만 예방 발달적인 차원에 초점을 둔다.

과제실행 집단

과제실행 집단 혹은 과제촉진 집단은 특별 전문위원회, 정책 입안 회의, 치료를 위한 회의, 공동체 조직, 사회활동 집단 등 다른 유사한 집단을 포함한 조직이나 국가기관에서 많이 실시한다. 과제실행 집단은 지역사회와 사업체 그리고 교육환경에서 자주 볼 수 있다. 과제실행 전문가는 조직의 평가, 훈련, 자문, 프로그램 개발과 평가와 같은 기술을 개발해야 한다. 이러한 집단은 명시된 집단의 목표를 성취하기 위해 집단의 역동 원리와 과정을 적용하는 것에 초점을 둔다.

이처럼 수평적 관점에서의 프로그램은 크게 문제 해결과 변화를 목적으로 하는 프로그램과 예방 발달과 성장을 목적으로 하는 프로그램으로 나눌 수 있다. 문제 해결과 변화를 목적으로 하는 프로그램은 과제실행 집단과 심리교육 집단이고, 예방 발달과 성장 그리고 치료를 목적으로 하는 집단은 심리상담 집단과 심리치료 집단이다(김창대 등, 2015).

수직적 관점

수직적 관점은 프로그램이 인간의 발달단계에 따라 구성되는 것을 의미한다. 인간은 모태에 잉태되어 출생하여 죽는 순간까지 부단히 변화되어 간다. 인간은 갓난아기 때에는 전적으로 무능력한 존재로서 부모에게 의존하고, 성장하면서 친구를 사귀며 사회의 일원으로 살아가게 된다. 심리학자들은 이러한 변화의 전 과정과 내용을 '발달'이라고 하였다. 인간은 발달 중 가장 쉽게 눈에 띄는 심리적 측면과 더불어 심리적·정서적·사회적·성격적 등의 여러 측면이 복잡다단하게 상호작용함으로써 성숙한 인간이 되어 간다(최순영·김수정, 1998).

따라서 수직적 관점에서의 프로그램은 네 가지 영역으로 구분할 수 있다. 코리와 코리(Corey & Corey, 2008)는 집단과정에 대한 개념과 실제가 특수한 참여자의 요구를 반영하고 운영하는 데 어떻게 사용될 수 있는지를 보여주고 있다. 그들은 특수한 집단을 아동 집단, 청소년 집단, 성인 집단, 노인 집단 등으로 구분하고 있다.

아동을 위한 프로그램

아동기는 계획을 세우고, 목표를 설정하며 그것을 달성하고자 한다. 아동은 주요한 사회적·지적·신체적 기술을 익힌다. 그리고 자기와 또래 아동을 비교한다. 이 시기의 주요 인물은 부모, 교사와 또래 아동이다(최순영·김수정, 1998). 따라서 아동의 가장 중요한 과업은 학업 발달, 진로 발달, 인성 발달, 사회성 발달이다. 이것을 위해 자기존중감, 의사결정 능력, 문제해결 기술, 대인관계 기술, 의사소통 기법, 성취 동기, 다문화사회 적응 및 능력을 개발하고 유지할 수 있는 프로그램을 제공할 필요가 있다(김창대 등, 2015). 또한 아동을 대상으로 치료를 요구하는 문제는 낮은 자기존중감, 교우관계 능력의 부족, 가정 폭력 및 학교 폭력, 성적인 학대, 다문화가정의 문제, 이혼한 부모, 약물 남용, 우울과 불안, 위기 상황 경험 등이 있다(Corey & Corey, 2008). 코리와 코리(2008)는 아동을 대상으로 한 프로그램을 다음과 같이 소개하고 있다. 이혼 가정 및 변형 가정의 아동 프로그램, 초등학생을 위한 분노 조절 및 갈등 해결 프로그램, 학대받은 아동을 위한 프로그램, 우울증 아동의 부모를 위한 프로그램 등이 있다.

청소년을 위한 프로그램

청소년기는 아동기와 성인기 사이의 교차점이다. 청소년은 "나는 누구인가"를 알아내려고 골몰하는데, 이때 기본적인 사회적·직업적 정체감을 형성하며, 가장 많은 영향력을 미치는 주요 인물은 또래 친구이다(최순영·김수정, 1998). 또한 청소년기는 정체성을 확립하고 자신의 삶의 과정에 영향을 끼치는 가치체제를 확립하는 시기이다. 이 시기의 가장 중요한 욕구 중 하나는 성공을 경험하고자 하는 것이다. 이러한 성공 경험은 개성과 연계성에 대한 감각을 갖게 하고, 개인의 독특성 및 동일성과 관련된 자기확신과 자기존중감을 갖게 한다. 이때 청소년은 자신의 감정을 다양하게 탐색하고 이해할 기회를 가져야 하며 자신의 욕구, 감정, 사고 그리고 신념을 발달시킬 수 있도록 의사소통 방법을 배워야 한다(Corey & Corey, 2008). 특히 청소년기는 자기모순으로 특징지어지는 힘든 시기이다. 또한 청소년기는 양극성으로 인해 전형적으로 질풍노도의 시기이며 외로움과 고독이 특징이다. 따라서 청소년을 위한 상담 프로그램은 청소년들의 자기모순과 양극성 그리고 고독한 감정을 다루고 만족스러운 삶을 위해 건설적인 선택을 하도록 돕는 데 초점을 두어야 한다(Corey & Corey, 2008). 쉐트맨(Shechtman, 2004)은 "청소년은 우정에 관심이 많으며, 부모로부터의 분리와 자아정체성의 문제로 투쟁을 한다"고 하였다(Corey & Corey, 2008에서 재인용). 따라서 또래 집단은 청소년을 지지하는 중요한 원천이 되어 집단상담은 그들에게 최상의 치료 공간이 된다(Shechtman, 2004). 이러한 청소년의 특징들은 상담 프로그램 개발에 영향을 끼치게 된다.

코리와 코리(2008)는 청소년을 대상으로 한 프로그램으로 다중 가족집단 치료 프로그램, 십대 변화시키기(T-MAC) : 아파트 단지의 10대 비행을 다루는 집단 프로그램, 알코올 중독자의 자녀를 위한 고등학교 집단 프로그램, 약물과 알코올을 남용하는 학생들을 위한 통찰 및 사후관리 집단 프로그램, 청소년 성범죄자 치료 집단 프로그램 등을 소개한다.

성인을 위한 프로그램

성인기는 자신의 일에서 생산적이며 자녀를 양육하거나 다음 세대인 젊은이들을 돌본다. 성인기에서 중요한 과업은 친밀감과 생산성이다. 친밀감은 애인, 배우자, 친한 친구로부터 형성한다. 생산성은 무엇인가를 이룬 것이다. 생산성의 기준은 문화에 의해 규정된다. 이때 주요한 인물은 배우자, 자녀이며 문화 규준도 중요한 기능을 한다(최순영·김수정, 1998). 성인 프로그램은 성인기에 독특하게 작용하는 일반적인 발달적 삶의 관심사를 고려하는 것이다. 성인을 위한 프로그램은 시간의 압박, 자녀가 성장하여 집을 떠나는 것, 이혼과 사별, 일의 침체, 직업이나 경력의 변화, 가족 양육으로부터 벗어나 삶의 의미를 발견하는 것, 스트레스에 창의적으로 대처하는 것, 그리고 고독감에 직면하는 것 등의 주제를 가지고 프로그램을 구조화하는 것을 고려해 볼 수 있다(Corey & Corey, 2008).

코리와 코리(2008)는 성인을 대상으로 한 상담 프로그램으로 충동적 섭식장애를 위한 상담 프로그램, 후천성 면역 결핍 증후군(HIV/AIDS) 지지집단 프로그램, 관계적 여성 지지집단 : 여성의 지위를 위한 힘의 원천 프로그램, 근친상간 여성들의 지지집단 프로그램, 지역사회 기관에서의 남성 집단 프로그램, 가정폭력 집단 프로그램 등을 소개한다.

노인을 위한 프로그램

노년기는 지나온 생을 회고하며 의미 깊고 행복한 경험과 실패의 경험을 모두 수용한다. 가장 중요한 것은 평생의 사회적 경험이다(최순영 · 김수정, 1998). 특히 오늘날은 노인을 위한 프로그램을 개발할 필요성이 절실히 요구되고 있다. 노인을 위한 상담은 노인이 자신의 삶에서 의미를 찾고, 은퇴 후에도 생산적인 삶을 살 수 있도록 도와주는 프로그램을 더 많이 개발하여야 할 시점에 와 있다. 헨더슨과 글래딩(Henderson & Gladding, 2004)에 의하면 노인을 위한 상담 프로그램은 노화의 문제를 잘 극복해 나가도록 도와주는 것과 노화의 긍정적인 측면들을 발견하게 하는 것 그리고 대인관계의 본질은 소외되고 외로운 사람들에게 치료적 요소가 될 수 있다(Corey & Corey, 2008에서 재인용).

코리와 코리(2008)는 노인을 대상으로 한 프로그램으로 시설에 수용된 노인을 위한 프로그램, 성공적인 노화를 다루는 집단 프로그램, 노인과 청소년이 결합된 집단 프로그램, 노인 사별 집단 프로그램 등을 소개한다.

프로그램 개발의 개념과 원리

프로그램 개발의 개념

프로그램 개발과 유사하게 사용하는 용어는 프로그래밍, 프로그램 계획, 프로그램 고안 등 다양하다. 어떤 경우에는 학교에서 사용하는 교육과정 개발, 즉 커리큘럼과도 차이점을 두지 않고 사용하기도 한다(2001, 김진화). 프로그램 개발의 개념은 협의적 의미와 광의적 의미로 구분하여 설명할 수 있다. 협의적인 의미에서의 프로그램 개발은 프로그램의 내용과 활동 요소를 선정하고 순서를 정해서 설계하는 프로그램의 계획으로만 이해하는 것이다. 광의적인 의미에서는 프로그램 기획, 프로그램 설계, 프로그램 개발, 프로그램 홍보, 프로그램 실행, 프로그램 평가, 프로그램 개정 등의 모든 과정을 포함하고 있다. 김진화(2001)는 프로그램 개발의 의미를 구조적, 절차적, 행위적, 현상적 등 네 가지 측면에서 설명하고 있다. 다음에서 각각의 측면을 더 구체적으로 살펴보자.

구조적 측면

구조적 측면에서의 프로그램 개발은 프로그램 기획, 프로그램 설계, 프로그램 홍보, 프로그램 실행, 프로그램 평가를 포함하는 개념이다(그림 1-1).

[그림 1-1] 프로그램 개발의 구조적 측면

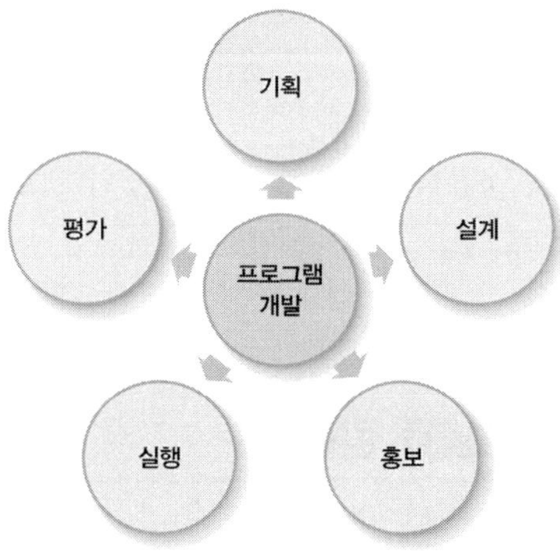

출처 : 김진화(2001) 참조.

다시 말해 프로그램 개발은 프로그램 운영을 기본으로 하는 실천적 연구 행위로 잠재적 대상자와 기관의 공동 노력을 통해 정보와 자원을 획득하고, 이들을 일정한 절차에 따라 적절한 순서대로 프로그램을 계획하고, 그 프로그램을 잠재적 대상자에게 제공하여 최종적으로 그 효과를 평가한 후 프로그램을 개정하는 일련의 과정을 의미한다.

절차적 측면

절차적 측면에서의 프로그램 개발은 프로그램을 체제적이고 과학적으로 개발하기 위해 프로그램 개발자가 행하는 일련의 과정을 의미한다. 따라서 프로그램 개발은 개발자가 프로그램 개발의 준비 과정에서부터 최종적인 평가 및 개정 단계에 이르기까지 광범위한 영역과 사건 그리고 절차를 차례로 밟아가는 과정을 의미한다(그림 1-2). 따라서 프로그램 개발자는 프로그램 개발의 절차와 단계를 이해하고 실천할 수 있는 능력이 있어야 한다.

[그림 1-2] 프로그램 개발의 절차적 측면

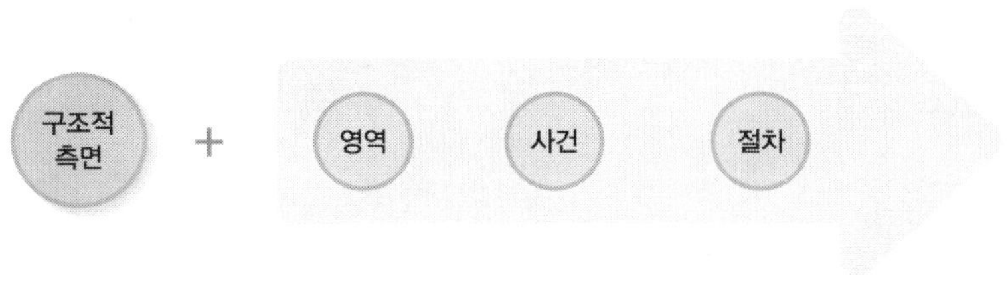

행위적 측면

행위적 측면에서의 프로그램 개발은 프로그램 개발자가 담당해야 할 역할과 그들이 당면하는 문제를 해결해 나가는 일련의 과정을 의미한다. 따라서 프로그램 개발은 개발자의 역할과 행위에 초점을 맞추어 프로그램을 만들어 가는 실천적 행위로 규정된다. 즉, 개발자가 프로그램 개발 과정에서 프로그램과 관련된 권력 관계에 의해 구조화된 조직에서 관심사를 협상하는 사회적 활동을 의미한다. 그 사회적 활동은 개발자의 사회적 책임이 고려된다. 따라서 프로그램 개발자가 행하는 사회적 행위가 곧 프로그램 개발이다.

현상적 측면

현상적 측면에서의 프로그램 개발은 학습자의 성장과 발달에 유용한 지식, 정보, 기술을 합리적으로 선정하고 조직하여 매체화시키는 일련의 과정을 의미한다. 즉, 프로그램 개발은 개발자와 잠재적 대상자의 상호작용을 통해 문제 해결에 필요한 정보를 창출하고, 정보 중에서 프로그램에 포함할 내용을 합리적으로 선정하고, 이것을 논리적으로 조직하여 하나의 매체화된 자료로 개발하는 일련의 행위를 의미한다(그림 1-3).

[그림 1-3] 프로그램 개발의 현상적 측면

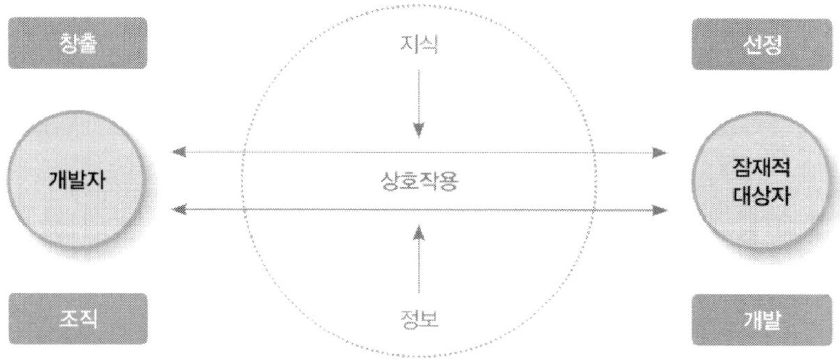

출처 : 김진화(2001) 참조.

프로그램 개발의 원리

수학에는 원리와 공식이 꼭 필요하다. 원리와 공식은 문제를 해결하거나 해결 방법을 찾는 지침을 제공한다. 프로그램 개발에 적용하기 위해 받아들여진 일반적인 원리는 프로그램을 개발하고자 하는 개발자에게 프로그램 개발을 위한 안내로서 작용한다.

타일러(Tyler, 1996)는 프로그램 개발의 원리를 네 가지 주요한 물음을 규명함으로써 시작된다고 하였다. 네 가지 질문은 다음과 같다.

첫째, 달성하고자 하는 목표는 무엇인가?
둘째, 이 목표 달성을 위해 어떤 학습 경험(내용)을 선정하고 조직할 것인가?
셋째, 이 학습 경험을 어떻게 효과적으로 학습 활동으로 전개할 것인가?
넷째, 이 목표가 달성되었는지 어떻게 평가할 수 있는가?

이처럼 타일러의 프로그램 개발 원리는 세 가지 주요 요소인 목표, 학습 경험, 평가로 구성된다. 타일러의 프로그램 개발 원리를 그림으로 나타내면 [그림 1-4]와 같다.

[그림 1-4] 타일러의 프로그램 개발 원리

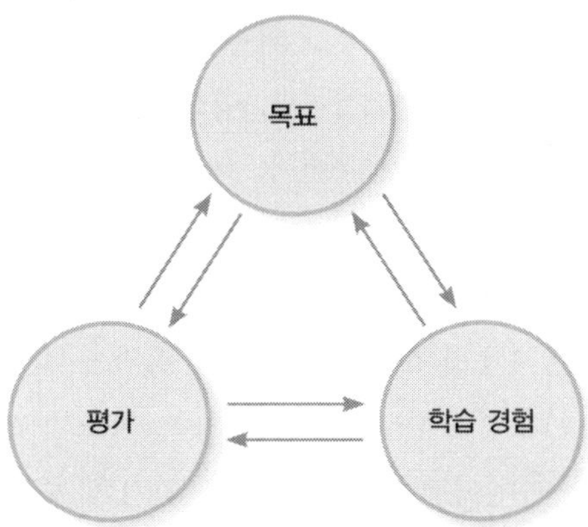

목표는 잠재적 대상자들이 프로그램에 참여한 결과로서 획득하게 될 바람직한 행동이나 행위를 나타낸다. 이 목표는 특정한 기술을 획득하는 것에서부터 새로운 사고와 감정의 발달에 이르기까지 그 범위가 넓다. 학습 경험은 프로그램 참여자들이 바람직한 행동과 행위를 습득하기 위해 거쳐야 하는 활동과 경험에 관한 것이다. 학습 경험은 프로그램의 목표 달성을 위해 수행되는 모든 활동을 포함한다. 평가는 그 프로그램의 목표가 달성되고 있는지를 결정하기 위해 수행하는 활동에 관한 것이다(Tyler, 1996).

프로그램 목표의 기초는 잠재적 대상자의 요구에 두어야 한다. 목표는 프로그램의 내용을 구성하는 데 기초가 된다. 프로그램 개발은 요구와 목표의 확인에서 출발하는 것이 일반적이다. 목표의 세 가지 원천은 잠재적 대상자에 대한 연구, 현재 환경에 대한 연구, 전문가의 조언 등이다. [그림 1-4]의 각각의 요소를 연결하는 양방향의 화살표는 역동성을 상징한다. 타일러는 [그림 1-4]를 다음과 같이 설명하고 있다(Tyler, 1996).

- **목표에서 향하는 2개의 화살표 의미** 목표에서 학습 경험으로 향하는 화살표는 목표가 학습 경험을 선정하는 지침으로 기능하고 있다는 것이다. 그리고 목표에서 평가로 향하는 화살표는 평가 도구의 선정과 개발 그리고 평가 절차에 관한 설계를 나타낸다.
- **학습 경험에서 향하는 2개의 화살표 의미** 학습 경험에서 평가로 향하는 화살표는 학습 경험이 평가 과제의 개발에 관한 모범을 제공해 줄 수 있다는 사실을 암시하는 것이다. 학습 경험과 평가는 기본적인 일치성이 있어야 한다는 것을 나타낸다. 그리고 학습 경험에서 목표로 향하는 화살표는 학습 활동이 교사, 학습자 그리고 학습 자료를 만나는 과정에서 새로운 목표를 제시할 수 있어야 한다는 것을 나타낸다.
- **평가에서 향하는 2개의 화살표 의미** 평가에서 학습 경험으로 향하는 화살표는 특히 중요하다. 평가 절차는 목표가 달성되는 정도에 관한 정보를 제공하여야만 한다. 이것은 평가의 중요한 기능이다. 평가 정보는 목표의 수정과 삭제가 무엇을 초래할 것인지에 관한 정보를 제공할 수 있다. 그리고 평가에서 학습 목표로 향하는 화살표는 두 가지 개념을 담고 있다. 먼저, 평가는 목표 달성 정도에 관한 정보를 제공할 뿐 아니라 다양한 활동 중에 효과적인 것이 무엇인지 예상할 수 있는 정보를 제공할 수 있다.

김진화(2001)는 프로그램 개발의 기본 원리로 창조성, 현실성, 논리성의 세 가지 요소를 강조하였는데, 이 책에서는 여기에 성과성이라는 요소를 더해 설명하고자 한다(그림 1-5).

[그림 1-5] 김진화의 프로그램 개발 원리

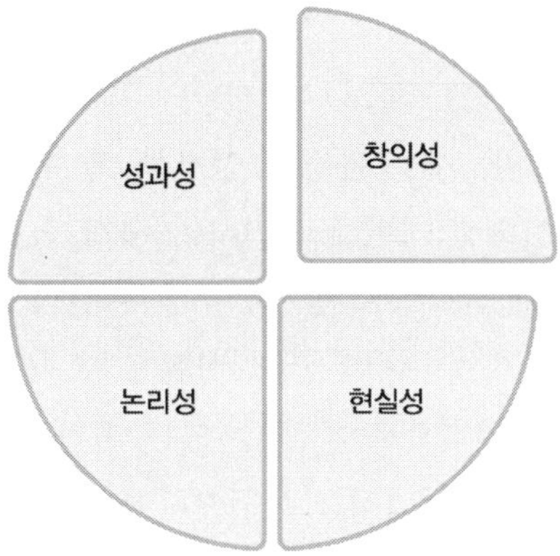

- **창의성의 원리** 프로그램은 창의적이어야 한다. 창의성은 프로그램을 개발할 때 기존의 프로그램과 비교하여 그 내용과 방법이 독창적이어야 한다는 의미다.
- **현실성의 원리** 프로그램은 현실적이고 실현 가능성이 있어야 한다. 실현 가능성은 프로그램을 운영하는 기관과 잠재적 대상 두 차원에서 살펴볼 수 있다. 프로그램을 운영하는 기관에서의 현실성은 개발된 프로그램이 주어진 자원과 여건을 고려할 때 실현 가능해야 한다는 의미다. 잠재적 대상에게서의 현실성은 개발된 프로그램의 내용과 활동이 적용 가능해야 한다는 의미다. 아무리 좋은 프로그램이라도 실현 가능하지 않다면 더는 가치가 없다. 따라서 실현 가능성이 있는 프로그램 개발을 위해서는 현장 경험이 많은 사람을 개발에 참여시키는 노력이 필요하다.
- **논리성의 원리** 프로그램은 논리적이어야 한다. 즉, 프로그램이 짜임새와 합리성을 갖추었을 때 프로그램의 성과를 보장하고 전문성을 인정받을 수 있다.
- **성과성의 원리** 프로그램은 성과 지향적이어야 한다. 프로그램을 개발하는 목적은 개발 그 자체에 있는 것이 아니다. 프로그램 개발은 잠재적 대상자가 프로그램에 참여함으로써 달성하고자 하는 목표를 이

루는 것이 중요하다. 따라서 프로그램의 개발은 참여하는 기관이나 개인이 목적하는 바를 달성할 수 있는 데 초점을 맞춰야 한다.

수스만(sussman, 2001)은 프로그램 개발의 원리로 체계적이고 이론적인 기반, 과학적인 평가 절차, 개발 과정의 엄격성, 평가 결과 반영을 제시하였다. 첫째, 프로그램은 이론적 기반에 근거하여 매개 변인과 조절 변인을 설정해야 한다. 둘째, 프로그램의 매개 변인과 조절 변인의 변화는 경험적이고 과학적인 방법을 사용해서 측정하여야 한다. 이렇게 할 때 프로그램 개발자가 프로그램의 효과에 대해 주관적으로 가질 수 있는 편견을 감소시킬 수 있다. 셋째, 프로그램의 개발 과정은 방법적으로 엄격하여야 한다. 프로그램의 개발 과정이 엄격하여야 프로그램의 참여자나 개발 의뢰인이 프로그램의 효과를 합리적으로 판단하고 평가할 수 있기 때문이다. 넷째, 프로그램은 프로그램의 단계별로 과학적인 평가가 이루어져야 한다. 이렇게 단계별로 합리적인 평가가 이루어져야 어떤 변인이 어떤 방법으로 프로그램의 효과를 냈는지를 설명할 수 있고, 또한 프로그램을 수정할 때도 분명한 방향성을 가질 수 있기 때문이다.

김창대 등(2015)은 김진화와 수스만의 프로그램 개발 원리를 기반으로 하여 프로그램 개발의 원리를 다음과 같이 제시하였다(그림 1-6 참조).

- **원리 1 : 프로그램은 실용성이 있어야 한다** 프로그램은 일차적으로 연구보다는 사용을 위한 것이다. 프로그램 개발의 목적은 연구자를 위한 것이 아니라 프로그램을 사용할 소비자 또는 참여자가 있다는 것이다. 그러므로 프로그램 실시 대상의 요구가 무엇인지를 정확하게 파악하고, 이것에 기반을 둔 프로그램을 개발하는 것이 중요하다. 따라서 프로그램은 실용성이 있어야 한다.
- **원리 2 : 프로그램은 모형의 체계성에 기반을 두어야 한다** 프로그램은 체계적인 이론을 근간으로 한 모형에 기반을 두고 개발하여야 한다. 따라서 프로그램 개발은 명확하고 분명한 프로그램의 목적과 목표가 설정된 가운데 이루어져야 한다.

[그림 1-6] 김창대 등의 프로그램 개발 원리

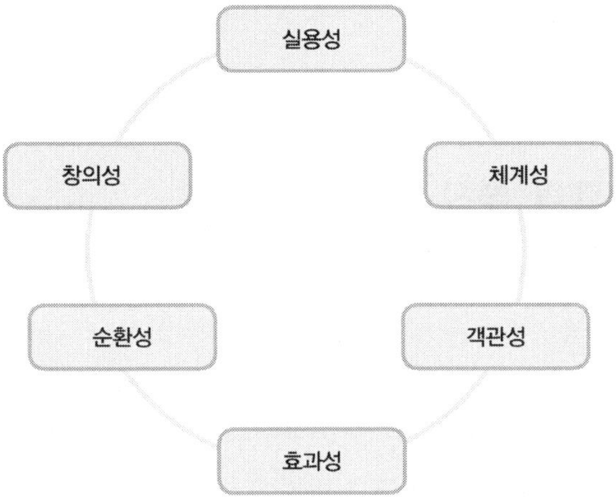

- **원리 3 : 프로그램의 개발 절차는 객관적이어야 한다** 프로그램의 개발 절차는 누구라도 반복 가능한 객관적인 절차를 거쳐야 한다. 프로그램 진행자의 주관에 의해 그 효과가 달라진다면 프로그램의 신뢰성이 떨어지기 때문이다. 따라서 프로그램의 진행은 정해진 절차를 엄격하게 밟으면서 진행될 필요가 있다.
- **원리 4 : 프로그램은 효과 검증이 가능하여야 한다** 프로그램의 효과 검증을 위해서는 대상 집단, 실시 환경 및 제반 조건에 따라 경험적인 연구를 시행할 필요가 있다.
- **원리 5 : 프로그램 개발은 순환적인 과정이다** 프로그램의 개발은 평가와 함께 순환적인 과정이다. 프로그램의 개발은 단계별로 평가를 시행하고 그 결과를 다음 단계에 반영할 필요가 있다.
- **원리 6 : 프로그램 개발과 운영은 창의적이어야 한다** 프로그램의 효과가 나타나기 위해서는 운영자의 창의적인 아이디어와 진행 방법이 요구된다.

종합하면 상담 프로그램의 개발 원리는 목표 설정, 내용 구성, 활동 요소, 프로그램 평가로 정리할 수 있다. 그러므로 이 책에서는 이 네 가지 원리를 중심으로 상담 프로그램 개발을 살펴보고자 한다.

상담 프로그램의 특징

심리치료적 접근에서는 상담을 스트레스의 완화나 위기의 경감에 치중하지만, 발달적 접근에서의 상담은 개인에게 현재의 처지, 즉 발달적 문제 상태에서 한층 성장하도록 돕는 데 강조점을 둔다. 이형득(1992)은 "집단상담은 한두 사람의 전문가의 지도 아래 참여자의 상호관계성 역동을 토대로 하여 신뢰롭고 수용적인 분위기 속에서 개인의 태도와 행동의 변화 또는 한층 높은 수준의 개인 성장 발달 및 인간관계 발달의 능력을 촉진하려는 의도에서 이루어지는 하나의 역동적인 대인관계의 과정"이라고 정의하였다. 그러므로 상담 프로그램은 개인의 심리 내적인 문제와 가족 간의 기능을 중심적인 주제로 다룬다. 상담 프로그램의 목적과 목표는 개인의 문제 해결과 예방 그리고 변화와 성장에 초점을 두고 있다. 상담 프로그램의 이론적 근거는 심리학적 원리가 중심이 된다. 상담 프로그램의 내용은 프로그램 참여자의 활동과 과정이 중심이 된다. 그러므로 상담 프로그램은 자발성, 상담 과정, 활동 중심, 주관성, 자기개방을 특징으로 한다. 구체적으로 살펴보면 다음과 같다.

- **자발성이 중심이 된다** 상담 프로그램의 중심은 어떤 주제가 아니라 프로그램 참여자 개개인 자체이다. 상담 프로그램의 주 목적은 교육 프로그램에서처럼 행동 변화에 대한 객관적인 정보 제공이 아니라 참여자 개개인의 실제적인 행동의 변화이다.
- **상담 과정이 중심이 된다** 상담 프로그램은 프로그램의 내용보다는 상담 과정을 더 중요하게 생각한다. 상담 프로그램은 자기이해의 증진, 태도의 변화 및 직업 선택과 관련하여 일어나기 쉬운 갈등을 취급

하는 하나의 과정이다.

- **활동이 중심이 된다** 상담 프로그램의 활동 내용은 모둠, 소집단, 대집단 활동이 중심이 된다. 그러나 때로는 특정 조직에 적용할 수 있는 시스템이나 지역사회에 적용할 수 있는 제도도 포함할 수 있다.
- **주관적인 경험이 중심이 된다** 상담 프로그램은 객관적인 사실을 취급하는 것이 아니라 주관적인 경험에 초점을 둔다. 주관적인 경험은 개인의 인지, 정서, 행동 등을 의미한다. 상담 프로그램은 참여자 개인의 감정을 표현하게 하여 '나'와 '너'의 상호관계에 역점을 둔다. 따라서 상담 프로그램은 상담 과정에서 감정과 정서, 창의성과 상상력, 자기 이해와 타인 이해, 인간관계와 신인(神人)관계 등과 관련되는 인지적 · 정서적 · 행동적 · 영적 영역에 초점을 둔다(김창대, 2002).
- **자기개방이 중심이 된다** 상담 프로그램에서는 개개인의 감정과 사고를 솔직히 표현하도록 격려한다. 따라서 상담 프로그램은 참여자의 지금 여기에서 순간순간 느끼는 내적인 변화에 따라 있는 그대로의 자신을 자유롭게 표현하며 행동하게 한다.

상담의 광범위한 목표는 자기 자신과 타인에 대해서 분석하고 이해하고, 자신이 가장 원하는 것이 무엇인지 알게 하고, 또한 자기 자신이 가장 바꾸고 싶은 것이 무엇인지 명확하게 알도록 도와주는 것이다(Corey & Corey, 2008). 따라서 상담 프로그램은 이러한 자기 자신과 타인에 대한 통찰과 변화하고자 하는 참여자들에게 그것을 성취할 수 있도록 필요한 도구를 제공하는 데 목표가 있다.

상담의 의미와 특징

상담의 의미

상담의 의미는 시대의 흐름에 따라 변화하고 있다. 우리는 정신건강 및 상담 활동의 새로운 관점에 대해 알아볼 필요가 있다. 상담의 의미 변화는 상담 모형을 통해 알 수 있다. 상담 모형은 심리치료적 모형, 발달적 모형, 생태체제적 모형, 자아초월적 모형으로 구분할 수 있다(그림 1-7).

다음에서 각 모형별로 상담의 의미를 살펴보자.

[그림 1-7] 주요 상담 모형의 변화

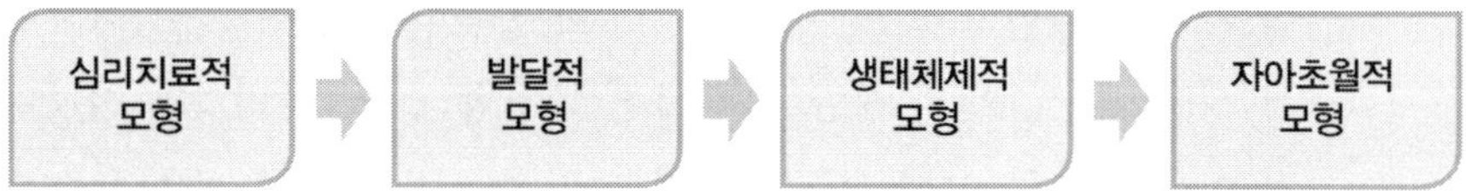

심리치료적 모형

상담은 1960년대에 이르기까지 주로 정신역동 및 성격 이론에 근거한 심리치료적 모형이 중심이 되었다. 이와 같은 상담이론에는 프로이트(S. Freud)를 중심으로 하는 정신분석적 접근, 로저스(C. Rogers)가 창시한 인간중심적 접근, 스키너(B. F. Skinner)를 주축으로 하는 행동주의적 접근, 엘리스(A. Ellis)와 벡(A. Beck)을 주축으로 하는 인지중심적 접근이 있다. 심리치료적 모형은 세 가지 중요한 특징을 공유하고 있다. 첫째, 내담자를 환자 또는 문제를 가진 부적응자로 보고 있다. 둘째, 내담자의 문제를 개인 내적인 것으로 보고 있기 때문에 개인의 성격을 재구성하거나, 자아개념을 강화하거나, 문제가 있는 행동을 제거하기 위한 장기간의 노력에 있어서 개인의 협력이 필요하다. 셋째, 이들은 '비정상적인' 개인을 '정상적인' 환경에 적응시키려는 의도를 함축적으로 지니고 있다. 따라서 심리치료적 모형에 의하면 상담은 상담자와 내담자의 면대면 관계에서만 이루어지며, 상담의 목적은 심리적인 병을 치료하거나 문제를 해결하도록 돕는 것으로 인식하고 있다.

발달적 모형

발달적 모형은 1970년대에 이르러 상담학계의 대표적인 접근 모형으로 확고하게 자리 잡게 되었다. 이 모형은 주로 인도주의적 입장을 취하고 있는 교육학자와 심리학자의 인간관을 기본 철학으로 하고 발달심리학자들의 인간 발달의 여러 가지 단계와 과업에 관한 이론을 기초로 하고 있다. 이 모형은 심리치료적 모형과는 달리 상담을 단지 문제가 발생하였을 때 진단하고 치료해 주는 것으로 바라보는 소극적인 자세에서 벗어나, 오히려 문제가 발생하기 전에 적극적으로 개인의 발달과업 성취에 도움이 되는 다양한 활동 프로그램을 개발하여 적용함으로써, 개인의 성장과 발달을 돕고자 한다. 이 모형에 따르면 개인의 능력 향상, 정체감, 대인관계, 가치관 및 의사결정 능력 등 다양한 측면에서 원만한 발달을 돕기 위하여 다양한 프로그램을 개발하여 실시할 뿐만 아니라 특별 강좌, 세미나 및 워크숍 등 각종 집단 활동을 계획하고 실천하는 것이 상담자의 주된 임무가 된다.

생태체제적 모형

생태체제적 모형에서는 인간 발달이 개인 내적인 요인뿐만 아니라 개인과 환경 간의 상호작용을 통하여 이루어지는 것으로 보고 있다. 이들은 사회학, 인류학, 정치학, 경제학, 경영학 등을 포함한 사회행동과학 분야의 이론을 상담에 도입하여 활용한다. 이처럼 개인과 환경 간의 상호작용을 전제로 한 인간 발달적 접근은 상담의 이론적 배경을 사회 및 행동 과학의 분야에까지 확대했으며, 그중에서도 체제이론, 조직개발 이론을 토대로 한 조직체의 계획적인 변화에 관한 이론 및 실천 전략의 도움을 받게 되었다. 이와 같은 이론을 배경으로 한 생태체제적 모형은 개인과 환경 체제 간의 상호작용 및 그 결과와 관련하여 개인의 발달을 돕고자 한다. 상담 접근으로서의 생태체제적 모형은 개인으로 하여금 자신의 기능을 최대한 발휘할 수 있도록 돕기 위하여 그가 속한 조직체의 환경이 발달적이 되도록 조성해 주는 데 관심을 가지고 있다. 다시 말해 이 모형은 조직체의 환경을 개인의 욕구와 발달에 적합하게 재설계하는 것이 중요하다고 본다.

자아초월적 모형

자아초월적 모형은 영적 존재로서의 인간에 대한 개념을 정립하였다. 인간을 영적인 존재로 보는 최근 경향은 심리학에서뿐만 아니라 인간 이해를 다루는 분야에서 전반적인 추세이다. 프로이트에서 시작한 상담이론은 현대에 오면서 인간의 영적 현상에 대해서 인정하는 경향이 있다. 권석만(2012)에 따르면 자아초월적 모형은 자아를 초월하는 초개인적 의식 수준으로서의 성장을 촉진함으로써 생활 적응뿐만 아니라 영적 성장을 돕는 다양한 치료적 접근이다. 이처럼 자아초월적 모형은 영성을 중심으로 접근하는 상담이다. 영성과 종교는 초월사상을 뒷받침하는 중요한 실체들이다. 인간은 영성을 통해서 초월적 현실을 살고, 이 초월적 현실은 종교를 통해서 사회화된다(김용태, 2018).

자아초월적 모형은 심리학 이론을 중심으로 인문학, 사회과학, 자연과학뿐만 아니라 동서양의 철학과 종교를 상담에 도입하여 활용한다. 자아초월적 모형은 인간의 신체에서부터 마음과 영혼에 이르기까지의 모든 과정을 다루려고 한다. 지금까지 서양의 심리학은 인간 정신의 영적 차원을 무시해왔다. 서양의 심리학자들이 동양 사상을 접하게 되면서 인간의 영적 차원에 관심을 갖기 시작하였다. 자아초월적 모형의 주된 관심은 영적이고 자아초월적인 의식상태, 인간의 궁극적 잠재능력, 자아와 개인적 자기의 초월, 신비 경험, 인간의 영적 발달 등이다. 자아초월적 모형은 전통적으로 인정된 정신건강의 수준을 넘어서 영적 성장과 자각을 촉진하는 의식의 변화를 강조하는 데 관심이 있다.

상담의 흐름

상담 프로그램 개발자는 상담의 시대적 변화 흐름에 대해 파악하고 있어야 효용성이 있는 프로그램을 개발할 수 있다. [표 1-2]는 시대에 따른 상담의 성격을 이해하는 데 도움이 될 것이다.

표 1-2 상담 활동의 흐름

치료 중심 ⇒ 예방과 발달 중심					
1. 문제 자각	심각한 문제	자각적 욕구 문제	성장적 문제	발달과업	미자각적 문제
2. 상담 대상		개인	형식적 집단	비형식적 집단	교육기관 전체
3. 상담 장면	상담실	기숙사	학생회관	강의실	자연환경
4. 봉사 형태	면접 상담	집단활동	자조활동	지역사회 자원활용	환경개선 자원활용
5. 상담사의 수	전문 상담사	준전문 상담사	교사	자원봉사자	자연적 상담사
6. 상담 방법	개인상담	집단상담	복합적 상담	인터넷 상담	교육적 역할
7. 상담 기간	1회 면접	단기상담	장기상담	간접적 조력	확장적 계열화

출처 : 이형득 등(1993) 참조.

상담은 첫째, 시대의 흐름에 따라 기존의 병 치료나 문제 해결에 초점을 둔 것에서 더 나아가 예방 및 개인의 성장과 발달에 관심을 두어야 한다. 둘째, 상담은 심리치료 또는 개인 내적인 변화에서 더 나아가 가정, 학교, 조직체, 지역사회 등 개인이 처한 생활 환경을 변화시키는 데 강조점을 두어야 한다. 셋째, 상담은 개인, 기관, 지역사회의 문제를 해결하고 보완하는 소극적인 활동에서 더 나아가 개인과 지역사회가 지니고 있는 장점이나 자원을 기초로 자신의 힘으로 개선할 수 있는 능력을 갖추도록 도와주는 데 보다 적극적인 접근이 요청된다.

지금까지 우리는 상담의 심리치료적 모형, 발달적 모형, 생태체제적 모형, 자아초월적 모형을 살펴보았다. 이 모형들을 살펴보면서 상담 활동의 흐름에 대해서 다음과 같이 요약해 볼 수 있다(이형득 등, 1993).

첫째, 상담의 목적이 심리치료나 문제 해결의 수준에서 예방과 발달로 확장되었다. 상담 활동이 부적응자의 심리치료 또는 문제 해결을 포함하여 조직체의 전체 구성원을 대상으로 개개인의 전인적 발달을 돕는 것으로 확장되었다. 그 결과, 상담 활동은 문제를 가진 개인과의 직접적인 면접 상담뿐만 아니라 그들이 자기 자신을 이해하고, 자기 삶의 목표를 설정하거나 생의 계획을 수립하는 일과 여러 가지 발달과업을 성취하도록 돕기 위해 활동 지향적 프로그램의 개발과 활용에 치중하게 되었다.

둘째, 상담의 대상이 문제를 지닌 개인에서 조직체로 확대되어 있다. 치료적 모형의 상담 대상은 부적응적인 개인의 심리치료에 초점을 둠으로써 개인에게만 한정될 수밖에 없었다. 그러나 발달적 모형과 생태체제적 모형에서는 개인의 발달에 영향을 미치는 가정, 조직체, 형식적·비형식적인 집단 그리고 지역사회 자체의 물리적·심리적·사회적 환경까지를 상담 대상으로 한다.

셋째, 상담의 방법이 직접적인 것에서부터 간접적인 전략을 포함하는 것으로 확대되었다. 개인의 심리치료에 집중하던 심리치료 발달 모형에서는 문제를 가진 사람과의 직접적인 면대면 상담 방법이 중심이 되었다. 그러나 발달적 모형과 생태체제적 모형에서의 상담 대상은 문제를 가진 사람에게서 정상적인 사람으로 확대되었다. 따라서 직접적인 면접 상담에 추가하여 다양한 간접적인 방법을 활용하고 있다. 간접적인 방법으로 자문, 훈련과 교육, 환경 관리, 조직 개발 및 대중매체의 이용 등을 상담 방법으로 활용할 수 있다.

넷째, 상담의 영역이 인간의 내면세계와 관계세계에서 종교적 또는 영적인 차원으로 확대되었다. 위버(Wilber, 1981)에 따르면, 인간 정신의 가장 깊은 곳에는 영혼이 존재한다. 따라서 인간은 자아를 초월하여 영적인 성장을 이루고자 하는 깊은 욕구를 지니고 있다(권석만, 2012 재인용). 심리치료 영역이 전통적으로 인정된 정신건강의 수준을 넘어서 영적 성장과 자각을 촉진하는 의식의 변화를 강조하는 데로 확대되었다. 인간의 초월적 경향은 심리적·사회적·종교적으로 나타난다고 하였다. 초월의 힘은 심리적으로는 발달현상으로, 사회적으로는 포용과 경쟁의 현상으로, 종교적으로는 영적으로 자신을 더 큰 존재로 만들려고 하는 현상으로 나타난다(김용태, 2018).

상담 프로그램 개발 방법과 절차

이형득(1992)은 개인적인 상담이론의 중요성을 강조하면서, 개인적인 상담이론 개발 방법과 절차를 설명하고 있다. 다음은 이형득의 상담이론 개발의 방법과 절차를 근거로 하여 상담 프로그램 개발의 방법과 절차를 설명하고자 한다.

상담 프로그램 개발의 방해 요소

우리가 상담 프로그램을 개발하고자 할 때, 직면하게 되는 문제점은 다음과 같다.

첫째는 상담 프로그램 개발에 대한 소극적인 태도이다. "상담 프로그램 개발은 학자들만이 하는 일이지 나 같은 사람은 감히 생각할 수도 없는 일이다"라는 소극적인 태도를 갖는 것이다. 기존 이론의 권위에 갇혀 있는 소극적인 태도의 사람들은 그 이론이 불완전하고 부족하다고 느낌에도 불구하고 그것을 개선하거나 자신만의 새로운 이론을 정립하지 못하고 같은 문제를 반복한다.

둘째는 기존의 상담 프로그램을 비판 없이 받아들이는 태도이다. 우리는 기존의 상담 프로그램 중에서 자신의 개성에 맞는 여러 가지 요소들을 취사 선택하고 종합하여 자신의 상담 프로그램을 개발하는 용기를 가질 필요가 있다.

셋째는 기존의 다양한 상담 프로그램들로부터 여러 종류의 활동 요소들을 무작정 수집해 두고, 그것을 이론인 양 오해하는 것이다. 상호 간에 아무런 관련이 없는 활동들의 단순한 모음은 체제성이 결여되어 있기 때문에 상담 프로그램이라고 볼 수 없을 뿐 아니라 실제 상담 장면에도 효과적으로 활용할 수가 없다. 따라서 프로그램 개발자가 이미 자신의 이론적 체제를 견지하고 있으면서, 다양한 기법과 활동을 활용하는 것이 바람직하다.

넷째는 특정 이론에 포함된 원리나 기법을 문자 그대로 실행할 수 없다는 이유로 이론 전체를 완전히 거부하거나 폐기해 버리는 것이다. 완벽한 이론은 존재하지 않기 때문에, 상담자는 기존 이론을 자신의 상황에 맞게 수정·보완해야 한다.

상담 프로그램 개발자의 과업

상담 프로그램을 개발하기 시작할 때, 개발자가 갖추어야 할 과업은 다음과 같다.

자기 자신에 대해 철저히 분석한다

첫 번째 과업은 자신의 상담 프로그램을 개발하고자 하는 개발자는 우선 자신의 느낌, 가치관, 신념, 기대, 사고 과정 및 여러 가지 개인적인 특성에 대해 분명하고 객관적인 이해와 지각을 해야만 한다. 왜냐하면 자신의 경험, 성격적 특징 그리고 인간관 등이 이론적 접근의 선택과 프로그램 개발에 영향을 미치기 때문이다. 따라서 프로그램 개발자는 자신의 상담 프로그램 개발의 기초 작업으로 자신에 대한 분명하고 철저한 자기 이해를 하고 있어야 한다.

자신이 처한 시대적 배경에 대해 이해한다

개발자는 자신이 처한 시대적 배경에 대해 이해해야 한다. 즉, 자신의 문화적·사회적 경향과 지배적인 철학적 사상들에 대해 이해하여야 한다. 왜냐하면 이론은 진공 상태에서 나오는 것이 아니라 그 시대의 산물이기 때문이다. 따라서 개발자는 그 시대를 지배하는 사회적·문화적·철학적 동향을 무시하고서는 효용성이 있는 프로그램을 개발할 수 없다.

기존의 다양한 상담이론과 상담 프로그램을 연구한다

개발자는 먼저 다양한 상담심리 이론과 상담 프로그램을 학습한 후에 이들을 상호 비교하고 고찰함으로써 기본 가정이나 가설에 있어서 상호 간의 유사성과 차이점에 대해 알고 있어야 한다.

자신만의 상담 프로그램을 개발한다

위의 세 가지 과업이 어느 정도 이루어진 후에는 자기 자신의 상담 프로그램을 개발해야 한다. 이를 효과적으로 추진하기 위해서는 두 가지 접근 방법을 활용할 수 있다. 먼저, 첫 번째 접근 방법은 여러 가지 상담 프로그램의 견해를 절충하여 자신의 상담 프로그램의 틀을 정립하는 것이다. 두 번째 접근 방법은 기존의 상담 프로그램 중에서 자신에게 가장 적합하다고 판단되는 한 가지 상담 프로그램을 선택한 후 이를 근거로 자신만의 상담 프로그램을 개발하는 것이다.

CHAPTER

2

프로그램 개발, 이론의 필요성

좋은 이론만큼 실용적인 것은 없다. 좋은 이론은 효과적인 프로그램을 개발하는 데 기초가 된다. 프로그램 개발자는 좋은 프로그램을 개발하기 위해서 가장 적절한 프로그램의 이론을 선택하고, 선택한 이론을 프로그램에 어떻게 적용할 것인지에 대해서 생각하여야 한다(김창대 등, 2015). 왜냐하면 이론은 프로그램 개발의 지도와 같은 역할을 하기 때문이다. 프로그램의 각 활동은 이론의 토대 위에서 이루어지며, 이론에 의해서 그 활동의 방향성이 설정되어야 한다. 그러므로 프로그램의 목적과 목표, 프로그램의 구성과 활동 요소들은 이론에 의해서 설명되어야 한다.

이론의 의미와 기능

이론의 의미

이론은 다양한 정보를 조직하여 효율적으로 활용함으로써 삶의 의미를 찾으려는 인간적 요구를 반영하는 것으로서, 장래의 행동과정의 근거가 될 현상을 설명하기 위하여 제공되는 일반적인 원리들의 진술이다(이형득, 1992). 인간은 수많은 정보를 효과적으로 구조화·체계화할 수 있는 것을 필요로 한다. 체계화된 정보는 여러 사건을 정리할 수 있게 할 뿐 아니라 상호 간의 관련성을 찾을 수 있도록 한다. 이처럼 이론은 다양한 경험과 사실들을 통합적으로 파악하여 귀납적으로 법칙을 끌어낸 체계이다.

홀과 린지(Hall & Lindzey, 1978)에 의하면, 이론은 두 가지 특징으로 구성된다. 첫째, 이론은 그것이 관여하고 있는 특정 분야를 명확히 규정할 수 있고, 상호 간에 체계적으로 관련성을 지닌 한 무리의 검증되지 않은 가정들로 이루어진다. 둘째, 이론은 경험적 수단을 통하여 자료 수집이 가능하도록 조작적으로 정의된 개념들로 이루어진다. 그러므로 이론은 상호 간에 체계적 관련성을 지닌 적절한 가정들과 경험적 정의들의 체계적인 집합체로 볼 수 있다(이형득, 1992 재인용). 따라서 이론은 여러 가지 현상 간의 적절한 관계성에 관한 추론, 가정, 가설들에 근거를 두고 있다. 그러나 이들 추론, 가정, 가설들은 진공 상태에서 생겨난 것이 아니라 어떤 역사적인 시점에서 특정 사회와 문화 속에 사는 사람들에 의해 만들어진 것이다. 이론은 그 이론을 만든 자의 개인적 욕구와 그 시대의 역사적·사회적·문화적·철학적 배경 위에서 생성된 것이다. 그러므로 이론은 고정된 것이 아니라 시대의 흐름에 따라 생성되는 것이다. 우수한 이론은 현재의 경험과 사건들을 해석하고 설명하기 위하여 계속된 수정, 보완을 통하여 발전되어 가는 것이다.

학문의 발전은 끊임없는 이론의 창출과 수정 과정을 통해 이루어진다. 이론을 새롭게 만들어 가는 과정이 학문의 발달 과정이다(김진화, 2001). 상담자는 자신의 상담이 이론적 근거에 기반을 두고 있음을 확신하기 위해서는 상담이론에 기초한 상담 결과에 대해서도 잘 알고 있어야 한다. 상담이론에 근거를 두지 않고 상담을 하는 상담자는 내담자를 위험에 처하게 할 수 있다(Heppner et al., 2017). 따라서 상담자는 내담자의 복지를 증진하고 보호하기 위해서 인간 본성에 대한 지식과 치료적 개입에 대한 이론과 효과성을 평가할 수 있는 이론적 근거에 의해 상담을 진행하여야 한다.

상담 프로그램 이론은 상담 프로그램 개발자에게 효과적인 아이디어와 지침을 제공해 준다. 여기서 상담 프로그램 이론은 상담이론과 프로그램 개발 이론을 의미한다. 상담 프로그램 개발의 실제는 상담이론과 프로그램 개발 이론을 근거로 하여 이루어진다. 그러므로 상담 프로그램 개발자는 자신이 가진 이론적인 틀에 근거하여 프로그램 개발의 방향을 정하고 다양한 방법과 기술을 선택, 활용하여야 한다. 상담 프로그램의 개발자에게 있어서 심리상담과 프로그램 개발에 대한 이론적 배경은 그가 활용하는 상담 기술과 방법 그리고 프로그램 개발의 근거를 제시해 주기 때문에 효과적인 상담 프로그램 개발을 위해서 필수 불가결한 것이다. 상담 프로그램 개발에 있어서 상담이론은 잠재적 대상자를 이해하는 데 도움을 주고, 또한 프로그램 개발자 자신의 개발 방향과 내용에 대한 지침이 되기도 한다.

이론의 기능

이론의 특징은 두 가지로 구성되어 있다. 첫째, 이론은 특정 분야를 규정할 수 있고, 상호 간에 체계적으로 관련성을 지닌 가정들로 이루어진다. 둘째, 이론은 경험적 순간을 통해 자료 수집이 가능하도록 조작적으로 정의된 개념들로 이루어진다. 따라서 이론은 상호 간에 관련성을 가진 정의들과 경험적 정의들의 체계적 집합체라고 할 수 있다(이형득, 1992). 이론은 요구를 이해하는 데 도움을 주고, 프로그램 개발의 방향에 대한 지침이 되기도 한다. 이론은 바람직한 상태와 현재의 상태를 구별할 수 있고, 그 문제를 일으키는 원인을 알 수 있을 뿐 아니라 바람직한 상태로 나아가는 방법과 기술을 선택할 수 있게 한다. 따라서 프로그램 개발자는 이론을 근거로 검증이 가능한 가설을 설정하게 되는 것이다. 그러므로 개발자는 자신의 경험을 이론에 근거하여 가설을 추출할 수 있어야 한다.

이론은 세상을 바라보는 방식이다. 따라서 이론의 기능에 대해 "이론은 프로그램 개발에 어떤 작용을 하는가?"라는 물음으로 시작하려고 한다. 다음 소개하는 세 명의 학자를 중심으로 이론의 주요 기능을 설명하고자 한다.

홀과 린지

홀과 린지(Hall & Lindzey, 1978)가 제시하는 이론의 주요 기능은 세 가지이다.

첫째, 이론은 아직 관찰되지 않은 경험적 관계성들을 수집하거나 관찰하도록 유도해 준다. 이론은 경험적으로 검증되어야 할 명제(진술, 가설, 예언)를 내포하고 있는데, 이들 명제가 여러 현상에 관한 지식을 체계적으로 발전시킬 수 있도록 자극해 주는 역할을 한다. 이러한 발견의 과정을 체계적으로 진전시키는 것이 이론의 기능이다.

둘째, 이론은 논리적으로 일관성이 있고 비교적 단순한 체제 내에서 알려진 경험적 결과 또는 지식을 통합할 수 있도록 해 준다. 즉, 이론은 우리에게 관련된 사건과 경험들에 관해서 알려진 모든 것을 조직하고 통합하도록 한다.

셋째, 이론은 지나치게 복잡한 여러 가지 자연적이고 구체적인 사건들에 봉착하여 현혹되기 쉬운 관찰자를 보호해 주고 예방해 주는 기능을 한다. 이론은 우리에게 여러 가지 사건들의 모든 측면에 대해 지나치게 염려할 필요가 없다는 것을 알려 준다. 이론은 우리에게 체계적이고 효율적인 방법으로 복잡한 자연 현상을 추리하고 추론할 수 있도록 도와준다(이형득, 1992 재인용).

셔처와 스톤

셔처와 스톤(Shertzer & Stone, 1980)은 이론의 주요 기능을 네 가지로 설명하고 있다.

첫째, 이론은 다양하고 복잡한 정보를 요약하고 일반화할 수 있게 해준다. 예를 들어 행동심리학에서의 강화 원리는 수많은 학습과 관련된 연구에 본질적인 근거를 제공해 준다. 이처럼 이론은 복잡한 방법들과 법칙들을 요약 및 일반화해 준다.

둘째, 이론은 복잡한 현상들을 이해하는 데 촉진제의 역할을 한다. 이론은 복잡한 사실들과 관찰 결과 중에서 가장 적합한 것이 무엇인지를 발견하게 해 준다. 다시 말해 이론은 복잡한 자료들을 정돈하고 상호관련성을 밝혀 줌으로써 무작위적인 자료들로부터 이해하기 쉬운 정보체계를 찾을 수 있도록 도와준다.

셋째, 이론은 예언의 기능이 있다. 이론은 어떤 일들에 대해 예측할 수 있도록 한다. 이론은 어떤 조건에서는 어떤 일이 일어날 것인가를 예견할 수 있도록 도와준다. 만약 아무리 많은 자료를 수집하였다 하더라도 그 자료를 통해 예측할 수 없다면 그 자료는 아무런 소용이 없다. 이론은 수많은 자료 속에서 가장 효율적인 정보를 찾을 수 있도록 길잡이 역할을 한다. 또한 이론은 어떤 길을 따라가다 보면 어떤 결과가 나올 것이라는 지침서의 역할을 하기도 한다.

넷째, 이론은 후속 연구와 사실을 발견하도록 자극한다. 이론은 후속 연구를 위한 지침뿐 아니라 다음 단계를 위한 자료 수집 계획의 근거로서 작용한다(이형득, 1992 재인용).

수스만

수스만(Sussman, 2001)은 이론의 주요 기능을 네 가지로 설명하고 있다.

첫째, 이론은 프로그램의 변화 모형을 제공한다. 이론은 어떤 행동을 기술, 설명, 예언 그리고 통제할 수 있는 인과 모형을 제공한다.

둘째, 이론은 바람직한 결과가 도출되지 않거나 또는 부작용이 발생할 때, 가설을 다시 검토하고 수정할 수 있도록 한다.

셋째, 이론은 새로운 프로그램 아이디어를 창출하거나 그 아이디어가 가장 적합한 대상을 알 수 있게 해 준다.

넷째, 이론은 비판적 사고에서 오류를 범하지 않도록 한다. 비판적 사고는 정보를 분석하고 평가하는 정신적 과정을 의미한다. 비판적 사고의 오류는 개념과 그 개념을 측정한 결과를 같은 것으로 이해한다든지, 같은 개념을 다른 개념으로 이해한다든지 또는 순환 추론을 통해 원인과 결과를 혼동하는 것을 의미한다(김창대 등, 2015 재인용).

상담이론은 상담 프로그램에 다음과 같은 역할을 한다. 첫째, 프로그램 개발자는 상담이론을 근거로 효과적인 행동과 비효과적인 행동을 구별할 수 있다. 둘째, 상담이론은 비효과적인 행동의 원인을 알게 한다. 셋째, 상담이론은 비효과적인 행동을 효과적인 행동으로 변화시킬 방법과 기술을 채택하게 한다. 넷째, 상담이론은 프로그램 지도자와 참여자의 집단 내에서의 바람직한 역할에 대한 근거와 방향을 제시해 준다.

이처럼 상담이론은 상담 프로그램 개발자가 다양한 문제들과 원인의 관계성을 발견하게 하고, 다양한 경험적 지식을 통합하고 일반화할 수 있도록 해 준다. 그리고 어떤 조건에서는 어떤 일이 일어날 것인가를 예측할 수 있게 할 뿐 아니라 후속 연구와 사실 발견에 자극제의 역할을 한다.

이론의 중요성

이론에 기초한 프로그램 개발은 매우 중요하다. 왜냐하면 프로그램 개발은 이론과 경험을 통합하는 것이기 때문이다. 프로그램을 개발하기 위해서는 가장 먼저 이론에 기초한 프로그램의 개념 틀을 정립하여야 한다(김창대 등, 2015). 특히 상담 프로그램은 행동 그 자체를 변화시키고자 하는 것뿐 아니라 그 행동을 일으키는 요인을 변화시키는 것이다. 따라서 상담 프로그램 개발을 위해서는 상담의 이론적 기초를 확립하는 것이 중요하다. 상담이론은 프로그램 개발자에게 프로그램의 아이디어와 지침을 제공해 준다. 상담 프로그램 개발은 실제 상담이론을 기반으로 이루어진다.

상담 프로그램 개발자는 이론적 틀에 근거하여 프로그램의 방향을 정하고, 문제 해결을 위한 다양한 방법과 기술을 선택하고 활용하여야 한다. 개발자가 프로그램 개발을 계획하고, 실행하고 그 결과를 평가하기 위해서는 타당한 이론적 근거가 필요하다. 프로그램 개발자의 상담에 대한 이론적 배경은 그가 활용할 수 있는 문제 해결의 심리학적 기술과 방법의 근거를 제시해 주기 때문에 효과적인 프로그램 개발을 위해 필수 불가결한 것이다.

이론과 실제의 통합은 프로그램 개발의 기초이다. 프로그램의 목표는 측정할 수 있고, 이론에 기초하고, 연구 근거에 의해 지지되어야 한다(Heppner et al., 2017). 따라서 프로그램 개발은 이론을 기초로 이루어져야 한다. 이론의 기능은 프로그램의 가설을 세우는 것이다. 이론의 확립이 개발하고자 하는 프로그램의 기초가 될 것이다. 그러므로 이론의 확립은 프로그램 개발 초기에 이루어져야 한다. 개발자가 이론을 확립하는 것이 프로그램 개발에 중요하다. 프로그램 개발에서 이론의 중요성은 다음과 같다.

첫째, 이론은 지침서의 역할을 한다. 이론은 프로그램 개발자에게 요구분석을 통한 개발의 전체적인 전략과 바람직한 상태를 향한 계획의 수립과 실행에 도움이 되는 지도와 지침의 역할을 하므로 중요하다. 상담이론에는 인간의 욕구와 행동에 원인과 과정 그리고 치료에 관한 견해가 포함되어 있다. 그러므로 개발자는 이것을 근거로 프로그램 개발 과정에 대한 일관성 있고 예측 가능한 계획 수립과 실행에 임할 수 있다.

둘째, 이론은 이해의 틀을 제공해 준다. 이론은 개발자에게 잠재적 대상자들의 행동의 의미를 이해하는 데 도움을 주는 이론적 틀을 제공해 주기 때문에 중요하다. 개발자는 이론적 틀을 근거로 잠재적 대상자들의 행동 중에서 적절한 요소들과 부적절한 요소들을 구별할 수 있게 된다. 따라서 프로그램 개발자는 잠재적 대상자의 요구 원인과 의미에 대해 가설을 세울 수 있을 뿐만 아니라 상호관련성을 밝혀내는 데도 도움을 받을 수 있다.

셋째, 이론은 목적과 목표를 명확하게 해준다. 이론은 잠재적 대상자의 바람직한 상태에 대한 방향과 그를 돕기 위하여 추구해야 할 프로그램의 목적과 목표를 설정하는 데 도움을 준다. 프로그램의 목적과 목표는 개발자의 이론적 관점에 따라 달라질 수 있다. 예를 들어, 개발자가 인지적 접근을 프로그램의 이론적 배경으로 삼고 있다면 잠재적 대상자들의 비합리적 신념을 합리적 신념으로 바꾸는 데 목적을 둘 것이다. 개발자가 정통적 정신분석을 이론적 배경으로 삼고 있다면 무의식적 자료를 의식화하여 변화시키는 데 목적을 둘 것이다. 이처럼 프로그램 개발자에게 중심이 되는 이론은 잠재적 대상자를 돕기 위하여 설정하는 프로그램의 목적과 목표에 영향을 준다.

넷째, 이론은 최적의 기술과 방법을 선택하도록 도와준다. 프로그램 개발자가 사용하는 기술과 방법들은 그가 접근한 이론에 의해 달라질 수 있다. 인지적·행동적 이론에 초점을 둔 개발자는 합리적이고 지시적인 방법을 사용할 것이며, 인본주의적·정의적 이론에 초점을 둔 개발자는 지금-여기에서의 느낌에 중심을 둔 방법과 기술을 주로 사용할 것이다. 그리고 부정의 심리학에 초점을 둔 개발자는 문제와 그 문제의 원인을 발견할 것이며, 긍정의 심리학으로 접근한 개발자는 문제의 원인보다는 오히려 강점과 덕성을 발견하는 데 기술과 방법을 사용할 것이다.

다섯째, 이론은 평가 기준을 제공하는 역할을 한다. 이론은 개발된 프로그램의 결과가 목적과 목표를 성취한 것에 대한 평가의 기준을 제공해 준다. 개발자는 프로그램의 이론에 근거하여 프로그램의 효과를 검증할 수 있다. 선택한 이론에 의해 잠재적 대상자의 행동, 프로그램의 구성과 내용, 프로그램의 효과 검증 등을 점검해 볼 수 있다. 또한 개발자는 프로그램의 전체 과정을 이해할 뿐 아니라 후속 프로그램 개발을 위한 참고자료로 삼을 수 있다.

여섯째, 이론은 지속적 성장을 도모하는 역할을 한다. 프로그램 개발자는 상담이론을 통해 인간적·전문적인 성장을 할 수 있도록 도움을 받을 수 있다. 프로그램 개발자는 새로운 경험에 대한 탐색 지침으로 상담이론을 활용할 수 있다면 그 새로운 경험을 그 이론적 틀에 통합시킴으로써 새로운 상황에 대처하는 전략과 대안을 수립할 수 있는 능력을 갖추게 될 것이다.

이론에 기초한 프로그램을 통해서 프로그램 개발자들 역시 자신이 이론에 기반을 둔 프로그램을 개발하고 있다는 것을 확인할 수 있다.

이론의 선택 기준

좋은 프로그램을 개발하기 위해서는 바람직한 이론 선택의 기준에 대해 알아야 한다. 이형득(1992)은 매서니(Matheny, 1968)와 한센(Hansen, 1977)을 기초로 바람직한 이론의 속성을 명백성, 포괄성, 정확성, 간결성, 후속 연구의 촉진성, 목적과 수단의 관련성, 유용성 등 일곱 가지를 제시한다. 김창대 등(2015)은 이론의 선택 기준을 적절성, 완전성과 정밀성, 검증 가능성, 발견적 가치 등 네 가지를 제시한다. 필자는 이형득과 김창대 등의 생각을 종합하여 이론 선택의 바람직한 기준을 일관성, 타당성, 포괄성, 정확성, 간결성, 가치성, 측정 가능성, 활용성 등 여덟 가지 기준에 관해 설명하려고 한다(그림 2-1).

[그림 2-1] 바람직한 이론 선택의 기준

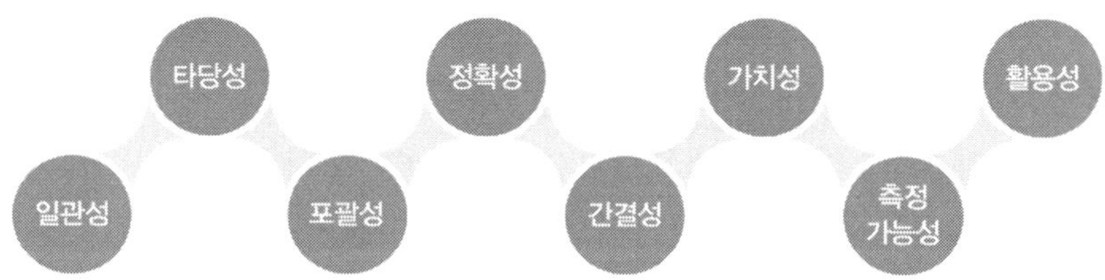

- **일관성** 바람직한 이론은 이해가 쉽고 의사 전달이 쉽게 이루어진다. 쉽다는 것은 이론에서 제시하는 개념 간의 상호 관련성이 명확하다는 것이다. 이론이 어렵게 느껴지는 것은 개념이 어려운 것이 아니라 개념 간의 상호 관련성이 없다는 것이다. 그러므로 프로그램 개발자는 이론에 있는 가정이나 개념들은 모순됨 없이 일관성 있게 진술되어 있는지 확인해야 한다. 즉, 이론에 내포된 개념 간의 상호 관련성이 잘 되어 있는지 살펴보아야 한다. 이러한 이론은 쉽게 이해되고 의사 전달이 쉽게 이루어진다.
- **타당성** 바람직한 이론은 관찰된 현상을 적절하게 설명하고 있어야 한다. 바람직한 이론은 개발자가 관찰한 현상과 관련하여 그 현상에 대한 문제 규명, 문제의 원인 그리고 해결방안에 대한 개념들이 설명하고 있는지를 살펴보아야 한다.

- **포괄성** 바람직한 이론은 한두 가지 현상만을 설명하는 것이 아니라 여러 가지 현상들을 설명할 수 있어야 한다. 즉 예외적인 현상만을 다루는 것이 아니라 다양한 현상들을 설명할 수 있어야 한다.
- **정확성** 바람직한 이론은 용어, 개념 그리고 개념들 간의 상호 관련성에 있어서 정확성을 검증할 수 있어야 한다. 가설 검증이 모호한 생각이나 개념들은 이론이 될 수 없다. 그러므로 과학적 검증이 가능한 이론이 바람직한 이론이다.
- **간결성** 바람직한 이론은 불필요한 시간과 심적 에너지를 소모하지 않고서도 쉽게 이해할 수 있도록 단순하고 분명하게 되어 있어야 한다.
- **가치성** 바람직한 이론은 다양한 상황에서 일반화할 수 있어야 한다. 즉, 다음 단계의 자료 수집과 후속 연구의 새로운 아이디어와 지침 역할을 할 수 있어야 한다.
- **측정 가능성** 바람직한 이론은 이론에 있는 인과관계의 각 개념을 검증할 수 있어야 한다. 그리고 이 개념이 결과를 어떻게 변화시키고 있는지를 객관적으로 관찰할 수 있어야 한다.
- **활용성** 바람직한 이론은 단순히 하나의 이론을 제시하는 것이 아니라 실제 그것을 유용하게 활용할 수 있어야 한다. 상담에서 좋은 이론은 상담자가 내담자를 돕기 위해 사용할 수 있는 기술과 방법에 대한 구체적인 지침을 포함하고 있어야 한다. 즉 바람직한 이론은 문제를 해결하는 데 도움이 되는 구체적인 수단이 내포되어 있어야 한다. 즉 바람직한 상태에 도달할 수 있는 구체적인 방법과 기술들이 제시되어 있어야 한다.

교육 프로그램의 학문적 기초

우리는 앞에서 프로그램 개발의 일반적인 이론에 대하여 개관해 보았다. 이제부터는 보다 직접 교육 및 상담 프로그램을 개발하는 데 있어서 인간 이해에 대한 이론을 정립하는 것에 관하여 알아보려고 한다. 이를 위해 먼저, 교육 프로그램 개발에 있어서 필요한 인간 행동의 철학적 배경을 설명하려고 한다. 교육 프로그램 개발자는 프로그램을 개발하기 위해서 인간이해와 관련된 자신의 이론을 정립하고 있어야 한다.

인간 행동의 철학적 배경

헤프너 등(Heppner et al., 2017)은 인간 행동의 철학적 배경을 실증주의, 탈실증주의, 구성주의, 비판이론의 네 가지 범주로 설명하고 있다(표 2-1). 필자는 헤프너 등의 네 가지 범주 중 프로그램 개발과 관련된 철학적 배경을 실증주의, 구성주의, 비판이론의 세 가지 범주로 간략하게 설명하고자 한다(표 2-2).

실증주의

실증주의(positivism)는 물리과학에서 전통적으로 가르쳤던 과학적 방법에 가장 근접하는 패러다임이다. 실증주의에 의하면 인간의 본질은 실증주의에 따르며, 인간의 본질은 법칙을 따르며, 사실 또는 지식의 축적을 통해서 어떤 법칙이 진실인지 또는 진실이 아닌지에 대한 결론이 도출될 것이다. 그리고 과학의 목적은 변인 간의 인과관계를 파악하는 것이다. 이는 인간 행동에 대한 이론을 개발한다는 과학의 전반적인 목적에 크게 기여한다. 인간 행동에 대한 이론은 관찰에 기반을 두고 연역적 논리로 연결된 지식의 네트워크로 구성된다.

실증주의는 객관주의 혹은 경험 분석적이라 하기도 한다. 실증주의는 환경과 대상에 대해 의미를 부여하는 인간의 실존적 가치를 인정하지 않고 인간과 대상이 분리되어 존재한다는 객관주의 인식론 입장이다. 그러므로 인간은 다른 유기체와 마찬가지로 자신을 둘러싸고 있는 환경과 대상에 대해 의미를 부여할 수 없으므로 인간의 사고는 외부 실체를 그대로 반영하거나 외부의 실체에 의해 통제될 뿐이다. 따라서 실증주의에서 바라보는 프로그램 개발은 프로그램의 목표가 먼저 결정되고 여기에 프로그램 내용을 결정하는 목표-수단 모델로 프로그램을 개발하는 사람과 전달하는 사람이 분리되어

표 2-1 철학적 배경의 주요 원리

	존재론	인식론	방법론
	실제의 존재	알고자 하는 자와 지식의 관계	세계에 대한 지식을 알아가는 과정
실증주의	• '실제로 존재하는' 실제가 있다. • 진실은 존재하며 알 수 있다. • 이분법적 결론이 가능하다.	• 구성은 연구자와 연구 참여자 또는 연구자와 참여자의 세계 간의 상호작용을 통해서만 이해될 수 있다.	• 자료로서 해석학에 의존 • 논리적 토론(참여자와 연구자의 상호작용)이 자료의 해석에 매우 중요하다. • 순환적
탈실증주의	• '실제로 존재하는' 실제가 있다. • 진실은 절대로 완전히 알 수 없다. • 체계가 복잡하므로 이분법적 결론은 가능하지 않다	• 모든 과학에는 결점이 있다. • 과학자는 연구에 영향을 미치는 편견을 가지고 있다.	• 과학적 방법 • 가설-연역적 과정 • 선형적 • 확률에 기초한 추론에 의존
구성주의	• '실제로 존재하는' 실제 또는 절대적 진실은 없다. • 예측 또는 예측의 검증은 없다. • 세계에 대한 생각은 인간의 마음에서 구성된다. • 지각이 실제다.	• 구성은 연구자와 연구 참여자 또는 연구자와 참여자의 세계 간의 상호작용을 통해서만 이해될 수 있다.	• 자료로서 해석학에 의존 • 논리적 토론(참여자와 연구자의 상호작용)이 자료의 해석에 매우 중요하다. • 순환적
비판이론	• 사회적 구성은 사회적·정치적·문화적·역사적·경제적 세력에 의해 형성된다. • 사회적 구성은 오랜 시간 동안 사회적 맥락 안에서 내재된 권력 구조에서 기인한다.	• 사회적 구성은 연구자와 참여자의 내면에 깊이 내재 되어 있다. • 연구자의 가치는 질문에서 매우 중요하다. • 연구자와 참여자는 관계를 형성한다.	• 구성은 해석 과정을 통해서 수정되거나 변화된다. • 해석은 억압에서 해방될 수 있도록 하는 사회적 행동을 촉진한다. • 논리적 토론을 사용해서 구성을 변화시킨다.

출처 : Heppner et al. (2017) 참조.

있다. 그리고 실증주의 패러다임은 프로그램과 관련하여 체계적이고 합리적인 개발 절차를 중요시할 뿐만 아니라 내용 전문가 중심의 프로그램 개발 과정을 부각시킨다(김진화, 2001).

구성주의

구성주의(constructivism)는 진실과 실제에 대한 개념보다는 세계에 대한 생각, 즉 사회적 세계에 대한 생각이 개인의 마음에서 구성된다는 것을 지지

표 2-2 철학적 배경에 따른 교육 프로그램 개발의 특성 비교

구분	특성
실증주의	• 행동주의 교육철학 사조에 기초 • 목표를 성취하기 위한 수단들을 표준화시키는 것으로 프로그램을 이해 • 교육의 효율성 극대화를 위한 통제 과정이 프로그램임 • 프로그램 개발의 합리적 절차 중시
구성주의	• 진보주의 교육철학 사조에 기초 • 사용자 중심 프로그램 개발 강조 • 교수자의 역할 중시 • 숙고와 절충의 순환적 과정으로 프로그램 개발을 강조
비판이론	• 급진주의 교육철학 사조에 기초 • 규정된 목표의 성취 여부에 초점을 두지 않고 의사결정 과정과 그 환경의 질을 강조함 • 학습활동과 프로그램 개발을 구분하지 않음 • 대화 과정을 중시하며 이것은 행위와 반성의 상호작용으로 이루어짐

출처 : 김진화(2001).

한다. 구성주의자는 개인이 물리적·사회적 환경과 상호작용하면서 개인의 경험에 의해서 이러한 구성이 형성되고, 구성은 문화적 맥락에서 형성되고, 구성은 개별적일 수 있음을 인정한다. 구성은 간단하기도 하고 복잡하기도 하며, 단순하기도 하고 정교하기도 하며, 정보가 많지 않을 수도 있고 많을 수도 있다. 그러나 구성은 맞거나 틀린 것으로 증명될 수 없다.

구성주의자는 어떤 사건 자체가 현실을 정의하기보다는 오히려 한 체계의 참여자들이 그 사건에 부여하는 의미가 현실을 정의한다고 본다. 따라서 사회적 구성은 환경과의 상호작용을 통해 발전되며, 환경과의 상호작용에 대한 심리적 표상과 이에 대한 해석을 포함한다. 그러므로 연구자와 연구 참여자는 서로 연결되어 있다. 따라서 연구 참여자의 구성은 그 사람의 내면에 있기 때문에 연구자와 참여자의 상호작용 또는 연구자와 참여자의 세계와의 상호작용을 통해서만 이해될 수 있다.

그러므로 구성주의에서 바라보는 프로그램 개발은 전문가에게 전적으로 위임하지 않고, 프로그램 사용자 중에서 프로그램 개발자, 프로그램의 잠재적 대상자 그리고 상담 센터의 상호 간 합의와 의사소통이 강조된다. 프로그램 개발은 프로그램이 구성되는 과정에 관련 있는 많은 사람의 이해와 사고가 상호 관련되기 때문에 협동적인 상호작용 속에서 합의로 도달해 가는 순환적 합의제 모형을 따른다. 결국, 구성주의에서 프로그램 개발은 실질적으로 프로그램과 관련된 사람들의 합의에 기초를 둔 집단 의사결정 과정으로 간주함으로써 프로그램 개발자와 잠재적 대상자 그리고 관련자를 중심으로 한 합의적인 프로그램 개발의 중요성을 강조한다(김진화, 2001).

비판이론

비판이론(critical theory)은 인간의 사회적 구성이 환경에 있는 사회적·정치적·문화적·역사적·경제적 세력에 의해 형성되며, 특히 권력자들이 만들어 낸 세력의 영향을 받는다고 본다. 구성은 시간이 지나면서 현실의 모양을 갖춘다. 비판이론에서는 사회적 맥락에서 만들어진 사회적 현실이 진실인 것으로 간주한다. 따라서 비판주의에서는 연구자와 참여자가 형성하는 상호 관계와 연구 활동에서 연구자의 가치가 매우 중요하다.

비판이론에서 질문은 구성을 변화시키는 대화의 수준을 말한다. 비판이론에서의 연구는 연구자와 연구 참여자 간의 대화이다. 대화를 통해 참여자는 세계에 대한 자신의 이해가 사회 질서의 규칙으로부터 나왔으며, 이 규칙이 바뀔 수 있고 바뀌어야 한다는 것을 깨닫게 된다. 즉, 비판이론의 목적은 연구 참여자에게 진실은 사회적으로 구성된 것임을 인식하도록 돕는 것이다. 이처럼 비판이론에서는 인간이 생활하고 있는 사회의 구조적 모순을 적극적으로 개선하고 변혁시켜 나가는 비판적 실천 행위를 강조한다. 결국 비판이론은 보다 광의적 사회 속에서 인간을 억압하고 있는 이데올로기적 힘과 사회경제적 조건으로 인해 발생하는 인간의 억압 상태를 해방하는 데 관심이 있다.

유미경(1991)에 의하면, 비판이론에서의 프로그램은 참여자의 반성적 숙고와 행위의 상호작용으로 구성되며, 이것을 비판적 실천이라 한다. 따라서 비판이론에서의 프로그램 개발은 교수자와 학습자가 함께 교육 내용을 구성하고 비판적으로 반성하는 통합적 과정 자체가 교수학습 과정이기 때문에 학습 과정과 별개로 다루어질 수 없고, 이 학습 과정이 바로 대화 과정이다. 따라서 비판이론에서의 프로그램 개발 형태는 대화 모형이라 불리기도 한다(김진화, 2001 재인용).

상담 프로그램의 학문적 기초

이형득(1993)에 의하면, 상담은 철학적·심리학적·사회학적·교육학적 기반 위에서 형성되었다고 한다. 우리는 이곳에서 상담의 기초가 되는 여러 학문 분야에 관하여 간략하게 설명하려고 한다. 상담 프로그램을 개발하려고 하는 사람은 상담의 여러 기초 학문의 이론과 지식을 학습한 후에, 상담 프로그램 개발과 실제에 이를 적용하도록 힘써야 할 것이다.

철학적 배경

그랜즈(Granz, 1974)에 의하면, 상담은 심리학뿐만 아니라 사회학, 문화인류학, 교육학, 경제학, 철학 심지어는 생물학, 화학, 생태학까지 망라한 다양한 학문적 기초 위에서 발달해온 전문직이다. 상담은 인간을 다루는 학문이며, 상담의 기능은 인간이 최대한의 발달과 복지를 이룩하도록 돕는 것이다(이형득 등, 1993). 모든 상담의 이론과 실제는 철학적 가정 위에 근거하고 있다. 상담자는 상담에 관한 여러 이론적 접근을 이해하기 위해서는 철학적 기초에 대한 이해가 있어야 한다. 특히 상담 프로그램 개발자는 자신의 프로그램을 개발하기 위해서도 철학적 기초를 다질 필요가 있다.

모든 상담이론의 접근이나 기법은 철학적 토대 위에서 형성되고 구성된다. 상담이론이 어떤 철학적 배경 위에서 이루어졌느냐에 따라 인간관과 상담의 목표, 상담의 과정, 상담의 기법들이 달라진다. 대부분 상담이론은 크게 두 가지 철학적 배경으로 형성되어 있다고 해도 과언이 아니다. 두 가지 철학적 배경에는 모더니즘 사상과 후기 포스트모더니즘 사상이다.

20세기까지의 상담은 대부분 18세기 유럽의 계몽사상을 기반으로 시작하여 20세기 과학주의를 기초로 한 근대주의 철학적 배경 위에 이론적 접근과 기법들이 형성되었다. 이러한 철학적 배경 위에서 형성된 상담 접근법은 대부분 그들 나름의 문제를 바라보고 진단하는 틀을 가지고 있다. 이러한 상담자들은 자신이 가지고 있는 상담이론의 틀 안에서 내담자의 문제를 진단하고, 판단하여 그 치료책을 모색하게 되었다. 곧 상담자는 내담자의 문제의 원인을 발견하고, 그 문제를 파헤쳐서 치료하려고 한다. 그러나 우리가 사는 이 시대의 철학적 배경은 모더니즘이 아니라 포스트모더니즘이다. 포스트모더니즘의 철학적 관점에 의해 기존의 모더니즘 철학적 배경은 비판을 받게 되었다. 최근에는 상담의 영역이 포스트모더니즘의 영향을 받고 있으며, 포스트모더니즘의 사상을 토대로 상담이론의 접근과 기법들이 형성되고 있다(박민수, 2009).

불로쳐(Blocher, 1974)는 상담의 학문적 기초가 될 현대 철학의 체계를 본질주의, 진보주의, 실존주의의 세 가지 범주로 보았다(이형득 등, 1993 재인용). 필자는 상담의 철학적 기초로 포스트모더니즘을 포함하여 네 가지 범주인 본질주의, 진보주의, 실존주의, 포스트모더니즘으로 나누어서 간략하게 설명하고자 한다.

본질주의

본질주의 철학의 범주에는 합리주의, 이상주의, 현실주의의 접근들이 포함된다. 본질주의 철학에 의하면, 인간은 이성을 부여받은 유일한 피조물로 인정한다. 인간의 기능은 살고 있는 세상을 알기 위하여 이성을 최대한 활용하는 것이다. 인생의 목적은 보편적인 것과 부수적인 것을 구분함으로써 진리를 발견하는 것이다. 왜냐하면 진리는 보편적이면서 절대적이기 때문이다. 본질주의 관점에서는 모든 것은 고정적이고 불변하는 절대적 진, 선, 미의 존재에 대한 신념을 공유하고 있다고 본다. 본질주의 철학에 의하면 개별적인 것보다 보편적인 가치를 본질적인 것으로 생각한다. 가치의 탐구는 절대적인 것이 이해될 때 비로소 종결될 수 있다고 생각한다.

이 같은 철학적 관점은 정신역동적 상담의 기초가 되고 있다. 본질주의의 철학에 근거한 상담자는 절대적인 가치를 신봉하기 때문에 내담자가 자신에게 고유한 가치를 발견하도록 자유를 허용하지 않을 가능성이 있다. 그리고 상담자 자신이 비록 절대적 가치의 존재를 이론적으로 믿는다고 하더라도 실제로는 자신도 절대적인 진, 선, 미가 무엇인지 확인할 수 없다.

진보주의

진보주의 철학의 범주에는 실험주의, 실용주의, 도구주의의 접근들이 포함된다. 진보주의 철학은 보편적인 진리의 가정에서 벗어나 구체적이고 독특한 경험들에서부터 출발한다. 그들은 과거보다는 현재와 미래에 강조점을 둔다. 진보주의 철학에서는 "진리가 무엇인가?"라는 질문보다는 오히려 "무엇이 실용적인가?"라는 물음을 더 중요시한다. 모든 사상은 보편성에 의해서가 아니라 유용성에 의해서 가치가 형성된다. 따라서 가치는 그 자체의 존재성을 갖는 것이 아니라 오히려 관찰자에 의해 독특성과 개별성을 지니며, 진리는 항상 변화하고 있는 세상과 더불어 항상 변화하는 것이다.

이와 같은 철학적 관점은 행동주의적 상담의 기초가 되고 있다. 행동주의적 접근에서는 실용주의적 태도를 보이고 있다. 이처럼 행동은 순전히 그 결과에 의해 평가되기 때문에 절대적인 것은 존재하지 않는다.

실존주의

실존주의 철학은 인간 자체의 중요성을 갈망하는 데 주된 관심을 두고 있다. 인간의 실재는 그 사람이 그것에 참여하고, 그것을 의식하고, 그것과 어떤 관계가 있지 않는 한 존재하지 않는다는 태도를 보이고 있다. 이 관점에서는 그 사람이 경험된 진리만이 인간 존재를 변화시킬 힘을 발휘하는 것으로 본다. 따라서 실존주의는 자신의 존재를, 각성한 실존을 문제 삼는다. 즉, 실존주의는 자신의 본질을 자신이 존재하고 난 뒤, 자신의 자유의지에 의해 선택하고 행동하고 책임지는 가운데 스스로 형성해 간다는 점을 강조한다. 이러한 의미에서 실존주의는 사상보다도 인간의 개별성과 주관성을 강조한다.

이 철학의 가정들은 실존주의-인본주의적 상담의 기초가 되고 있다. 상담의 실존주의-인본주의적 접근은 상담의 과정에 실존주의-인본주의적 핵심 개념을 그대로 적용하고 있다. 그중에서도 대표적인 접근은 현존 또는 실존 분석이다. 이 접근에서는 상담자가 내담자의 경험에 동참하려는 노력을 통한 전적인 공감적 반응을 강조한다. 이렇게 할 때 상담자는 내담자의 사적인 의미구조를 변화시킬 수 있다고 보는 것이다.

포스트모더니즘

시민혁명과 산업화로 인한 물질적 발전과 정치적 진보는 미래에 대한 희망을 불러일으켰다. 그러나 이어진 제1, 2차 세계대전과 사회경제적 변화로 인한 사회적·환경적 혼란은 모더니즘에 대한 회의론, 즉 포스트모더니즘이 일어나게 된 배경이 되었다. 이러한 회의론에 의해 더는 이성의 힘을 믿을 수 없게 된 서구인들은 세계를 설명할 수 있는 새로운 방법을 찾게 되었다. 절대적 가치보다는 다양한 가치의 공존을 중시하는 다원주의적 방향과 다문화주의로 나아감에 따라 동일성보다는 차이점이 더욱 보편적 요소가 되었다(박민수, 2009).

포스트모더니즘 철학은 지식을 상대적이며 맥락에 의존하는 것으로 보는 현대의 반실증주의로서, 현대과학의 객관성이라는 가설에 회의를 표시한다. 왜냐하면 포스트모더니즘의 사상가들은 지식이란 사회화 과정을 거치면서 사회 구성원 간에 서로 합일해 가면서 구성된 것이라고 믿기 때문이다. 그러므로 유한한 인간의 지식에 영구불변한 것은 없으며, 시대적이고 역사적이고 상황적이며 특수적일 수밖에 없는 것이다. 그렇기 때문에 포스트모더니즘에서 지식은 특수성, 지역성, 구체적인 상황과 시공간적인 한계 안에서만 논의될 수 있다고 믿는다. 따라서 포스트모더니즘에서 진리의 문제는 사람에 대한 이해가 선행되어야 하며, 진리의 접근은 사람들이 존재하는 그 영역에서부터 이야기되는 것으로서 고정되거나 보편화된 것이 아니다. 오히려 진리는 개인적이며, 공동체적이고, 사회문화적이며, 상하 관계적이고, 상황적이며, 아직 완성되지 않은 것이다(김번영, 2007).

포스트모더니즘에서는 진리란 발견되는 객관적인 지식이 아니라 사회적 담론에 의해 구성되는 것으로 본다. 이러한 사상은 상담에도 영향을 주어 내담자의 어떤 문제에 대해 분석하고 해석할 때 과학적 확실성의 기초에서 시작하였던 상담의 이론과 접근에 도전하였다. 기존의 상담은 사람들에게 문제가 있을 때 그 문제에 대한 '본질'적인 원인이 있을 것이며, 그 '본질'을 발견하기만 하면 치료될 수 있다고 생각하였다. 따라서 상담자가 그 문제를 치료하기 위해서는 그 문제의 '본질'이 무엇인지에 대한 지식을 가지고 있어야 한다.

그러나 포스트모더니즘의 사상에 기초한 상담은 기존의 틀이 상담의 본질과 방법들에 도전하고, 그것에게서 벗어나서 '본질'은 이미 존재하는 것이 아니라, 사회적 담론에 의해 만들어가는 것임을 강조하였다. 따라서 포스트모더니즘의 영향으로 인해 상담할 때 상담자가 내담자와 이야기를 하면서 문제에 대해 정의를 내릴 수 있으며, 새로운 이야기를 만들어 낼 수 있으며, 이러한 새로운 이야기는 이미 기존에 만들어진 것을 적용하는 것이 아니라 내담자가 이야기하면서 자연스럽게 만들어 가는 것이다.

이러한 포스트모더니즘의 영향으로 인해 상담자의 자세까지 변화하게 되었다. 상담자의 자세는 문제의 '본질'에 대한 지식을 안다는 자세가 아니라 '나는 모른다. 그래서 나는 알고 싶다.'는 자세가 필요한 것이다.

심리학적 배경

심리학은 인간의 행동을 연구하는 학문으로서 그동안 인간 행동의 특징과 원리를 밝히는 데 공헌을 하였다. 그리고 상담은 심리학이 밝혀준 인간 행동의 원리와 개념을 기초로 발전해 온 학문이다. 이처럼 인간 행동에 관한 심리학적 연구의 결과는 상담이 하나의 학문적 체계로 발전하는 데 많은 이바지를 해 온 것이 사실이다. 그러므로 상담학은 심리학과 밀접한 관계를 맺고 있다.

이형득(1993)은 상담의 배경이 되는 심리학을 사회심리학, 발달심리학, 학습심리학, 지역사회심리학 등 네 가지로 구분하여 설명하고 있다.

사회심리학

사회심리학은 전통적으로 심리학이 인간 행동의 개인적 측면에 치우친

점을 보완하기 위해 더욱 광범위한 집단 또는 인간관계 상황과 관련된 인간 행동을 연구하는 목적으로 발전된 학문이다. 사회심리학은 개인의 사고, 감정 및 행동이 다른 사람들의 실제적, 상상적 그리고 묵시적 존재에 의하여 어떤 영향을 받는지를 이해하고 설명하려는 시도로 설명할 수 있다. 그러므로 사회심리학은 사람들이 상호 간에 어떻게 영향을 주고받으며, 사회적 상황에서 어떻게 행동하는가에 관한 질문에 답을 얻기 위해 노력하는 학문으로 이해할 수 있다.

이처럼 사회심리학은 인간의 사회적 행동에 관한 많은 문제를 설명해 주고 있다. 그중에서도 상담의 학문적 기초가 될 연구 결과의 예로서는 '지각에 관한 사회적 영향'과 '돈에 관한 사회적 영향'을 들 수 있다. 사회심리학자들은 사회 장면 또는 사회집단의 구성에 따른 지각의 개인차를 밝혀 내었을 뿐만 아니라, 동기 유발에 관한 가족과 사회적 계층의 영향력에 관한 현상도 밝혀 낼 수 있었다. 따라서 내담자의 건전한 성장과 발달을 돕기 위하여 상담자는 사회심리학에서 밝히는 집단행동과 관련된 인간행동의 특징과 원리를 기초로 활용할 필요가 있다.

발달심리학

모든 상담 접근은 인간 발달을 목적으로 삼고 있다. 따라서 상담자는 인간 발달의 원리와 촉진 방법에 대해 알 필요가 있다. 발달심리학은 인간의 출생에서 사망에 이르기까지 사람의 심리적·신체적 발달을 연구하는 학문이다. 발달심리학에 의하면, 인간 발달은 체계적이고 예측 가능한 몇 가지 원리에 따라 이루어진다. 또한 인간 발달은 서로 질적으로 다른 몇 개의 단계를 거쳐 이루어지며, 각 발달 단계는 그 단계에 반드시 성취하여야 할 발달과업을 지니고 있다. 발달심리학자에 의하면, 각 단계의 발달과업을 성공적으로 성취할 때, 개인은 행복할 뿐만 아니라 그 다음의 발달 단계의 과업 성취도 가능하게 된다. 그러나 그 시기에 이루어야 할 발달과업을 제대로 이루지 못할 때 그 개인은 불행을 경험하게 될 것이며, 이로 인해 다음 단계의 발달과업 성취에도 많은 지장을 받게 된다.

이러한 관점에서, 발달심리학에서의 상담의 주된 관심은 내담자가 성취해야 할 발달과업이 어떤 것인지를 알아 내는 일이다. 그리고 내담자가 발달과업을 잘 성취할 수 있도록 도움으로써 전인적 발달을 최대한 이룩하도록 해 주는 일이다. 따라서 상담자는 발달심리학에서 밝혀 놓은 발달의 원리와 방법을 자신의 상담이론과 실제의 기초로 삼아야 한다.

학습심리학

심리학이 상담 분야에 끼친 중요한 공헌 중 하나는 학습의 원리와 방법에 관한 지식을 제공한 것이다. 학습이 행동의 변화로 정의되고 상담의 궁극적 목적이 행동 변화에 있다면, 상담 활동은 학습 과정을 통하여 이루어지는 것으로 볼 수 있다. 학습심리학에서는 인간의 행동은 학습된 것으로 본다. 따라서 상담자는 내담자의 행동을 이해하기 위하여 학습의 원리를 알아야 할 필요가 있다. 그리고 상담자는 학습심리학이 밝혀 낸 학습 방법을 활용함으로써 더욱 효과적으로 내담자의 행동 변화를 촉진할 수 있다.

학습심리학자들은 다양한 학습이론을 개발하였다. 그중에서도 상담의 기초로 활용할 수 있는 학습이론으로는 행동주의, 인지이론 그리고 인본주의의 세 가지를 들 수 있다. 행동주의에 의하면, 학습은 조작적 조건 형성을 통하여 일어나며, 인간의 행동은 환경 조건에 의해 결정된다. 인지이론에 의하면, 학습을 정보 처리의 복잡한 내적 과정으로 보는 동시에 인지구조를 학습의 가장 중요한 요소로 취급한다. 인본주의에 의하면, 지능과 정서를 포함한 전인적 관여를 통해서만 의미 있는 학습이 가능하다고 주장한다.

따라서 상담자는 이와 같은 학습관을 적절히 적용함으로써 내담자의 행동 변화를 도울 수 있다. 그리고 학습심리학자가 밝혀준 학습 과정의 원리, 기억 및 전이에 관한 이론, 다양한 학습 기법 및 문제 해결 능력을 조장하는 방법 등은 상담의 이론과 실제에 필수 불가결한 요소로 활용될 수 있을 것이다.

지역사회심리학

지역사회심리학의 관심은 소극적인 목표와 적극적인 목표를 포함하고 있다. 지역사회심리학의 소극적 목표는 정신건강 분야에서 질병의 예방과 치료이다. 적극적인 목표는 심리적 안녕과 능력의 촉진이다. 지역사회심리학은 적극적인 목표 아래 지역사회를 직접적 대상으로 근원적인 변화를 시도하려는 운동에 힘입어 생겨난 심리학의 한 분야이다.

지역사회심리학은 체계적 접근에 의해 가정, 학교, 직장과 같은 사회체제의 작용을 변화시키거나 나아가서는 그 지역사회 전체의 개선까지를 포함한 보다 광범위한 중재 개입 프로그램의 개발과 적용을 통하여 정신건강 증진에 이바지하는 것을 목적으로 삼고 있다. 따라서 지역사회심리학자는 지역사회 전체를 대상으로 하여 그 지역사회의 발전적 변화를 위한 계획에 참여할 뿐 아니라 활동을 조직하고 적용한다. 그들은 사회 변화를 위해서 지역사회 자원들과 과정들을 발달시키기 위하여 노력한다.

사회학적 배경

인간의 행동에 대한 바른 이해는 그 사람이 속한 사회현상에 대한 이해 없이는 불가능하다. 이러한 관점에서 상담은 사회학을 학문적 기초로 삼아 왔다. 김영종(1988)에 의하면, 사회학은 사회 조직, 사회화 현상, 사회 집단 등과 관련하여 사회 행동의 체제적 구조와 변화를 연구하는 학문이다. 따라서 사회학은 인간의 상호작용과 결과, 인간 집단과 사회 집단의 형태, 내용 및 구조에 관한 일반적 법칙과 원리를 탐구하는 것을 주목적으로 하고 있다.

사회 조직

사회학의 기본 전제 중의 하나는 인간의 행동이 사회적 상호작용, 즉 개인 및 집단 상호 간의 관계에 의해 좌우된다는 것이다. 사회 조직은 개인 및 집단 상호 간의 관계가 안정되거나 구조화된 것을 의미한다. 그러므로 사회 조직은 안정된 상호 관계 또는 지속적인 욕구 충족의 사회 관계 그 자체와 사회 관계의 망을 의미한다. 그리고 사회 조직의 중요한 기능 중의 하나가 사회적 통제이다. 사회적 통제는 한 사회가 와해됨 없이 유지하기 위하여 취하는 긍정적 또는 부정적 대응으로 이루어진다. 사회 통제에는 공식적인 것과 비공식적인 것이 있다.

사회 조직적 관점에 의하면, 개인의 행동과 말은 사회 조직의 통제 성질과 방식에 의하여 크게 영향을 받는다. 그러므로 상담자는 내담자가 속한 사회 조직의 구조와 성격에 관하여 알고 있어야 한다. 즉 상담자는 가정, 직장, 이웃, 학교, 동료 집단 등의 사회 통제적 과정들이 상호 간에 어떻게 강화하거나 갈등하고 있으며, 상담자는 이들의 영향에 어떻게 대처하고 있는지를 알아야 좀 더 효과적으로 내담자를 도울 수 있다.

사회화

사회화는 사회 조직의 새로운 구성원에게 가해지는 사회적 통제의 과정을 의미한다. 사회는 사람이 태어나면서부터 그 사회의 문화를 배우고, 그 사회의 가치를 내면화하는 과정을 통해 이루어진다. 사회화는 집단의 가치와 목적을 개인에게 전승하는 과정과 개인의 성장과 발달을 돕는 과정이기도 하다. 사회화는 개인의 행동을 규제하는 역할도 하지만 사회 구성원들의 개성, 자기인식, 정체감을 발달시키는 역할도 한다. 이와 같은 사회화의 양면성 때문에 상담에서도 사회화에 대한 이해가 중요하다.

상담자는 내담자의 정체성, 자기인식, 가치 형성 등의 발달에 기여하는 측면의 사회화에 관심을 두고, 내담자가 그의 삶에 작용하는 다양한 사회화의 과정을 객관적으로 인식하게 함으로써 적절히 대처하도록 도울 필요가 있다.

사회 집단

집단의 영향에 관한 연구는 효과적인 상담을 위한 기초 자료가 된다. 상담자는 사회 집단의 성격과 영향력에 관한 지식을 지녀야 한다. 사회 집단이란 공통의 속성을 지닌 사람들이 모여, 지속적이고 반복적인 상호작용을 하는 인간의 집합체를 말한다. 이러한 상호작용의 결과로 구성원들은 집단의 내부 구조를 발달시키고, 구성원에게 역할을 부여하며, 그 집단이 추구하는 가치와 규범을 만들게 된다. 사회 집단에는 원초적 집단, 이차적 집단, 또는 준거 집단 등이 포함된다.

내담자는 자신의 원초적 집단의 경험을 근거로 상담 관계를 맺으려고 한다. 그러므로 상담자는 내담자가 속한 원초적 집단의 조직과 성질은 물론 집단 내에서 이루어지는 통제의 목적과 방법에 대해서 알 필요가 있다. 또한 상담자는 내담자의 준거 집단들이 어떤 규범이나 기준을 가지고 있으며, 그것이 내담자의 행동에 어떤 영향을 주고 있는지에 대하여 알아야 한다.

교육학적 배경

상담은 생활 지도를 모델로 발전되었다. 그러므로 상담은 처음부터 교육학과 밀접한 관계를 유지해 왔다. 따라서 교육학은 상담학의 기초 학문이다. 상담의 학문적 기초가 될 교육학의 내용은 다양하다. 박성수(1986)는 교육을 상담과 관련지어 다음 세 가지 관점으로 구분하고 있다.

지적 발달을 위한 교육

전통적으로 교육은 지식의 전수에 강조점을 두었다. 이 관점에서는 지식의 전달을 교육의 기본적 역할로 보기 때문에 학생의 성격 발달이나 사회적 적응의 문제를 가볍게 생각한다. 이 관점에 따르면, 상담의 역할은 학생의 학업 성취를 돕거나 지적인 정보를 제공해 주는 일에만 한정된다.

사회생활을 준비하기 위한 교육

이 관점은 교육을 생활 그 자체로 보는 것이다. 사회생활을 위한 교육에는 학습자의 현재 생활 적응에 초점을 두는 것과 미래 생활의 준비로 보는 교육관이 있다. 생활 적응을 위한 교육에는 학습자가 직면하는 여러 가지 생활 경험을 학교 생활에서 다루어야 함을 강조한다. 이 관점에 의하면, 상담은 학생들의 적응을 돕기 위해 필수적인 것으로 본다. 상담의 접근도 학생의 현재 당면한 문제의 해결에 강조점을 둔다. 그리고 교육을 미래 사회생활의 준비로 보는 입장에서는 학교 교육을 직업을 위한 지식과 기능을 습득하는 과정으로 본다. 이 관점에서의 상담은 진로 지도나 진로 상담을 중심으로 이루어질 것이다.

자아실현을 위한 교육

이 관점은 교육을 자아실현을 돕는 것으로 보는 것이다. 교육의 궁극적 목적은 개인의 잠재 능력을 개발하여 건전한 자아 향상을 지속하도록 돕는 데 있다. 교육에 관한 이 입장은 개인의 가능성을 최대한 개발하도록 도우려는 상담의 발달적 접근과 유사하다. 이 관점에 의하면, 상담은 내담자의 자아 발견과 자아 결정을 존중하고 개인의 자아실현을 촉진하는 방향으로 이루어진다.

심리상담학적 배경

상담이론은 상담 활동이 시작되고 진행되며 종결되는 일련의 과정을 설명하려는 시도이다. 많은 상담이론이 근거를 두고 있는 성격이론은 인간의 정신이 생겨나고 발달하고 성숙해지는 다양한 방식을 정상적 발달과 역기능적 발달 모두를 포함해서 설명하려는 노력의 산물이다. 그리고 상담이론은 상담 활동에 관련된 모든 기능을 가능한 포괄하여 설명한다. 각 상담이론은 인간이 어떻게 학습을 하고, 변화하고, 발달하는지를 설명하는 일련의 지침을 제공하고, 또한 정상적인 인간의 기능에 대한 모형을 제공한다. 더 나아가 상담이론은 상담 과정에서 무엇이 일어나야 하며, 얻을 수 있는 상담 성과가 무엇인지에 대해 알려준다. 다시 말해 상담이론은 상담 과정에 대한 지도와 상담에 참여하는 사람이 상담 목적을 성취하기 위해 취해야 할 방법을 제공한다(Hackney & Cormier, 2004).

상담이론은 치유, 변화, 성장을 성취하기 위한 것이다. 어떤 이론은 개인의 변화와 성장에 초점을 맞추는가 하면 가족, 조직에 중점을 두는 것도 있다. 즉 상담이론은 내담자의 심리적 현상의 특징과 진행 과정을 설명하는 틀을 제공한다. 상담이론은 내담자의 예방과 발달 그리고 치료에 대한 상담자의 접근을 제시한다.

따라서 상담 프로그램 개발자는 요구 분석에 의한 잠재적 대상자의 자료에 기반을 두고 가설을 만듦으로써 상담 프로그램을 개발한다. 이러한 접근의 핵심은 상담이론에 근거한 경험적 방법에 의해 상담 프로그램이 개발되어야 한다는 것이다. 따라서 상담 프로그램 개발에서 이론은 매우 중요한 핵심 역할을 한다. 여기서는 일반적으로 통용되는 상담이론과 모델들에 대해 간략하게 설명하고자 한다.

상담은 개인의 내적인 변화와 심리치료 그리고 문제의 사전 예방과 더 나은 발달까지 포함하고 있다. 모든 상담이론은 내담자의 문제의 원인과 해결 방법을 제시하고 있다. 내담자가 겪고 있는 문제는 하나이지만 그 문제에 대한 임상적 진단과 해결 방법은 이론에 따라 다양한 관점을 갖고 있다.

해크니와 코미어(Hackney & Cormier, 2004)는 상담이론을 네 가지 범주로 나누었다. 첫째, 감정과 정서 상태를 강조하는 이론, 둘째, 사고와 인지적 개념화 과정을 강조하는 이론, 셋째, 행동과 그 행동이 현실을 구성하는 방식을 강조하는 이론, 넷째, 대인관계 속에서의 상호작용과 그 관계를 통해 드러나고 유지되는 감정, 사고, 행동을 강조하는 이론 등이 있다. 필자는 이 네 가지 범주에 더하여 영성에 기반을 둔 상담이론을 추가한다. 따라서 필자는 상담이론을 첫째, 감정 중심 이론, 둘째, 행동 중심 이론, 셋째, 인지 중심 이론, 넷째, 체제 중심 이론, 다섯째, 영성 중심 이론의 다섯 가지 범주로 설명하고자 한다(그림 2-2).

대부분 상담이론은 어느 정도 행동의 변화와 관련이 있다. 다만 어떤 이론은 감정에 초점을 두고, 어떤 이론은 이성과 사고에 초점을 두고, 어떤 이론은 행동 자체에 초점을 두고, 어떤 이론을 초월, 즉 영성에 초점을 두고 있을 뿐이다. 어떤 이론이 감정에 초점을 두고 있다고 해서 행동에 관심이 없는 것이 아니다. 단지 상담이론의 일차적 의의를 감정, 행동, 인지 중 어느 것에 초점을 두느냐에 따라 달라진다. 따라서 상담이론은 근본적으로 행동의 변화를 포함하고 있다.

[그림 2-2] 상담이론의 범주

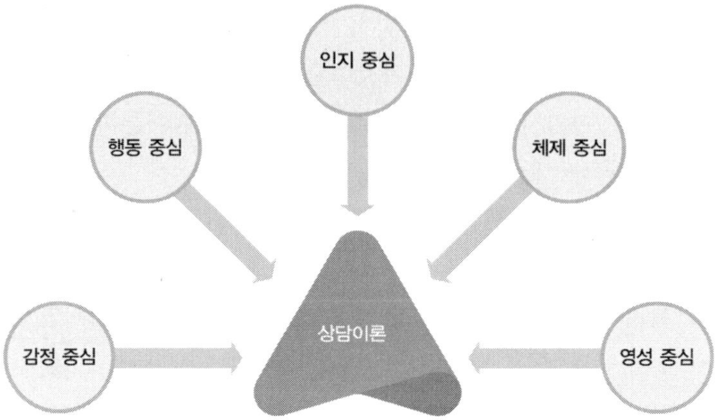

감정의 중요성을 강조하는 이론

감정은 종종 사람들이 상담하게 되는 이유이다. 감정은 실제로 많은 상담 문제와 관련되지는 않지만, 많은 사람은 감당할 수 없는 감정을 해결하기 위해 상담자를 찾는다. 대부분 감정이나 정서적 개입은 현상학적 치료자들로부터 구분하였다. 이러한 지각의 내적 세계는 우리의 개인적 실체가 된다(Hackney & Cormier, 2004).

정서적 개입의 주요 목표는 다음과 같다: 첫째, 내담자가 감정이나 감정 상태를 표현하도록 돕기, 둘째, 감정이나 감정 상태를 명확히 하거나 구별하기, 셋째, 감정이나 감정 상태를 바꾸거나 수용하기, 넷째, 어떤 경우에는 감정이나 감정 상태를 견디기 등이 있다.

정신역동적 상담

정신역동적 관점에서는 개인의 심리 내적 에너지와 본능이 그의 현실 세계를 구성한다고 본다.

- **주요 개념** : 정신역동적 관점은 개인의 내면 세계를 욕망과 갈등의 측면에서 이론화한 분야이다. 인간의 심리적인 문제는 인생 초기의 경험에 의해서 결정된다. 즉 그 사람의 문제는 인생 초기의 경험에서 형성된 무의식적인 동기, 생활 양식, 정신적인 내적 갈등, 역할과 역할 연기 등에 의해서 영향을 받는다. 이렇게 현재의 삶이 인생 초기 경험에 의해 영향을 받는 것을 정신역동이라 한다. 따라서 인간의 행동은 정신역동에 의해서 결정된다. 정신역동에서는 기본적으로 인간의 생각과 행동은 대부분 무의식적인 동기에 의해 이루어진다는 것이다. 일반적으로 정신역동적 관점을 기초로 한 상담이론은 사회적·환경적 요인보다는 개인의 내적인 감정과 생각에 관심을 더 기울인다.

  정신역동적 접근에서의 상담 목표는 무의식을 의식화하는 것이다. 이를 위해 정신역동의 상담 과정은 내담자가 자신의 문제행동과 관련된 무의식을 의식화시켜서 자신의 과거 경험과 문제행동의 관계에서 자각을 얻도록 하는 것이다. 즉 내담자가 자기 행동의 무의식적인 동기를 자각하여 의식 수준에서 행동을 할 수 있도록 돕는 것이다.
- **주요 이론** : 프로이트의 정신분석, 아들러의 개인심리학, 융의 분석심리학, 모레노의 심리극, 대상관계와 애착이론 등
- **주요 기법** : 자유연상, 전이와 역전이, 저항, 꿈의 해석, 분석과 해석, 생활양식, 인생 과제, 초인종 누르기, 마치 ~인 것처럼 행동하기, 상상하기, 빈 의자 기법, 역할 교대, 단어 연상법, 심리적 유형 등

실존주의-인본주의적 상담

실존주의-인본주의적 관점에서는 지속해서 변화하는 세계라는 거대한 맥락 내에서의 인간의 실존적인 모습을 이해하고자 한다.

- **주요 개념** : 실존주의-인본주의적 관점은 정신분석적 접근과 행동주의적 접근의 결정론적 인간관을 반대한다. 실존주의 접근에서의 인간은 자유로운 존재로서 자신이 선택하고, 행동하고, 책임을 지는 가운데 자신의 의미와 가치 그리고 본질을 자신이 결정한다고 본다. 이 접

근의 상담 목적은 내담자의 각성 수준을 높이고, 자신의 선택에 책임을 지도록 하며, 더 나아가 자신이 의미와 가치를 부여하는 자가 되어 자아 실현을 하도록 하는 것이다(이형득, 1992). 다시 말해 실존주의-인본주의적 관점은 인간은 무한한 가능성이 있으며, 자기를 실현할 수 있는 경향성을 강조한다. 인간은 수동적인 것이 아니라 능동적이며 긍정적임을 강조한다. 다시 말해 인간은 그 어떤 것에 의해 결정되는 것이 아니라 자신이 자신의 본질을 형성하고, 의미와 가치를 창조하며, 지속해서 성장할 수 있는 것으로 생각한다.

실존주의 접근에서의 부적응 행동은 유기체가 경험하는 세계와 자아가 경험하는 세계 사이의 불일치 때문이라고 한다. 부적응 행동은 타고난 경향성을 실현하지 못하거나 삶의 의미가 결여되었기 때문이다. 따라서 상담의 목적은 내담자의 자아와 유기체적 경험을 일치하여 충분히 기능하는 인간으로 성장하는 것이다. 현실치료 접근에서는 현실에서 내담자가 스스로 책임을 질 수 있는 행동을 하도록 하는 것을 상담 목표로 하고 있다.

실존주의-인본주의적 접근은 정신분석적 접근 및 행동주의적 접근과 비교하면 구체적 상담 과정과 상담 기술이 빈약하다. 왜냐하면 이 실존주의 접근은 내담자가 자신에 대한 각성에 초점을 두고 있기 때문이다. 그 각성은 자신이 의미와 가치의 창조자라는 것, 죽음이 삶에 의미를 준다는 것이다. 그러므로 자신에 대해 각성할 수 있도록 하는 과정과 기술은 모두 다 사용할 수 있다.

- **주요 이론** : 펄스의 게슈탈트, 로저스의 인간중심 상담, 메이·얄롬과 빈스방거의 실존주의 심리학, 플랭크의 의미 요법 등
- **주요 기법** : 이 접근에서는 상담의 기술보다는 상담자와 내담자 간의 공감적 관계를 더 중요시하는 경향이 있다.

구성주의적 상담

구성주의 관점에서는 어떻게 인간이 자신의 삶에서 의미를 만들어가며,

그 사실을 구성하는지에 관심을 갖는다(Nichols & Schwartz, 2003).

- **주요 개념** : 구성주의 관점은 세계에 대한 생각, 특히 사회적 세계에 대한 생각이 개인의 마음에서 구성된다는 것을 지지한다. 구성주의자들은 개인이 환경과 상호작용하면서 개인의 경험에 기초해서 심리적 표상들이 형성된다고 한다. 따라서 구성은 문화적 맥락에서 형성되고, 구성은 개별적일 수 있음을 인정한다. 구성주의자들은 어떤 사건 자체가 현실을 정의하기보다는, 개인이 그 사건에 부여하는 의미가 현실을 정의한다고 본다. 따라서 상담자와 내담자는 서로 연결되어 있다. 그러므로 내담자의 구성은 그 사람의 내면에 있기 때문에 상담자와 내담자의 상호작용, 또는 상담자와 내담자의 세계와의 상호작용을 통해서만 이해될 수 있다(Heppner et al., 2017).

  따라서 구성주의 사상을 기초로 한 상담에서의 상담자는 내담자와 상담할 때 좀 더 겸손한 태도를 취하게 한다. 구성주의 접근에서의 상담은 의미 변화가 일차적인 목표가 된다. 의미 변화는 구성주의를 기초한 상담에서 중요한 도구가 될 뿐 아니라 상담에서의 일차적 상담 목표가 된다. 특히 구성주의에서 영향을 받은 이야기 상담은 행동 변화에서 의미 변화로 상담 목표가 전환되었다. 구성주의 사상을 바탕으로 한 상담자는 이야기의 맥락, 개인과 문제에 대한 사회적 구성, 이야기를 통한 창조를 강조하기 때문에 내담자와 상담자 간에 존재하는 언어체계를 중시한다. 이러한 관점에는 몇 가지 상담의 의미가 존재한다. 첫째, 현실은 사회적으로 구성된다. 둘째, 상담은 언어적 활동이다. 셋째, 상담은 상담자와 내담자 간에 협력적이어야 한다. 넷째, 단기 상담이 가능하다(박민수, 2009).
- **주요 이론** : 이야기 상담
- **주요 기법** : 외재화, 독특한 자료, 재저작, 회원 재구성, 인정 의식 등

행동의 중요성을 강조하는 이론

행동 패턴들은 매우 오랫동안 인간의 내부에 자리 잡고 있어서, 그 행동 패턴들이 언제, 어떻게 시작되는지 잘 인식하지 못하는 경향이 있다. 행동적 개입의 주요 목적은 내담자의 행동이 그의 목표, 야망 또는 가치를 성취하는 것을 방해할 때 또는 부정적인 결과들을 초래할 때, 그들의 행동을 변화시키도록 도와주는 데 있다.

행동주의적 상담

행동주의적 관점에서는 특정한 환경 속에서 개인의 행동 패턴이 그의 생활 방식을 형성한다고 본다.

■ **주요 개념** : 행동주의적 관점은 개인의 내면세계를 행동의 측면에서 이론화한 분야이다. 행동주의적 관점에 의하면 개인의 문제는 잘못된 학습에 의해 형성된 것이다. 행동주의 심리학에서는 인간이 관찰할 수 있는 행동만이 연구 대상이다. 행동주의 심리학은 모든 행동은 학습되었다는 것으로 보는 학습심리학의 연구 결과를 토대로 발달하였다. 학습은 어떤 상황에 부닥쳤을 때 반응을 통하여 행동이 변화되는 과정을 의미한다. 학습심리학의 전제는 모든 행동은 주어진 환경에 의해 결정된다고 본다. 따라서 행동주의적 관점에서는 인간의 모든 행동은 환경에 의해 결정된다고 생각한다. 행동주의 접근은 환경의 자극이 강조된다.

행동주의 접근에서의 상담 목표는 관찰과 측정을 할 수 있는 구체적인 행동을 중심으로 설정하고 평가할 것을 강조한다. 행동주의는 바람직하지 못한 행동은 소거하고 바람직한 행동을 학습시키는 것이다. 행동주의 이론에서는 보상을 받는 행동은 반복하고, 보상을 받지 않는 행동은 철회한다는 것이다. 인간의 행동은 이와 같은 결과에 의해 결정되는 것이다. 개인의 내면세계는 환경과의 상호작용으로 학습에 의해 형성된 행동에 의해 형성되는 것이다. 그러므로 사람의 내면세계를 변화시키려면 먼저 그 사람의 행동을 변화시켜야 한다. 이 변화 과정에서 그 사람의 직접적인 환경을 수정하는 것이 필요하다. 이를 통해 바람직한 행동은 강화를 통해 끌어내고, 비효과적인 행동들은 더는 보상하지 않으므로 소거되는 것이다(Sheafor et al., 1998). 행동주의는 초기에는 자극과 반응이라는 수동적인 면이 강조되었으나 점차 인간의 능동적인 면과 인지적인 면도 함께 다루는 방향으로 나아가고 있다.

- **주요 이론** : 파블로프의 고전전 조건 형성, 스키너의 조작적 조건 형성, 울프의 체계적 둔감법, 반두라의 사회학습이론, 라자루스의 다중양식 행동치료 등이 있다.
- **주요 기법** : 체계적 둔감법(근육 이완, 위계 구성), 모델링(등급 모델링, 참여 모델링, 접촉 둔감법, 내현적 모델링), 수반 관계 관리기법(정적 강화, 부적 강화, 소거, 불안유발치료) 등

인지의 중요성을 강조하는 이론

상담에 대한 대부분의 인지적 접근은 합리적 과정을 강조하며 본질주의로 알려진 학파에서 유래되었다. 인지적 개입의 전반적인 목적은 사고, 지각 및 신념체계에 있어서 오류를 변화시키거나 교정함으로써 정서적 불쾌감과 이에 따르는 부적응 행동을 감소시키는 데 있다. 행동이나 감정의 변화는 일단 내담자가 왜곡된 사고를 바꾸기 시작하여 대안적인 사고 방식으로 대체될 때 일어난다.

인지주의적 상담

인지적 관점에서는 특정한 환경 속에서 개인의 사고 패턴이 그의 생활방식을 형성한다고 본다.

- **주요 개념** : 인지적 관점은 개인의 내면세계를 생각의 측면에서 이론화한 분야이다. 인지심리학은 인지에 초점을 맞추는 방법이다. 인지

심리학에서는 개인의 생각과 신념이 정서와 행동에 영향을 미친다고 강조한다. 즉 개인의 생각과 신념이 행동과 감정을 결정하게 된다. 인지심리학에서의 문제는 개인의 비합리적인 신념과 왜곡된 인지에 기초한다. 따라서 심리적인 문제를 해결하기 위해서는 비합리적 신념과 왜곡된 인지를 제거하는 것이 필요하다.

- **주요 이론** : 엘리스의 합리적·정서적 행동치료, 벡의 인지치료, 글래서의 현실치료, 마이켄바움의 인지행동치료
- **주요 기법** : 논박, 과제 제시, 자기 진술, 수용, 인지 왜곡 명명, 장·단점 연결, 파국에서 벗어남, 흑백논리 도전, 인지적 예행 연습 등

체제의 중요성을 강조한 이론

체제적 관점에 의하면, 인간은 환경과 분리된 채로 기능하지 않는다. 개인은 사회적 맥락을 고려해야 가장 잘 이해할 수 있으며, 거대한 사회적 맥락과 끊임없이 상호작용하고 있다.

체제주의적 상담

체제적 개입은 전통적 상담이론이나 성격이론에서 시작된 것이 아니라 생태학적 인식론에서 유래된 것이다. 체제주의적 관점에서는 다양한 사람, 자연, 사회적 맥락 및 문화적 가치 등의 환경과 개인 간의 상호작용을 강조한다(그림 2-3).

- **주요 개념** : 가족 상담은 가족을 하나의 체계로 보며, 그 체계 속의 상호교류 양상에 개입함으로써 개인의 증상이나 행동에 변화를 가져오도록 추구하는 치료적 접근법을 의미한다. 개인 상담이 개인이 가진 문제를 심리 내적인 문제로 본다면, 가족 상담에서는 개인이 맺고 있는 관계, 특히 가족 관계와 역동성에 초점을 둔다. 그래서 가족 상담은 가족 관계의 역기능을 순기능으로 변화시킬 수 있도록 도움으로써 문제를 파악하고 해결하려고 하는 상담이다.

[그림 2-3] 체제주의적 관점

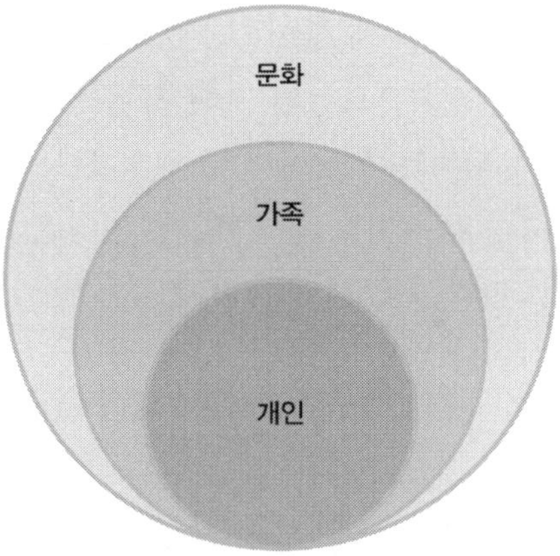

- **주요 이론** : 가족 상담은 현재를 중시하는 이론과 과거를 중시하는 이론으로 구분할 수 있다. 현재를 중시하는 가족 상담은 대화이론, 전략이론, 구조이론이다. 과거를 중시하는 이론 대상 관계이론, 맥락이론, 분화이론 등이다.
- **주요 기법** : 대인 간 체계적 사고, 의사소통 패턴 바꾸기, 의사소통 기술 훈련, 가족구조 바꾸기, 가족 조각 세우기, 전략적으로 가족과 작업하기 등

영성의 중요성을 강조하는 이론

초월적 관점에 의하면, 인간의 경험은 과학과 이성으로 이해하기 어려운 것들이 많다. 이러한 경험의 중심에는 영적 또는 종교적인 것으로 간주되는 것들이 많다. 그러나 서양의 심리학에서는 지금까지 인간 정신의 영적인 차원을 무시해 왔다.

초월주의적 상담

- **주요 개념** : 자아초월주의적 관점은 개인의 내면세계를 인간에 대해서

영적 존재라는 측면에서 이론화한 분야이다. 심리학의 많은 이론이 초월현상을 깊이 다루고 있지는 못하지만 점차로 그 중요성을 강조하고 있다. 상담학 이론 속에 들어 있는 초월현상은 통합으로서의 초월, 자기로서의 초월, 의식으로서의 초월 등이 있다. 초월은 자신을 넘어서 더 큰 존재가 되려는 현상이다. 초월의 본능은 심리 내적으로 존재하는 심리적 특성으로 자리 잡고 있다. 인간은 초월하려는 초월성을 가진 존재이다. 따라서 인간이 가진 본능은 생리적이면서 심리적이고 또한 영적 현상이다(김용태, 2017).

인간의 안녕에는 물리적 안녕, 심리적 안녕, 사회적 안녕과 함께 최근에는 인간의 영적 안녕에도 관심을 가지기 시작하였다. 인간은 기본적으로 영적인 존재로서 이 세상의 모든 존재와 연관되어 있다.

- **주요 이론** : 마음챙김, 위버의 통합심리학, 이형득의 본성실현상담, 오우성·박민수의 성경 이야기 상담, 김용태의 초월상담
- **주요 기법** : 명상, 우주의 존재양식 인식, 허용적 태도, 직관적 반응, 조화로운 행동, 인력(drawing power) 탐구, 조명 자료 발견, 조명 자료 강화, 재저작, 재저작 강화, 지지적 신앙 공동체 형성, 반교육, 질문, 수용 등

CHAPTER

3

프로그램 개발 모형

모형은 본질적으로 프로그램 활동 지침을 제공하는 방식이며, 여러 활동의 형식으로 인식할 수 있다. 전문적인 모형의 종류는 상담 모형, 수업 모형, 경영 모형, 평가 모형, 관리 모형, 교육 모형 등이 있다. 프로그램 개발자는 다양한 모형 중 자신의 특정 상황에 적용할 모형을 선택하여야 한다. 만약 개발자가 기존의 모형을 적용하고 싶지 않다면 자신만의 모형을 설계해야 할 것이다.

프로그램 개발 모형은 프로그램 개발 과정에서 단계적으로 진행해 나가야 할 절차를 체계적으로 제시해 주는 개념의 틀을 의미한다(김진화 · 정지웅, 2000). 프로그램 개발 모형은 프로그램 개발 추진 과정에서 일반적으로 따라야 할 지침이나 실제 적용할 수 있는 다양한 형식과 절차를 구조화한 것이다. 따라서 프로그램 개발 모형은 프로그램 개발을 위해 프로그램의 요소들을 검토하고 그 요소들이 어떻게 상호 관련이 있는가를 검토하는 데 유용하다.

이 장에서는 프로그램 개발 모형을 교육 프로그램 개발 모형과 상담 프로그램 개발 모형으로 살펴보고자 한다. 박인우(1995)에 따르면, 상담 프로그램이 보다 과학적인 절차에 의해 개발되려면 교육공학에서 사용하는 체계적인 개발 방식을 도입해야 한다. 따라서 이 장에서는 먼저, 교육 프로그램 개발 모형을 살펴보고, 그 다음 상담 프로그램 개발 모형에 관해서 설명하고자 한다.

교육 프로그램 개발 모형

프로그램 개발 모형은 프로그램을 계획하고 지속적 평가와 사후 평가에 기초하여 프로그램을 수정하는 과정으로 나타난다. 따라서 모형은 과정의 순서를 부여할 수 있다. 교육 프로그램 개발 모형으로는 합리적 모형, 순환적 모형, 역동적 모형이 있다(그림 3-1). 합리적인 모형은 논리적이고 계열적이며, 순환적 모형은 프로그램 개발 과정이 순환적으로 이루어지며, 역동적 모형은 실제 상황에 모형을 적용하는 것이다.

[그림 3-1] 교육 프로그램 개발 모형의 연속성

	합리적 모형	순환적 모형	역동적 모형
대표 학자	타일러, 타바	휠러, 니콜스	워커, 스킬벡

출처 : Print(1993/2006), 문혁준 등(2014)에서 재인용.

합리적 모형

합리적 모형은 프로그램 개발 과정이 체계적이고 단계적이며, 엄격한 것이 특징이다. 합리적 모형은 프로그램을 개발해야 하는 목표가 분명히 설정되어 있고, 선정된 목표를 달성하기 위한 내용과 활동들이 계획되고, 목표 성취에 대해 평가하는 것을 계획하는 모형이다. 이런 의미에서 합리적 모형을 목표 모형이라고도 한다. 대표적인 학자로 타일러(R. W. Tyler)와 타바(H. Taba)가 있다.

타일러의 모형

타일러의 합리적 모형은 가장 보편적으로 사용되는 방법이다. 이 모형은 타일러가 8년간의 연구에 참여한 실험학교들의 교육과정 개발 실태를 반성하며 개발한 것이다. 타일러의 교육과정 개발의 핵심은 교육과정을 합리적으로 개발하려면 먼저 타당한 원자료에 기초하여 교육 목표를 설정하고, 그 후 목표 달성에 적절한 학습 경험을 선정하여 조직하며, 평가 방법을 결정하는 활동들을 포함해야 한다는 것이다(길양숙, 2016). 타일러의 모형은 프로그램 개발의 단계와 방향성을 분명하게 제시하고 있는 단순하고 합리적인 모형이다(그림 3−2).

[그림 3-2] 타일러의 모형

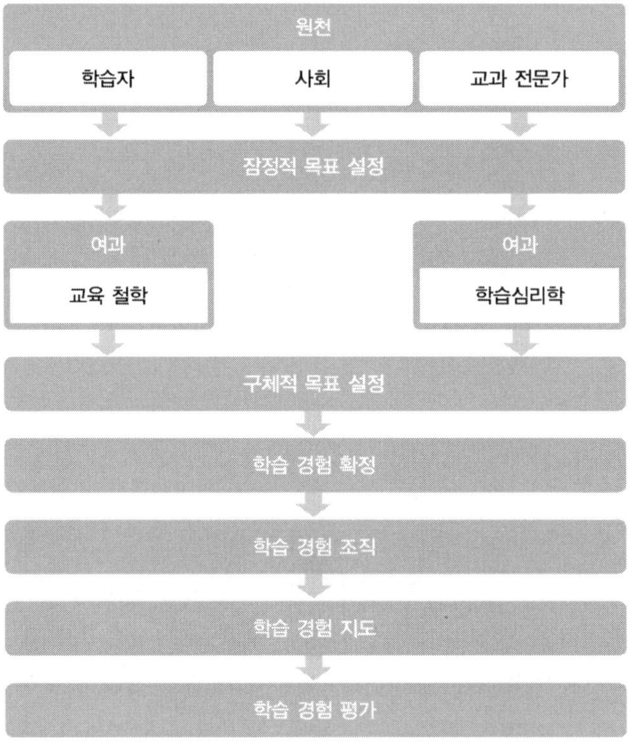

출처 : Oliva(2014).

1단계 : 잠정적 목표 설정

타일러에 의하면 프로그램을 체계적으로 개발하려면, 목표가 지향하고 있는 것에 대한 확실한 인식이 있어야 하고, 목표를 설정하기 위해서는 목표 원천에 대한 연구가 필요하다고 하였다. 그는 목표를 설정하기 위한 원천으로서 세 가지 요소를 제시하였다. 첫째, 교육의 수혜자인 학습자에 대한 연구이다. 둘째, 학교 밖의 현대 사회에 대한 연구이다. 셋째, 교과 전문가의 목표에 대한 피드백이다. 그 구체적인 내용은 다음과 같다.

- **원천 1 : 학습자에 대한 연구** 목표 설정의 일차적인 기초는 교육 수혜의 당사자인 학습자에 대한 연구이다. 학습자에 대한 연구는 발달 상태에서 나타나는 결손과 교육적인 필요, 심리학적인 요구와 적응상의 문제, 학생들의 관심과 흥미 등에 관한 것이다. 이러한 연구를 통해 목표를 설정하기 위해서는 자료에서 알게 된 필요를 충족시킬 수 있는 학생의 행동양식상의 바람직한 변화를 규명해야 한다. 학습자에 대한 연구 결과 밝혀진 사실에서 잠재적 목표를 추출하기 위해서는 가치 판단이 포함된 추론이 요구된다.
- **원천 2 : 사회에 대한 연구** 목표 설정을 위한 원천으로서 현대사회와 생활에 대한 연구이다. 프로그램을 개발하기 위해서는 현대사회, 즉 학교 밖의 지역사회, 국가, 세계를 알아야 하고 고려해야 한다. 그리고 좀 더 포괄성 있는 자료를 구하려면 현대사회의 생활 영역인 건강, 가족, 오락, 직업, 종교, 소비생활, 시민생활 등도 고려하여야 한다. 잠재적 목표를 설정하기 위해서는 이러한 연구에서 나온 자료들을 해석해야 한다. 이와 같이 자료를 수집하고, 분석하고, 해석하는 과정을 통해 목표를 추론할 수 있다. 현대사회의 생활에 대한 연구는 목표와 관련된 제안을 위한 풍부한 정보를 제공한다.
- **원천 3 : 교과 전문가의 목표에 대한 제언** 교과 전문가의 제언은 또 다른 목표의 원천이다. 왜냐하면 교과 전문가의 제언은 전형적인 학교에서 가장 일반적으로 사용되는 목표의 원천이 되기 때문이다. 학교 교과서는 전문가들이 저술하며, 그들의 견해가 크게 반영되어 있다.

> 학교에서 개설된 교과목은 교과 전문가에 의해 그 틀이 세워지며, 교육 목표에 그들의 생각이 들어 있다. 따라서 교과 전문가들이 제안하는 관점과 보고서 등이 목표를 선정하는 데 유용한 수단이 될 것이다.

이와 같이 잠정적 목표는 학습자 연구, 현대사회 연구, 교과 전문가 제언으로부터 설정할 수 있다.

2단계 : 구체적 목표 확정

타일러 모형에 의하면 수립된 임시적 일반 목표를 교육철학과 심리학적인 원리에 여과하는 과정을 통해 최종 교육 목표를 확정한다. 즉, 철학적 원리를 토대로 진술된 임시적 일반 목표들이 서로 불일치되는 것이 있는지, 중복되는 것은 있는지, 좀 더 중요한 목표는 무엇인지 등을 검토하는 여과 과정을 거쳐야 한다. 그리고 학습자들의 심리학적 원리에 근거하여 임시적 일반 목표가 실행 가능한 목표인지, 학습자들의 발달 특성에 적절한 목표인지 등을 검토하는 여과 과정을 거쳐 정확한 목표를 확립하게 된다(문혁준 등, 2014). 정확한 학습 목표는 학습자에게 요구되는 행동 변화에 초점을 두며, 이러한 목표의 내용은 요구된 행동 영역을 구체화하고 있다(Tyler, 1996).

3단계 : 학습 경험의 선정과 조직

정확한 학습 목표를 달성하기 위한 수단은 학습 경험의 선정과 학습 경험의 조직이다. 본질적으로 학습은 학습자의 경험, 즉 학습자가 처해 있는 환경에 대한 그의 반응에 의해 발생한다. 따라서 교육의 수단은 학습자가 갖게 되는 교육적 경험이다. 따라서 정확한 학습 목표가 확정되고 나면 그 목표를 달성하기 위해 적절한 학습 경험을 선정하고, 학습 경험을 조직하여야 한다.

4단계 : 학습 경험의 평가

우리는 지금까지 교육 목표의 선정과 기술에 포함된 활동들과 학습 경험의 선정과 조직에 포함된 활동들을 살펴보았다. 우리는 이로써 교육과정 개발에 대한 분석을 완료했다고 생각할 수 있다. 그러나 타일러는 교육과정 개발에 있어서 가장 중요한 것 중의 하나로 평가를 제시하고 있다. 평가는 개발되고 조직된 학습 경험이 원하는 결과를 실제로 얼마나 산출하고 있는가를 알아내는 과정이 된다. 그리고 평가의 과정은 그 계획의 강점과 약점을 규명해 주어야 한다. 이것은 프로그램이 개발되었을 때 기본적인 가설의 타당도를 검토하는 데 도움을 준다. 평가의 결과를 통해서 개발된 프로그램이 효과적인지, 어떤 면에서 개선이 필요한지를 알아낼 수 있다(Tyler, 1996).

타바의 모형

타바의 모형은 타일러의 기본 모형을 수정한 것이다. 타바의 접근 방법은 타일러와 같이 단선형이지만 개발 과정 각 단계에서 많은 정보가 투입되어야 한다고 주장하였다. 그녀는 교육과정의 논리적 조직인 내용과 교육과정의

[그림 3-3] 타바의 모형

출처 : 권낙원 · 민용성 · 최미정(2008).

심리적 조직인 개발 학습자의 이원적 조직을 고려해야 하며, 이를 위해 모든 교육과정에 내용의 선정과 조직을 포함해야 한다고 하였다.

타바는 교육과정 개발을 경험적 절차보다는 합리적이고 계열적인 방법으로 접근하였다. 접근 방법이 합리적이 되기 위해서는 근본적인 요인에 대한 의사결정이 타당한 준거에 따라 이루어져야 한다. 그 요인은 학습자, 학습 과정, 문화적 요구, 학문의 내용 등을 의미한다. 그래서 그녀는 교육과정의 개발이 합리적이고 과학적이 되기 위해서는 어떤 교육과정 의사결정이 이루어져야 하고, 그것들이 어떻게 적용되어야 하는지에 대한 순서를 명확히 조사할 필요가 있다고 하였다. 타바는 교육과정 개발의 모형을 [그림 3-3]과 같이 8가지 계열적 단계로 제시하고 있다.

순환적 모형

순환적 모형은 합리적 모형, 즉 목표 모형의 장점을 수용하면서 단점을 보완하였다. 순환적 모형은 본질적으로 논리적이고 계열적인 특성을 보이고 있으며, 프로그램 과정의 요소들을 하나의 연속선상에 나타내고 있으면 상황이 바뀜에 따라 각 요소가 변화되어가는 융통성을 지니고 있다고 본다. 이 모형은 새로운 상황에 따라 프로그램 요소인 목표, 내용, 방법, 평가들을 변화시킬 수 있게 한다. 더 나아가 그러한 변화를 요구하고 있다. 대표적인 학자는 휠러와 니콜스 부부이다.

휠러 모형

휠러(D. Wheeler)는 교육과정의 모든 요소가 상호의존적이며 순환적 형태를 띠고 있으므로 프로그램 개발자들은 순환적 개발 과정을 사용해야 한다고 하였다. 그는 타일러와 타바의 모형을 확장해 프로그램 개발 과정을 목적 및 목표 설정, 학습 경험의 선정, 내용의 선정, 학습 경험과 내용의 조직 및 통합, 평가의 다섯 단계로 제시하였다(그림 3-4).

[그림 3-4] 휠러의 모형

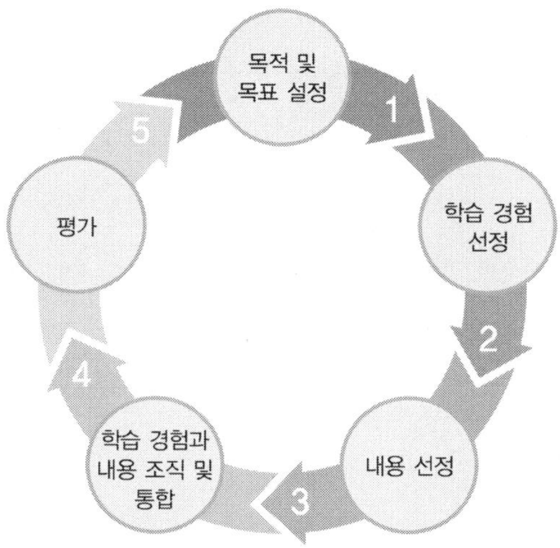

출처 : Wheeler(1967) 참조.

휠러에 의하면 프로그램 개발자는 1~5단계까지 계열적인 순서에 따라 프로그램을 개발하여야 한다. 이 모형의 특징은 첫째, 개발 과정을 새로운 정보나 실제에 따라 항상 변화하는 지속적인 활동으로 보고, 둘째, 각 단계가 교육 활동 외부의 다양한 변화에 대처하는 연속적인 순환 과정에 있다고 본다(권낙원 · 민용성 · 최미정, 2008).

니콜스 모형

순환적 과정의 대표적인 학자는 니콜스 부부(A. Nicholls & S. H. Nicholls)이다. 니콜스는 프로그램 개발 과정에 상황 분석을 강조함으로써 타일러와 타바 그리고 휠러의 연구를 더욱 정교하게 하였다. 상황 분석은 프로그램 개발 과정의 순환적 성질과 예비 단계를 의미한다. 그는 프로그램 개발 과정에서 각 요소의 검토 이전에 프로그램 과정 의사결정이 이루어지는 맥락 혹은 상황 분석이 신중하게 이루어져야 한다고 강조하였다(권낙원 · 민용성 · 최미정, 2008).

니콜스 모형의 각 과정은 상황 분석, 목표 설정, 내용 선정과 조직, 방법 선정과 조직, 평가의 상호의존적인 다섯 단계로 구성되어 있다(그림 3-5).

[그림 3-5] 니콜스의 모형

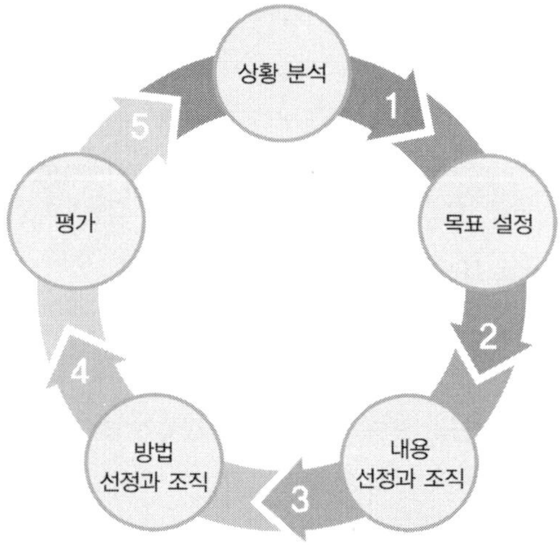

출처 : Nicholls & Nicholls(2018).

니콜스의 모형은 상황 분석을 프로그램 개발의 출발점으로 삼고 있다. 상황 분석을 프로그램의 출발점으로 하는 것의 장점은 효과적인 목표를 설정하는 데 기초 자료를 제공해 준다는 것이다. 프로그램 개발자는 상황 분석을 통해 주위 환경과 잠재적 대상자의 요구에 더욱 잘 대처할 수 있도록 하고 있다. 이 모형은 상황 분석으로부터 도출된 지식과 통찰을 활용하여 프로그램 개발에 전체적인 상황을 구성하는 각 요소를 진단하고 분석할 수 있는 포괄적인 접근 방법이다.

이 모형의 융통성은 상황이 변함에 따라 프로그램 개발에 필요한 요소들이 바뀌게 된다는 점이다. 따라서 니콜스 모형의 특징은 프로그램의 모든 요소가 하나의 연속선상에 나타나게 되어 새로운 상황에 대처하고 변화하는 환경에 끊임없이 반응할 수 있는 것이다. 특히 이 모형은 적용 방법이 까다

롭지 않아서 모든 상황에 적용하기에 유리하다는 장점이 있다.

역동적 모형

역동적 모형은 프로그램 개발 과정이 융통성이 있어 수정 가능한 것이 특징이다.

워커 모형

워커(D. F. Walker)는 자연주의적 모형을 개발하였다. 자연주의 모형은 프로그램 개발 과정이 인위적으로 진행되어서는 안 된다는 것이다. 그는 교육과정 개발 과정에서 실제 일어난 일을 있는 그대로 기술한 것뿐이라고 하였다.

워커의 모형은 강령(platform), 숙의(deliberation), 설계(design)로 구성되어 있다. 워커의 자연주의적 모형을 도표로 나타내면 [그림 3-6]과 같다.

[그림 3-6] 워커의 자연주의적 모형

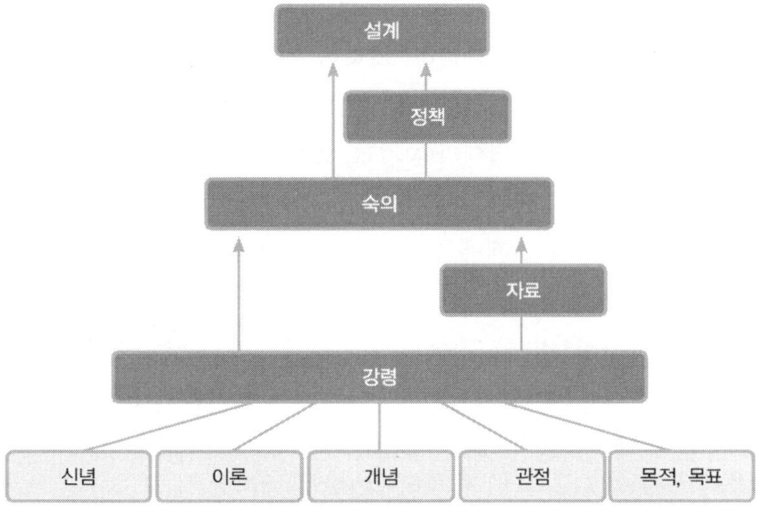

출처 : Walker(1971) 참조.

강령 단계는 프로그램 개발자가 가진 신념과 가치체계를 의미한다. 강령은 현재 상태에 관한 이해와 지향점에 대한 전망을 포함하고 있다. 프로그램 개발자는 자신의 관점을 실현하기 위해서 어떤 결정을 내릴 것인지를 고민할 때 이 강령의 도움을 받는다(권낙원·민용성·최미정, 2008). 강령은 결코 객관적으로 자료화할 수 없는 요소이다. 왜냐하면 강령은 오랜 경험과 전통에 의해 만들어진 것이기 때문이다. 따라서 강령은 단지 의사결정 과정 중에 드러나는 것으로서 실천적 지식 또는 전통적 지식으로 불린다. 그러므로 강령은 그 전통 속에 들어가야만 체득 가능한 지식이다(Walker, 1971). 즉, 개발자가 프로그램을 개발할 때 품고 있는 아이디어, 가치, 개념 등이 프로그램에 영향을 미친다는 것이다.

숙의 단계는 강령이 프로그램의 계획으로 바뀌는 과정이다. 숙의는 설계를 결정하기 위해 신념과 정보를 사용하는 과정이다. 숙의는 복잡한 사회적 과정으로서 프로그램 개발 중에 발생하는 문제를 절차적으로는 해결할 수 없고 프로그램 개발 참여자들의 상호작용에 의해 해결해 가는 과정이다. 숙의 단계에서는 프로그램을 결정하는 기초 작업이 어느 정도 진행되어 프로그램 개발에 참여하는 사람들의 복잡한 상호작용이 일어난다. 강령은 공통된 신념, 유효한 원칙 체계의 역할을 하지만 그 자체의 불완전하고 분명하지 못한 점 때문에 정책으로 바뀌어야 한다. 강령이 정책으로 바뀌는 과정이 숙의이다. 정책은 앞으로 전개될 의사결정을 안내하기 위한 여러 대안 가운데 선정된 행동 과정이자 행동 방법이다(Walker, 1971).

설계 단계는 프로그램 개발 과정에서 이론적으로 중요한 산출물을 생성하는 단계이다. 설계의 단계에서 프로그램 과정의 여러 구성 요소에 관한 결정이 이루어지는데, 이는 의사결정자 간의 논의와 조정을 통해 도달되는 것이다(권낙원·민용성·최미정, 2008). 설계 단계에서 상세한 계획을 수립하기 위해서는 선택한 대안을 실천 가능한 것으로 구체화하여야 한다. 따라서 프로그램의 설계 단계에서의 궁극적인 활동은 프로그램의 자료를 생성하는 것이다.

스킬백 모형

스킬백(Skilbeck, 1976)은 프로그램 개발을 위해 상황 분석, 목표 설정, 프로그램 구성, 해석과 실행, 모니터링·피드백·평가·재구성과 같은 프로그램 개발 과정을 제시하였다. 스킬백의 프로그램 개발 과정의 모형은 [그림 3-7]과 같다.

[그림 3-7] 스킬백 모형

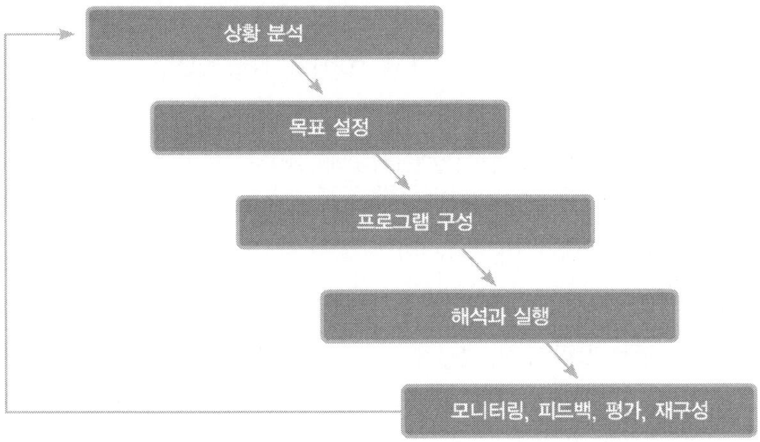

출처 : Print(2006).

그의 모형은 상황 분석에서 시작하여 순차적인 과정을 거치는 것으로 보이지만, 프로그램 개발은 어느 단계에서든지 시작할 수 있으며, 다른 단계들을 동시에 고려해도 된다. 그는 프로그램 개발 과정에서 각 구성 요소와 개발 과정을 하나의 유기체로 파악하여 비교적 체계적인 방식으로 작업할 것을 권장하고 있다(Print, 2006).

실행 연구 모형

실행 연구의 개념

실행 연구는 레윈(Lewin, 1946)에 의해서 성립된 것이다. 레윈은 미국에서 활동한 조직심리학자이다. 그는 사회적 문제에 관심을 두고 사회적 행동의 변화를 촉진하는 과정에서 해당 문제에 대한 관련자들의 적극적 참여의 중요성을 발견하였다. 실행 연구는 영국의 스텐하우스(Stenhouse, 1975)에 의해 교육과정 측면에서 사용되었다. 그는 교사를 주체로 한 교육과정 개발 운동의 일환으로 교사는 단순히 교육과정의 소비자가 아니라 교육과정 개발자 및 연구자로 그 위상을 높여야 한다고 보았다. 실행 연구는 1980년대 호주의 디킨대학교의 케미스와 맥타가르트(Kemmis & McTaggart, 2005)에 의해 협동 교육과정 계획을 중심으로 일어났다(김영천, 2013). 케미스와 이 모형은 자기 반성의 나선 모형에 기초한 실행 연구이다. 이들에 의하면 실행 연구는 연구자가 행동의 개선을 위해 협력적이거나 자성적으로 탐구하는 연구 형식이다.

실행 연구의 가장 큰 특징은 현장성에 있다. 이 연구의 목적은 실천을 통한 개선에 있다. 따라서 이 연구는 연구를 진행하는 과정에서 반성적 실천이 이루어지고, 지속적인 자기 순환 과정을 거치기 때문에 실천적 분야에 종사하는 사람들에게 적합한 모형이다(이경숙·유태명, 2016). 실행 연구에서는 반드시 연구자가 연구 주체가 되어야 하며, 연구의 대상은 자신이 처한 현장에서 실천하고 있는 실제적인 활동이어야 한다. 연구의 목적은 자신이 하는 일을 이전보다 더 잘 이해하고 그것을 보다 나은 방향으로 개선하고자 하는 것이다. 따라서 이 연구는 연구자가 연구의 주체가 되어 행동과 관찰 그리고 반성의 과정을 순환적으로 반복하여 연구를 수행하고, 이를 연구 참여자와 관심 있는 다른 사람들과 공유하는 것이다. 즉, 이 연구는 연구자, 연구 참여자 그리고 다른 사람이 공동으로 참여하는 형태이다.

연구에 참여하는 사람의 역할은 평등하고 수평적이며, 연구 참여자도 모든 과정에 적극적으로 참여할 수 있으며, 의사소통의 과정도 민주적이다. 연구가 진행되는 과정에서는 점차 의사결정을 구체적으로 하면서 문제를 계속해서 모색하고 제시하여 순환적이고 반성하는 과정을 반복하게 되므로 변증법적 나선형 모델을 따른다(이경숙·유태명, 2016). 이처럼 실행 연구는 연구자 스스로 자신의 현장을 돌아보고, 연구 참여자의 교육 활동 자체를 연구 자료로 삼아 교육과정을 개선하기 위한 방식의 연구이다.

실행 연구의 특징

필자는 케미스와 맥타가르트의 자기 반성적 나선형 모형을 중심으로 실행 연구 모형에 관해 설명하고자 한다. 케미스와 맥타가르트의 실행 연구 모형은 순환적·성찰적·비판적인 탐구의 과정을 거쳐서 이해와 행위가 연결되는 실천적 지식을 산출하는 과정이다. 필자는 케미스와 맥타가르트 그리고 김영천(2013)이 제시한 실행 연구의 특징을 중심으로 실행 연구의 특징을 아홉 가지로 설명하고자 한다.

첫째, 실행 연구는 개선적이다. 실행 연구는 현장에서 일하는 사람과 협력하여 실제를 탐구하여 발견된 것을 토대로 현상을 이해하고 개선하려는 목적으로 행해진다(김영천, 2013).

둘째, 실행 연구는 참여적이다. 실행 연구는 연구 참여자의 참여를 바탕으로 연구를 진행한다. 따라서 연구는 연구 참여자와 공통으로 경험하는 상황에서 드러나는 문제들을 토대로 연구를 진행한다(김영천, 2013).

셋째, 실행 연구는 협력적이다. 실행 연구는 타인과의 협력을 통한 연구를 진행한다. 실행 연구는 연구자, 연구 참여자, 동료 교사, 전문가, 전문적인 협력단체, 외부인사 등의 다른 사람과 협력한다(Kemmis & McTaggart, 2005).

넷째, 실행 연구는 수평적이다. 실행 연구에서 연구자와 연구 참여자는 평등한 관계에서 연구에 참여하는 동반자적 관계를 갖는다(김영천, 2013).

다섯째, 실행 연구는 해방적이다. 실행 연구는 연구자와 연구 참여자의 자아 발달과 자기 결정을 제한하는 비합리적 사회구조로부터 해방하는 것을 돕는 데 목적을 두고 있다(Kemmis & McTaggart, 2005).

여섯째, 실행 연구는 비판적이다. 실행 연구에서 연구자와 연구 참여자는 특수한 상황에서의 실제적인 삶의 개선을 추구하면서 비판적인 사회 변혁의 주도자로 행동한다. 실행 연구를 한다는 것은 연구자나 연구 참여자 스스로 자신의 일상에서의 삶과 실천을 성찰하게 하는 기회를 갖는 것이다(김영천, 2013).

일곱째, 실행 연구는 역동적이다. 실행 연구는 계획, 행동, 관찰, 반성의 반복을 포함하는 역동적인 과정에 참여하여 나선적인 활동을 이루게 된다. 따라서 실행 연구는 사람들이 자기 비판적 행동과 성찰을 통해서 자신들의 실행을 변혁하는 것을 목적으로 하는 숙의 과정이다(Kemmis & McTaggart, 2005).

여덟째, 실행 연구는 해석적이다. 실행 연구는 자료 수집과 검토 과정이 일회적인 것이 아니라 반복적인 해석 과정이다(김영천, 2013).

아홉째, 실행 연구는 유동적이다. 실행 연구는 참여자들의 다양한 견해에 따라서 잠정적이고 유동적인 해결책을 만들어 낸다. 연구가 진행되면서 점차 구체적으로 의사결정을 하며 문제를 해결하려는 방안을 계속 모색하고 제시하고자 노력한다(김영천, 2013).

케미스와 맥타가르트 연구 모형

실행 연구 모형은 학습자들이 공유하고 있는 많은 문제를 서로 협력해서 해결해 나가고, 지속적인 의사소통을 통해서 실질적인 변화를 만들어 내고자 한다. 특히 이 모형은 현실 참여적인 목적을 중요하게 생각한다. 그래서 이 모형은 '계획, 행동 및 관찰, 반성, 재계획'의 절차를 따른다. 케미스와 맥타가르트의 실행 연구 모형은 다음 [그림 3-8]과 같다.

실행 연구 모형의 두 축은 행동에 대한 관찰과 반성이라고 할 수 있다. 관찰은 연구자 자신의 행동 및 현상을 분석하면서 연구 기법을 적용한다는 것이다. 반성은 돌아봄이라는 의미에서 지나간 활동을 분석하는 연구자의 태도를 말하는 것이다. 이때 반성은 교육과정 및 교육 활동의 개선에 초점을 맞춘 성찰 행위이다. 이것이 탐구의 형식으로 발전하면, 자체 활동은 연구 형식으로 분석하게 된다.

[그림 3-8] 케미스와 맥타가르트의 실행 연구 모형

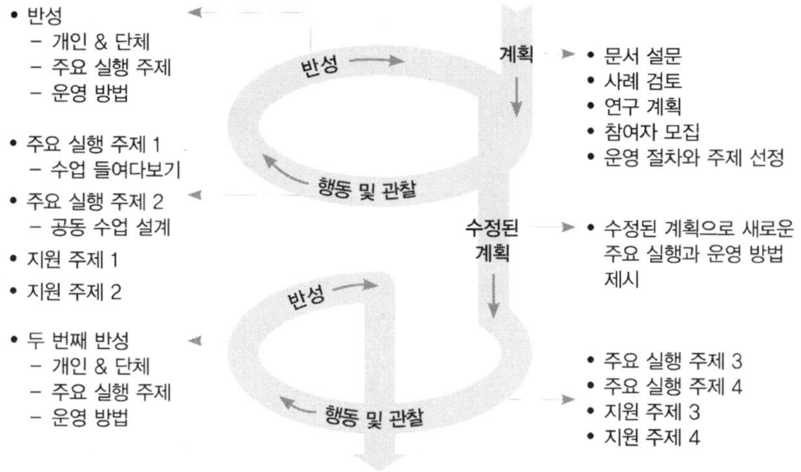

출처 : Kemmis & McTaggart(2005).

실행 연구의 과정은 4단계로 구성되어 있다. 첫째, 계획 단계에서는 비판적이고 자기 해방적인 문제를 파악한다. 둘째, 행동 및 관찰 단계에서는 교육과정의 질을 제고하는 것은 물론, 이와 함께 학교와 교실 내에서 발생하는 비교육적인 문제를 개선해 나간다. 셋째, 반성 단계에서는 바람직한 교육 활동을 저해하는 일련의 장애를 극복하는 데 일조하였는지를 성찰한다. 그 활동이 긍정적으로 도움이 되었다면 그 성과를, 극복하지 못한 요소가 많다면 그 이유를 해석적 관점에서 분석하고 이를 다음 연구 주기를 위한 계획 수립에 반영한다. 넷째, 수정된 계획 단계에서는 수정된 계획과 행동 및 관찰, 반성의 과정으로 진행된다. 따라서 실행 연구는 계획, 행동 및 관찰, 반성의 순환적·비판적 탐구의 과정을 거치는 네 단계의 연구 주기를 반복함으로써 실행 연구가 이루어진다(Kemmis & McTaggart, 2005).

상담 프로그램 개발 모형

상담 프로그램 개발 모형에는 변창진, 박인우, 수스만 그리고 김창대의 모형이 있다.

변창진 모형

변창진(1997)은 교육과정 개발 모형과 수업설계 모형을 기초하여 상담 프로그램 개발 모형을 만들었다. 변창진 모형의 과정은 요구 사정, 계획 수립, 목표 선정, 내용 선정, 내용 구성, 도구 작성, 전략 선정, 평가, 관리의 아홉 단계로 구성되어 있다(그림 3-9 참조; 김창대 등, 2015 재인용). 다음에서 각 단계를 좀 더 구체적으로 살펴보자.

- 1단계 : **요구 사정** 요구 사정은 프로그램을 개발하기 전에 어떤 프로그램이 필요한지를 확인하는 과정이다.
- 2단계 : **계획 수립** 계획 수립은 프로그램 개발에 필요한 설계도를 작성하여 프로그램 개발계획을 세우는 과정이다.
- 3단계 : **목표 선정** 목표 선정은 프로그램의 잠재적 참여자가 추후 성취하여야 할 인지, 정서, 행동, 태도적 측면에서의 변화를 구체적으로 제시하는 과정이다.
- 4단계 : **내용 선정** 내용 선정은 선정된 목표에 도달할 수 있도록 하기 위한 구체적인 활동 요소들을 선정하는 과정이다.
- 5단계 : **내용 구성** 내용 구성은 선정된 활동 요소들을 논리적·체계적으로 조직화하는 과정이다.
- 6단계 : **도구 작성** 도구 작성은 프로그램의 목표와 내용에 맞추어 프로그램 운영 과정에서 실제로 사용할 도구와 활동지 등을 검토하고 결정하는 과정이다.

[그림 3-9] 변창진 모형

출처 : 변창진(1994).

- **7단계 : 전략 선정** 전략 선정은 프로그램의 활동 및 경험을 어떻게 전개할 것인지 전략을 세우는 과정이다. 즉, 프로그램의 형상화 전략을 검토하고 결정하는 단계이다.
- **8단계 : 평가** 평가는 개발된 프로그램의 가치와 유용성을 확인하는 과정이다.
- **9단계 : 관리** 관리는 개발된 프로그램을 지속해서 유지·관리·통제하는 것을 총칭하는 과정이다.

박인우 모형

박인우(1995)는 상담 프로그램이 체계적인 절차로 개발되려면 교육공학에서 사용하는 개발 방식을 도입하여야 한다고 하였다. 그에 의하면, 체계적으로 상담 프로그램을 개발하기 위해서는 조사, 분석, 설계, 구안, 실시, 총괄 평가의 여섯 단계를 거쳐야 한다(그림 3-10).

[그림 3-10] 박인우 모형

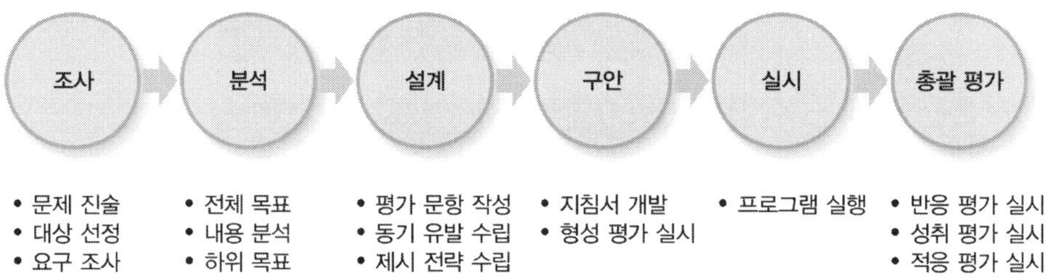

박인우의 개발 모형을 각 단계별로 설명해 보면 다음과 같다(김창대 등, 2015).

- **1단계 : 조사** 조사는 문헌 고찰과 요구 조사를 하는 것이다. 문헌 고찰은 관련프로그램의 과정과 효과를 알아보는 것이다. 또한 관련된 프로그램의 하위 영역과 구성에 대해 살펴보는 것이다.
- **2단계 : 분석** 분석은 프로그램의 목적과 목표를 설정하는 것이다. 이 단계에서는 프로그램의 전체 목표 및 내용 분석과 함께 회기별 목표를 정한다.
- **3단계 : 설계** 설계는 프로그램의 구성 요소를 토대로 프로그램의 제시 전략을 세우는 것이다. 프로그램의 제시 전략은 전체 프로그램의 제시와 회기별 구조를 결정한다. 다음으로 잠정적인 프로그램의 자문과 예비 적용 순으로 이루어질 수 있다. 그리고 평가 문항 작성과 동

기 유발을 수립한다.

- **4단계 : 구안** 구안은 프로그램의 회기별 내용을 구성하는 것이다. 이 단계에서 회기별 내용 구성과 함께 활동 요소와 활동 내용 그리고 활동지를 구성한다. 그리고 형성 평가로 실시한다.
- **5단계 : 실시** 실시는 개발된 프로그램을 실제로 실행하는 것이다.
- **6단계 : 총괄 평가** 총괄 평가는 프로그램의 효과에 대한 효과 검증을 하는 것이다. 효과 검증에는 반응 평가, 성취 평가, 적응 평가 등의 방법이 있다.

수스만 모형

수스만(Sussman, 2001)의 모형에서 프로그램의 개발 절차는 문헌 연구, 활동의 수집, 활동의 선정, 선정된 활동의 즉각적 효과 연구, 프로그램 제작 및 예비 연구, 프로그램의 장기적 효과 연구의 여섯 단계로 구성되어 있다(그림 3-11). 단계별 구체적 내용은 다음과 같다.

- **1단계 : 문헌 연구** 이 단계에서의 과업은 개발하고자 하는 프로그램의 주제에 대해 먼저 문헌 연구를 하는 것이다. 개발자는 문헌 연구를 통해 프로그램의 효과를 내는 매개 변인을 확인하여야 한다. 그리고 개발자는 문헌 연구를 통해 문제 행동의 원인에 대한 이론적 고찰과 함께 문제 행동을 통제하는 방법을 탐색하여야 한다.
- **2단계 : 활동 요소 수집** 이 단계에서의 과업은 프로그램의 목적과 목표를 달성하기 위해 기존의 활동 요소나 방법을 수집하거나 또는 새로운 활동 요소를 개발하는 것이다.
- **3단계 : 활동 요소 선정** 이 단계에서의 과업은 수집된 활동 요소들을 평가하는 것이다. 개발자는 활동 요소들을 인식된 효능성 평가(perceived efficacy method)를 실시하여 활동 요소를 선정하여야 한다.

[그림 3-11] 수스만 모형

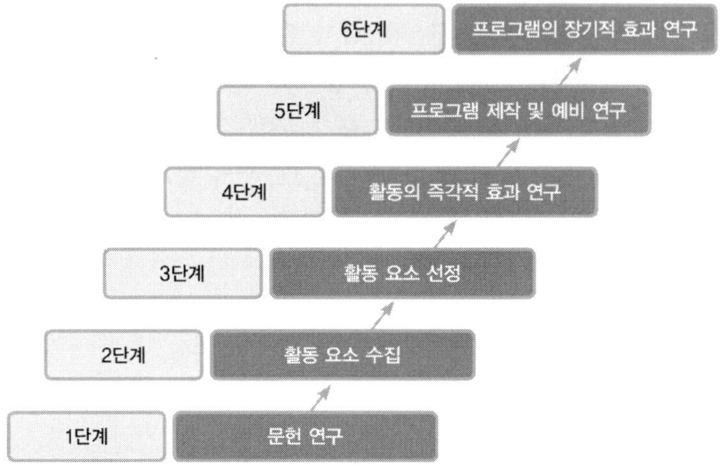

출처 : 김창대 등(2015) 참조.

- **4단계 : 활동 요소의 즉각적 효과 연구** 이 단계에서의 과업은 선정된 활동 요소의 효과를 연구한다. 개발자는 단일 집단 연구, 유사 실험설계, 실험설계, 집단간 비교 연구, 요소 연구 등을 통해 활동 요소의 효과를 연구하여야 한다.
- **5단계 : 프로그램 제작 및 예비 연구** 이 단계에서의 과업은 프로그램을 제작하는것이다. 이를 위해 첫째, 개발자는 프로그램의 활동 요소들을 구성하여야 한다. 둘째, 개발자는 예비 연구를 통해 프로그램을 실험하고 다양한 방법으로 평가해야 한다. 셋째, 개발자는 프로그램의 활동 요소, 내용, 전략, 모형 등을 수정 및 보완해야 한다.
- **6단계 : 프로그램의 장기적 효과 연구** 이 단계에서의 과업은 이전 연구의 개별적 검토이다. 개발자는 프로그램 내의 변인간 관련성을 가설적으로 개념화한 후 변인간 관련성에 대한 모형을 검증하여야 한다.

김창대 모형

김창대(2002)는 변창진의 모형, 박인우의 모형 그리고 수스만의 모형을 참조하여 4단계로 구성된 프로그램 개발 모형을 만들었다. 이 모형은 목표 수립, 프로그램 구성, 예비 연구, 프로그램 실시 및 개선으로 구성되어 있다(그림 3-12). 이 모형에서는 각 단계의 순환적인 개발과 평가 과정도 포함하고 있다. 이 모형을 단계별로 설명하면 다음과 같다(김창대 등, 2015).

- **1단계 : 목표 수립** 이 단계에서는 프로그램을 기획하고, 잠재적 대상자의 요구조사를 통해 계획안 및 프로그램의 목표를 수정 및 보완한다.
- **2단계 : 프로그램 구성** 이 단계에서는 프로그램의 목적 및 내용에 대해 이론적으로 검토하고, 활동 요소를 수집 및 선정한다.
- **3단계 : 예비 연구 및 장기적 효과 제고** 구성된 프로그램을 일차적으로 소수의 대상자에게 실시하여 다양한 측면에서 평가한다.
- **4단계 : 프로그램 실시 및 개선** 예비 연구를 통해 수정, 보완된 프로그램을 실시하는 단계이다. 이 단계에서는 프로그램을 계속 수정, 보완하는 작업이 이루어진다.

[그림 3-12] 김창대 모형

1단계	2단계	3단계	4단계
목표 수립	프로그램 구성	예비 연구와 장기적 효과 제고	실시 및 개선
• 기획 • 요구 조사 • 수정 계획안 수립 • 프로그램 목적 및 목표 수립 • 프로그램의 이론적 모형 설정	• 내용에 대한 이론적 검토 • 활동 요소 수집 • 지각된 효율성 평가 • 활동, 내용, 전략의 선정 • 요소 연구(경험적 확인) • 프로그램 구상	• 예비 실행 및 수정 • 다양한 평가 • 프로그램 모형 재검토 • 기존 연구 분석, 메타 분석, 매개 변인 수정 • 최종 모형 구성 • (활동, 내용, 전략, 모형) 수정	• 프로그램 실시 및 개선 • 다양한 평가 • 매개 변인의 계속적 수정 • (활동, 내용, 전략) 수정

출처 : 김창대 등(2015) 참조.

박민수 모형

필자는 교육 프로그램 개발 모형과 상담 프로그램 개발 모형인 변창진 모형, 박인우 모형, 수스만 모형, 김창대 모형 등을 기초하여 12단계의 상담 프로그램 개발 모형을 제시하고자 한다. 필자는 상담 프로그램 개발 모형을 4개의 개발 절차와 12개의 개발 과제를 중심으로 설명하고자 한다(그림 3-13).

[그림 3-13] 박민수 모형

개발 단계	개발 절차	개발 과제
1단계	탐구	관심 주제 선정
2단계		문헌 고찰
3단계		요구 분석
4단계	설계	목적 설정
5단계		제목 설정
6단계		이론 검토
7단계	구성	하위 프로그램 구성
8단계		프로그램 내용 구성
9단계		프로그램 활동 요소 구성
10단계		프로그램 매뉴얼 제작
11단계	실행	프로그램 진행
12단계		프로그램 평가

프로그램 개발 절차는 프로그램 탐구, 프로그램 설계, 프로그램 구성, 프로그램 실행 등의 4단계로 구성되어 있다.

프로그램 개발 단계별 과제는 관심 주제 선정, 문헌 고찰, 요구 분석, 프로그램 목적 설정, 프로그램 제목 설정, 상담이론 검토, 하위 프로그램 구성, 내용 구성, 활동 요소 구성, 프로그램 매뉴얼 제작, 프로그램 진행, 프로그램 평가의 12단계로 구성되어 있다. 단계별로 설명하면 다음과 같다.

프로그램 탐구

상담 프로그램 탐구는 관심 주제 선정, 문헌 고찰, 요구 분석으로 이루어진다.

- **1단계 : 관심 주제 선정** 우리는 생활의 주변에서 우리를 놀라게 하고 호기심을 불러일으키는 수많은 사건과 현상에 직면하게 된다. 이럴 때 우리는 지적 호기심과 관심을 갖고 그러한 현상을 주의 깊게 살펴보게 된다. 이처럼 상담 프로그램 개발도 이러한 현상에 대한 관심으로부터 출발하게 된다. 따라서 상담 프로그램을 개발하기 위해서 개발자가 제일 먼저 해야 할 일은 자신이 관심 있는 주제를 발견하는 일이다.
  프로그램 개발은 두 가지 요구에 의해서 이루어지는데, 하나는 기관이나 단체의 의뢰이고, 다른 하나는 개발자의 관심이다. 따라서 상담 프로그램 개발자는 의뢰 기관의 관심 주제와 개발자 자신의 관심 있는 주제에 대해 탐색하고 선정을 하여야 한다.
- **2단계 : 문헌 고찰** 우리는 정보 없이 새로운 것을 개발할 수 없다. 개발자가 새로운 상담 프로그램을 개발하려면 기존에 나와 있는 정보들을 수집하고 살펴보아야 한다. 상담 프로그램의 주제가 어느 정도 구체화되었으면, 그 주제와 관련된 문헌이나 선행연구를 고찰하여야 한다. 기존의 문헌은 선정된 주제와 관련된 책, 학위논문, 학술논문, 선행 상담 프로그램 등을 말한다.
  선정된 주제와 관련된 문헌을 고찰하는 주요 목적은 프로그램을 구성하기 위한 근거를 찾고, 프로그램의 목적과 제목 그리고 이론을 선정하는 데 도움이 될 만한 자료와 아이디어를 얻기 위한 것이다. 그러므로 개발자가 문헌 고찰을 할 때에는 개발하려는 상담 프로그램과 직접적으로 관련된 문헌만을 골라서 체계적으로 분석하여야 한다. 물론 개발자가 문헌 고찰을 통해 새로운 상담 프로그램 주제를 발견할 수도 있고, 이미 선정해 놓은 프로그램의 주제를 변경해야 될 필요성을 느낄 수도 있다. 또한 선행 프로그램에 의해 축적된 정보와 사실에 더 추가될 후속 연구로 이어질 수도 있다.

- **3단계 : 요구 분석** 요구 분석은 개발할 프로그램의 잠재적 대상자가 필요로 하는 것은 무엇인가를 찾으려는 작업이다. 동시에 프로그램의 목적을 정확히 파악하는 활동이기도 하다. 따라서 요구 분석은 잠재적 대상자의 요구를 정확히 파악하고 프로그램의 우선 순위를 정하고, 선정된 요구를 기초로 프로그램 개발의 여러 활동을 준비하는 과정이라고 할 수 있다.

프로그램 설계

상담 프로그램 설계는 관심 있는 발견된 프로그램 주제를 구체화할 수 있는 계획 및 절차를 짜 놓은 것이다. 건축가가 집을 지을 때 먼저 건축 설계를 하듯이 프로그램을 개발할 때에도 구체적인 프로그램을 설계하여야 한다. 개발자가 프로그램을 설계할 때 충분히 고려해야 할 사항으로는 프로그램의 목적 설정, 프로그램의 제목 설정 그리고 상담이론 검토 등이다.

프로그램 설계의 이점은 개발자의 아이디어를 문서화함으로써 다른 사람으로부터 평가를 받을 수 있다는 것이다. 또 다른 이점은 전문가에게 지도와 조언을 받을 수 있다는 것이다. 나아가 최종 프로그램 설계는 프로그램 개발을 수행하는 데 필요한 안내자로 사용될 수 있다.

이같이 상담 프로그램 개발은 프로그램 설계에서 출발하는 것이 보통이다. 사실 프로그램의 구상은 프로그램의 목적 설정에서 출발한다. 프로그램 설계는 프로그램 목적 설정, 프로그램 제목 설정, 상담이론 검토로 이루어진다(그림 3-14). 프로그램 설계의 단계는 계열적이면서 순환적 과정이라 할 수 있다. 따라서 프로그램 설계는 프로그램 목적 설정과 프로그램 제목 설정 그리고 상담이론 검토로 계열적으로 설명하고 있지만, 사실은 순환적인 과정으로 보아도 타당할 것이다.

위의 내용을 그림으로 표현하면 [그림 3-14]와 같다.

[그림 3-14] 상담 프로그램 설계 과정

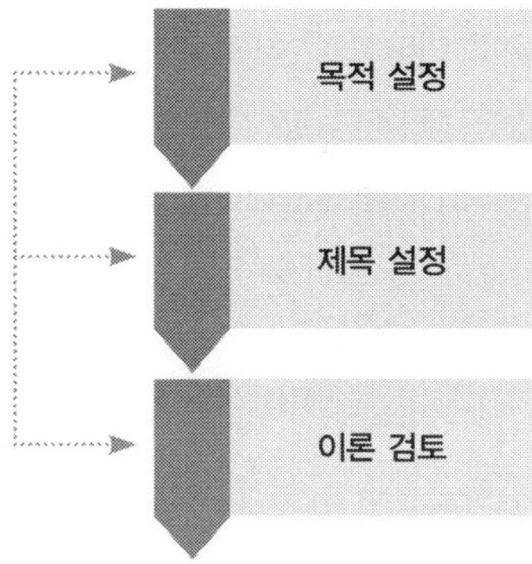

- **4단계 : 프로그램 목적 설정** 개발자가 프로그램 목적을 세울 때 아무렇게나 즉흥적으로 세우는 것이 아니다. 일반적으로 프로그램의 목적을 세울 때에는 문헌 고찰과 요구 분석을 통해 설정된다. 프로그램의 목적 설정에는 요구 분석을 통해 얻게 된 자료와 개발자가 지닌 상담 프로그램에 관한 관점이 반영된다. 이렇게 설정된 프로그램 목적은 프로그램 개발의 전반적인 영역, 즉 프로그램의 내용과 활동을 선정하고 조직하는 데 기초 자료가 된다. 명확한 프로그램 목적의 이점으로는 프로그램 내용 구성에 대한 기초 자료를 제공해 주고, 프로그램 내용에 활동 요소를 맞추도록 해준다.
- **5단계 : 프로그램 제목 설정** 프로그램 제목을 설정할 때에는 제목에 프로그램의 목적이 압축적으로 드러나 있어야 한다. 잠재적 대상자가 프로그램의 제목을 보고, 그 프로그램이 무엇을 목적으로 하고, 무엇을 지향하고 있는지를 파악할 수 있어야 한다.
- **6단계 : 상담이론 검토** 개발자가 참신하면서도 실행 가능한 상담 프로그램으로서, 이론적으로나 실제적으로 효과 있는 프로그램을 개발하기 위해서는 창의성과 해당 연구 분야에 학문적 지식을 갖추고 있어야 한다.

프로그램 개발자는 상담 프로그램의 목적을 실현할 수 있는 가장 적합한 상담이론을 검토하고 선정하여야 한다. 개발자가 효과적인 상담 프로그램을 개발하려면, 선정한 프로그램 목적과 가장 적합한 상담이론을 선택하고, 선정한 이론을 프로그램에 어떻게 적용할 것인지에 관해 연구하여야 한다. 심리상담 프로그램은 요구 분석을 통한 잠재적 대상자의 요구에서 상담이론의 논리로 나아갈 때 효과적인 프로그램을 만들 수 있다.

프로그램 구성

상담 프로그램 구성은 프로그램의 기초 작업과 실제 제작으로 이루어진다. 프로그램 기초 작업은 하위 프로그램 구성, 프로그램 내용 구성, 활동 요소 구성을, 프로그램 실제 제작은 프로그램 매뉴얼 제작을 말한다.

- **7단계 : 하위 프로그램 구성** 교육과정에서의 교과목은 대개 대단원으로 구성되며, 대단원은 다시 소단원 또는 과(lession)로 이루어진다(고재희, 2010). 교과목의 대단원은 상담 프로그램에서는 하위 프로그램과 같은 의미이다. 개발자가 상담 프로그램을 개발할 때 하위 프로그램과 프로그램의 회기별 목표를 구성하여야 한다. 개발자는 상담 프로그램의 목적 달성을 위해 상담이론에서 다양한 의미들을 추출하여 그것을 항목별로 묶는 작업을 하여야 한다. 이러한 작업이 하위 프로그램 구성이다. 하위 프로그램 구성은 건축의 기초 뼈대를 세우는 작업과 같다. 하위 프로그램을 구성한다는 것은 항목별로 몇 개를 묶을 것인지를 정하고, 어떤 순서로 배치할 것인가를 결정하고 조직하는 것이다.

  프로그램의 회개별 목표 설정은 잠재적 대상자가 프로그램을 마친 후 성취하여야 할 인지, 정서, 행동 등을 구체적으로 제시하는 작업 절차이다. 따라서 프로그램 목표는 검증 가능해야 한다. 그리고 프로그램 목표는 가능한 간략하고 명료성을 유지하면서 일관성이 있어야 한다. 간략하고 명확한 목표는 이해하기 쉽고, 프로그램의 평가를 쉽게 할 수 있게 한다.

- **8단계 : 프로그램 내용 구성** 프로그램의 내용은 하위 프로그램 구성에서 도출되어야 한다. 곧 프로그램의 내용은 프로그램 목표를 달성하기 위한 것이다. 따라서 프로그램의 내용은 프로그램 회기별 목표를 실현하기 위한 것으로 구성되어야 한다. 프로그램의 내용을 구성할 때에는 타당성과 가능성의 원리에 기초하여야 한다. 타당성의 원리는 프로그램의 내용이 프로그램의 목표 달성에 관련되어야 한다는 것이다. 가능성의 원리는 잠재적 대상자에 의해 이해 가능해야 한다는 것이며, 하위 프로그램 구성에서 언급하였듯이, 프로그램의 내용 구성에서도, 개발자는 상담 프로그램을 몇 회기로 할 것인지 정하고, 어떤 내용으로 어떻게 배치할 것인지를 조직하여야 한다. 이때 상담 프로그램 개발자가 염두에 두어야 할 것은 프로그램의 논리적 성격과 잠재적 대상자의 심리적 성격을 어떻게 조화시킬 것인가 하는 것이다.
- **9단계 : 프로그램 활동 요소 구성** 프로그램의 활동은 프로그램의 회기별 목표를 실현하기 위한 구체적인 방법으로서, 잠재적 대상자들이 프로그램에 참여하여 실제로 해야 할 행위들을 의미한다. 즉, 프로그램의 목적은 하위 프로그램에 의해 실현된다. 하위 프로그램은 프로그램의 내용 구성에 의해 구체화되고, 프로그램의 내용은 프로그램의 활동 요소에 의해 구현된다. 프로그램의 활동 요소도 프로그램의 내용 구성과 같이 타당성과 가능성의 원리에 기초하여야 한다. 따라서 프로그램의 활동 요소도 상담이론에 근거를 두면서 잠재적 대상자에 의해 실행 가능하여야 한다.
- **10단계 : 프로그램 매뉴얼 제작** 김계현(2000)에 의하면, 프로그램의 타당도를 높이기 위해서는 정교한 프로그램 매뉴얼이 필수적이다. 따라서 프로그램 개발자는 정교한 프로그램 매뉴얼을 제작하여야 한다. 프로그램 매뉴얼 제작은 프로그램을 실제 문서로 작성하는 것이다. 프로그램을 문서로 제작한다는 것은 많은 시간과 노력을 요구한다. 훌륭한 상담 프로그램을 개발하였다 하더라도, 그것을 체계적으로 정리하여 문서화하지 않는다면 아무런 소용이 없다. 따라서 최종적인 문서 작성은 프로그램 개발의 전 과정을 기록물로 종합하고, 체계적

으로 정비하여 보기 쉽게 편집하는 과정이다. 상담 프로그램 매뉴얼 제작은 프로그램 참여자에게 목표를 달성하기 위하여 가장 효과적으로 프로그램을 경험할 수 있도록 구성하여야 한다. 따라서 프로그램 매뉴얼은 참여자용과 지도자용으로 제작하여야 한다. 특히 지도자용 지침서는 집단상담에 의거하여 프로그램을 활용하는 방법을 다양하면서도 자세하게 제시하여야 한다.

프로그램 실행

상담 프로그램의 실행은 개발된 프로그램을 상담 현장에서 채택, 진행, 평가하는 과정을 의미한다. 그러나 실제 현장에서는 상담 프로그램을 제대로 실행하지 않거나 그 효과를 평가하지 않는 경우가 많다.

- **11단계 : 프로그램 진행** 프로그램의 진행은 개발된 프로그램을 프로그램이 지향하는 목표를 이루기 위해 실제 행동으로 옮기는 것을 의미한다. 진행은 참여자들이 프로그램을 통해 목표한 변화를 일으키도록 도와주는 과정이다. 프로그램의 진행은 프로그램의 목표를 실현하기 위한 핵심으로서, 일반적으로 프로그램의 지도자, 프로그램의 관리자, 프로그램의 참여자, 프로그램의 평가자 그리고 프로그램의 실행 장소 등의 상호작용에 의해 이루어진다.
- **12단계 : 프로그램 평가** 프로그램을 진행한 후에는 반드시 평가의 과정을 거쳐야 한다. 프로그램 평가는 프로그램 개발의 기획 단계에서부터 설정한 기준에 맞추어 프로그램의 효과성과 효율성을 평가하는 과정이다. 상담 프로그램 평가는 형성 평가, 과정 평가, 총괄 평가 등 세 가지로 나눌 수 있다. 형성 평가는 프로그램 개발 중 또는 프로그램 실행 초기 단계에서 다양한 피드백을 통해 프로그램을 수정하고 개선하기 위한 목적으로 시행되며, 과정 평가는 프로그램의 실행 중 회기마다 참여자에 의해 시행되는 것이다. 결과 평가는 프로그램이 다 끝난 후 그 효과성을 검증하는 총괄 평가이다.

CHAPTER

4

프로그램 기획

프로그램 개발은 기획의 과정이다. 개발자는 프로그램 개발을 시작하기 전에 우선 기획부터 하여야 한다. 프로그램 기획은 프로그램 전체에 대하여 상세한 계획을 수립하는 과정이다. 기획은 기존의 프로그램을 변형시키거나 새로운 프로그램을 만드는 과정에서 계획적인 활동으로서 필요하다. 사실 기획이 없다면 올바른 프로그램을 수행할 수 없을 정도로 기획은 중요하다. 따라서 상담 프로그램 개발자는 상담의 가치와 함께 기획에 관한 합리적인 지식도 갖추어야 한다.

프로그램 개발은 단순한 작업이 아니라 새로운 것을 만들려고 하는 창조적인 일이다. 창조적인 유형의 일을 할 때에는 반드시 기획이 필요하다. 창조적인 유형은 새로운 제품을 개발할 때, 새로운 사업에 진출할 때, 미개척 분야의 일을 시작할 때, 전혀 새로운 이벤트를 하려고 할 때 등을 의미한다. 새로운 프로그램을 개발하기 위해서는 아이디어와 개념을 구체적인 형태로 만들어야 하고, 새로운 내용이나 활동을 개발하지 않으면 안 된다.

이 장의 주된 목적은 기획의 중요성과 방법에 대해 이해하는 데 있다. 이를 위해 이 장은 기획의 개념 이해, 프로그램 기획의 성격과 필요성, 프로그램 기획의 원칙과 과제, 프로그림 기획의 단계, 프로그램 기획의 팀 구성, 프로그램 기획의 상황 분석 등으로 구성하였다.

프로그램 기획의 의미

기획의 의미

프로그램 기획의 의미에 대해 알아보기 전에 먼저 기획의 의미를 살펴보고 난 후 통합적으로 이해하는 것이 필요하다. 기획과 유사한 의미로 사용되는 단어가 계획과 아이디어이다. 이와사키 타카하루(岩埼隆治, 1994)는 기획과 계획 그리고 아이디어의 의미를 명쾌하게 구분하였다. 먼저, 기획과 계획의 의미를 비교해 보면, 양자 사이에는 유사한 면과 그렇지 않은 면이 있다는 것을 알게 된다.

기획은 계획 그 자체가 아니다. 기획은 계획을 수립하는 과정이며, 계획은 이 과정을 통해 얻어지는 결과로 규정된다. 기획은 목표 설정의 역할을 하는 것이며, 계획은 기획된 목표를 실행하기 위한 구체적인 방법을 모색하는 것이다. 계획은 주어진 목표에 관한 구체적인 절차와 이를 실행하는 데 있어서 순서를 생각하는 것을 의미한다. 또한 기획은 목적과 방향을 설정하는 것이며, 계획은 방법론적인 측면이 강조된다. 결국 기획이 목표를 설정하는 역할을 하는 것이라면, 계획은 기획된 목표를 실행하려는 방법을 모색하는 것이다. 기획과 계획은 [표 4-1]의 세 가지를 설정하는 것이다.

표 4-1 기획과 계획

기 획	계 획
무엇을 할 것인가	어떻게 할 것인가
무엇을 만들 것인가	어떻게 만들 것인가
무엇이 될 것인가	어떠한 방법이 가능한가

출처 : 이와사키 타카하루(1994) 참조.

기획과 계획 그리고 아이디어의 의미를 창조성, 논리성, 현실성이라는 세 가지 준거를 통해 살펴볼 수 있다. 기획과 계획의 관계를 '창조성'이라는 시각으로 정리해 보면 이해가 쉽다. 기획이나 계획 어느 쪽이든 현실성과 논리성이 요구된다는 점은 같다. 기획이나 계획이 가까운 미래에 실현될 가능성이 없으면 기획은 단순한 꿈으로 끝나고, 계획은 그림의 떡이 되고 만다. 그러므로 기획이나 계획은 어느 쪽이든 현실에서 실현 가능한 줄거리가 필요하다. 그러나 기획과 계획의 차이는 '창조성'의 유무에 있다. 결국 기획에는 창조성이 꼭 필요한 조건이 되고, 계획에는 창조성보다 논리성이 더 요구된다.

창조성이 더 요구된다는 점에서 기획은 계획보다 아이디어에 더 가깝다고 할 수 있다. 그러나 기획은 아이디어가 아니다. 아이디어는 하나의 점(點)으로 비유할 수 있다. 기획은 이들 점이 모여 하나의 선(線)이 된 것이다. 그러나 선은 단순히 점이 모이기만 해서 이루어지는 것은 아니다. 점이 선이 되기 위해서는 세 가지 조건이 필요하다. 그 조건은 점이 누적되고 유기적으로 연관 지어져 하나로 통합되어야 하며, 방향성을 지녀야 한다. 결국 기획은 방향을 지닌 창조성이라는 점에서 아이디어와 다르다.

다시 말해 아이디어는 새로운 것을 창출해 낸다는 뜻에서 창조성의 의미가 강하다. 계획은 현실성과 논리성을 가지고 있으면서 창조성의 요소가 없는 상태를 의미한다. 기획은 현실성, 논리성, 창조성 모두를 겸비하고 있는 상태를 의미한다. 즉, 기획은 새로운 것을 현실적 여건을 고려하여 체계적으로 만들어 가는 행위를 의미한다. 기획과 계획 그리고 아이디어는 어느 정도 중복되는 부분이 있다. 다음 [그림 4-1]을 주의 깊게 살펴보면 서로 다른 세 가지 활동들이 똑같은 아이디어의 기반 위에 있다는 것을 알 수 있다. 다시 말해 아이디어든, 계획이든, 기획이든 그것의 근원은 같다는 것이다. 세 가지 작용 가운데 아이디어와 계획은 물과 기름의 관계에 있다. 왜냐하면 아이디어는 상상이라는 창조적인 측면이 요구되고, 계획은 아이디어와는 반대로 현실성이라는 사실적인 측면이 요구된다.

[그림 4-1]을 보면, 아이디어라는 한 장의 판 위에 계획이라는 다른 판을 올려 놓고 압축한 것과 같다. 그러면 물과 기름과 같은 두 장의 판이 어긋남 없이 한 장의 판으로 된다는 것이다. 역으로 말하면, 아이디어와 계획이라는 상호 모순되는 작용을 하나의 사고 활동으로 통합하는 역할을 하는 것이 바로 기획이다. 기획이라는 것은 인간 생활 그 자체이기도 하다. 비록 우리가

[그림 4-1] 다꼬 모델

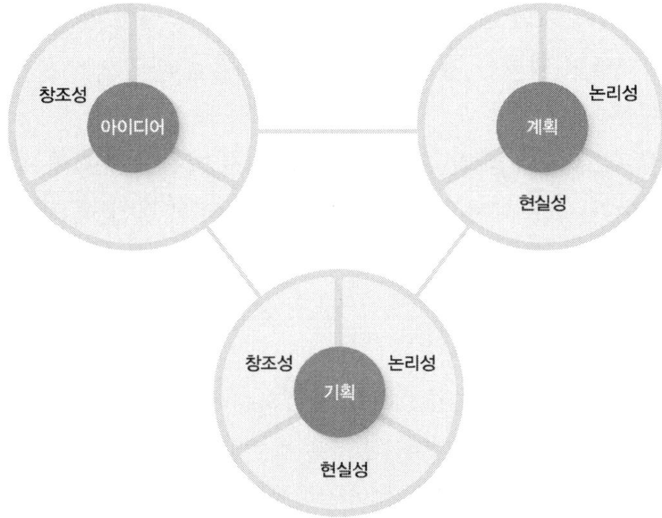

출처 : 이와사키 타카하루(1994) 참조.

의식하지 않더러다도 우리들은 무의식 중에 기획하면서 인생을 살아가고 있다. 우리는 꿈을 현실로 이루기 위해 많은 계획을 세우고 있다. 그렇다면 산다는 것 그 자체가 기획이다(이와사키 타카하루, 1994).

프로그램 기획의 의미

프로그램 기획은 프로그램을 설계하는 과정을 의미한다. 프로그램 기획은 프로그램 개발의 출발점이다. 기획을 통해 하나의 계획된 프로그램이 만들어진다. 하나의 프로그램을 수립하기 위해서는 반드시 프로그램의 설계가 필요하게 된다. 따라서 프로그램 기획은 해결해야 할 잠재적 대상자의 문제와 그 문제를 분석하고 해결하려는 프로그램의 모든 요소에 대한 상세한 계획을 수립하는 과정을 의미한다. 김용현 등(2010)에 의하면, 프로그램 기획은 프로그램 개발 과정에서 구체적인 형태를 결정하기 위한 기초적인 창조 과정으로, 프로그램 전반적인 틀을 위해 큰 그림을 그리는 것이다. 프로그램의 개발을 통해서 무엇을 만들 것인가에 대한 프로그램의 구체적인 형태를 결정하는 것이다. 따라서 기획 단계는 프로그램 개발의 기본방향 설정 단계이며, 구체적인 프로그램의 형태를 결정하기 위한 창조적인 과정으로 사전 준비과정이라 할 수 있다.

이처럼 프로그램 기획은 프로그램 개발에서 가장 기능적인 부분이며 필수적인 요소이다. 프로그램 기획은 프로그램의 전 과정에 필요한 사항을 합리적으로 결정하고 계획하는 과정이다. 프로그램 기획은 프로그램을 만드는 모든 절차에 대한 구체적인 방법을 미리 구상하는 개발 전 과정에 대한 청사진이다(김창대 등, 2015).

프로그램 기획은, 왜 프로그램을 개발하여야 하는가?, 프로그램을 어떻게 개발할 것인가?, 프로그램에서 무엇을 할 것인가?, 프로그램을 통해 이루고자 하는 결과물은 무엇인가를 체계적이고 논리적으로 추진하는 과정이다(김진화, 2001). 프로그램 기획에 의해 프로그램의 질이 결정되며, 프로그램 개발 과정에서 나타날 수 있는 문제를 예측하고 통제할 수 있게 된다.

따라서 프로그램 기획은 세 가지 질문으로 시작할 수 있다. 세 가지 질문은 왜, 어떻게, 무엇이다(그림 4-2). 프로그램 기획의 세 가지 구성 요소를 그림으로 나타내면 다음과 같다.

[그림 4-2] 프로그램 기획의 구성 요소

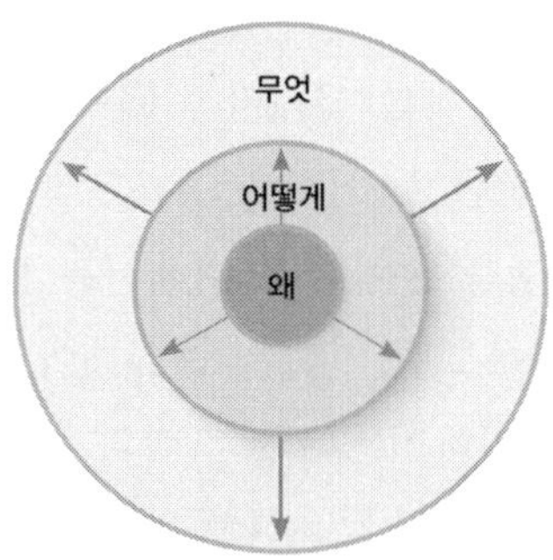

왜는 "왜 프로그램을 개발하고자 하는가?"이다. 이 질문은 프로그램 개발의 필요성과 가치성을 의미한다. 프로그램 개발은 개발하고자 하는 프로그램의 가치와 목적성에 의해 이루어지는 것이다. 프로그램의 목적성이 명확할 때, 프로그램 기획이 시작되는 것이다.

어떻게는 "프로그램 개발을 어떻게 할 것인가?"이다. 이 질문은 프로그램 개발의 구체적인 방법에 대한 것이다. 프로그램 기획에는 분명히 프로그램의 개발 방법에 대한 계획이 있어야 한다.

무엇은 "프로그램 개발을 통해 내놓을 결과물은 무엇인가?"이다. 프로그램 개발에는 프로그램을 통해 달성하고자 하는 결과물이 있어야 한다. 그 결과물은 프로그램의 효과를 검증할 수 있는 역할을 한다.

프로그램 기획은 '왜'에서 시작한다. 프로그램 기획은 프로그램의 필요성과 가치관을 명확히 하는 것이 핵심이다. 이 핵심에 의해 '어떻게'라는 방법이 나오고, '왜'의 자연스러운 결과물이 바로 '무엇'이다. 따라서 프로그램 기획에는 타당성 분석, 프로그램 개발팀 구성, 상황 분석 등이 포함된다.

프로그램 기획의 성격과 필요성

프로그램 기획의 성격

분(Boone, 1985)은 프로그램 기획이 가지고 있는 기본적인 성격을 미래 지향적 활동, 적극적이고 능동적인 행위, 기관의 효율성 증대 기능, 연속적이며 단계적인 과정, 협동적인 노력이라고 하였다(김진화, 2001 재인용). 다음에서 좀 더 구체적으로 살펴 보자.

- **프로그램 기획은 미래 지향적 활동이다** 프로그램 기획이 미래 지향적 활동이라는 의미는 관련 기관의 목적과 이념을 실천해 나가기 위한 프로그램을 미리 준비한다는 것이다. 즉, 프로그램 개발이 바로 그 기관의 미래를 준비하는 과정이라는 뜻이다. 왜냐하면 그 기관은 프

로그램을 통해 미래의 불확실성을 줄일 수 있기 때문이다.

- **프로그램 기획은 적극적이고 능동적인 행위이다** 프로그램 기획이 적극적이고 능동적인 행위라는 의미는 관련 기관의 생존과 발전을 위해 적극적으로 취하는 조치가 바로 프로그램 개발이라는 것이다. 즉, 그 기관이 취하는 프로그램 기획이 변화하는 사회에 대해 능동적인 성격을 띠고 있다는 것을 의미한다.
- **프로그램 기획은 관련 기관의 효율성 증대 기능을 수행한다** 프로그램 기획이 효율성 증대 기능을 수행한다는 의미는 그 기관의 자원 배분과 운영의 합리화를 통해 운영과 관리 면에서 효율성을 증대시킬 수 있다는 것이다.
- **프로그램 기획은 관련 정보를 수집-분석하고, 요구를 확인-평가-분석하는 연속적이며 단계적인 과정이다** 이 의미는 프로그램이 단순히 몇 사람에 의해서 고안된 것이 아니라 많은 관련 정보와 잠재적 대상자의 요구가 단계적으로 반영되는 과정을 반드시 거쳐야 질 좋은 프로그램을 개발할 수 있다는 것이다.
- **프로그램 기획은 협동적인 활동이다** 프로그램 기획이 협동적인 활동이라는 의미는 프로그램 기획에 영향을 끼치는 많은 사람의 참여가 이루어져야 바람직하다는 것이다.

프로그램 기획의 필요성

프로그램 개발자가 프로그램 기획 과정을 얼마나 충실하게 준비하느냐에 의해 프로그램의 질이 결정된다. 프로그램 개발 과정을 사전에 계획하는 것은 프로그램 개발 전 과정에 대한 방향성을 갖고 시행착오를 최소화할 수 있게 한다. 프로그램 기획은 프로그램의 개발 과정이 논리적이고 체계적이면서, 객관적으로 이루어질 수 있는 토대를 마련해 주는 것이다. 따라서 프로그램 기획은 프로그램 개발에서 꼭 필요한 과정이다.

프로그램 기획의 목적은 보유하고 있는 자원을 보다 효율적으로 활용하고, 팀워크를 강화·증진하고, 관리를 위한 기초 자료를 수집·활용하고, 더 나은 프로그램을 개발하고, 더욱 쉽고 편리하게 실행 계획을 세우기 위한 것으로 점검표나 일정표 등이 포함된 구조적인 작업 실행이 가능해지도록 한다(김용현 등, 2010).

프로그램 기획의 필요성을 크로이터와 그린(Kreuter & Green, 1978), 요크(York, 1983), 분(Boone, 1985), 스키드모어(Skidmore, 1995), 브런치(Brunch, 2012)의 내용을 종합하여 다음과 같이 설명하고자 한다(그림 4-3).

[그림 4-3] 프로그램 기획의 필요성

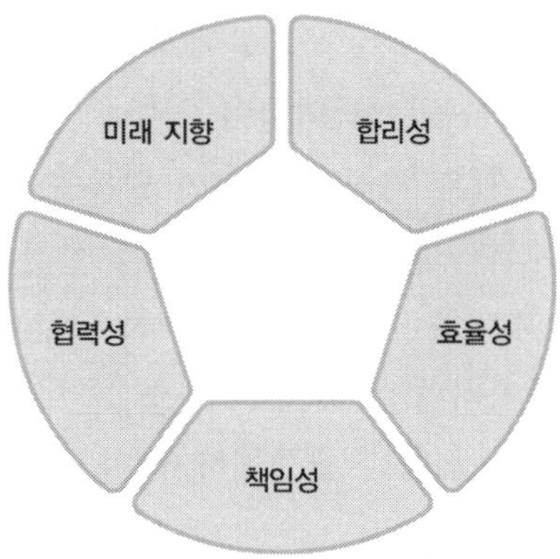

첫째, 프로그램 기획은 합리성을 높인다. 합리성은 프로그램의 목적에 대해 최적의 수단이 선택되었는지, 그 활동이 프로그램의 목적 달성에 기여했는지의 여부에 의해 결정된다. 프로그램 기획은 합리적인 문제 해결과 의사결정을 통해 최적의 활동이 무엇인지를 결정할 수 있게 한다.

둘째, 프로그램 기획은 효율성을 높이기 위한 것이다. 효율성은 프로그램 개발에서 프로그램의 목표를 최소의 비용과 노력으로 달성하는 것이다. 프로그램 개발자는 프로그램의 효율성을 위해 사전에 치밀한 계획을 세워야 한다. 이것을 가능하도록 하는 것이 프로그램 기획이다.

셋째, 프로그램 기획은 책임성을 높이기 위한 것이다. 책임성은 프로그램의 활동이 정당하게 이루어지고 있는지에 대한 것이다. 책임성은 프로그램의 타당성을 합리화할 수 있는 분석이나 설명을 제시하는 것을 의미한다. 따라서 책임성을 증진한다는 것은 프로그램의 효과성과 효율성에 대한 논리적·객관적·경험적 근거를 갖추어 프로그램의 정당성과 가치를 확증하는 것이다.

넷째, 프로그램 기획은 협력성을 높이기 위한 것이다. 협력성은 프로그램 개발 과정에 영향을 끼치는 사람들의 참여를 의미한다. 프로그램 개발에는 프로그램 관련 전문가, 잠재적 대상자, 지역사회 관계자 등 다양한 집단들이 참여하게 된다. 따라서 프로그램 기획은 프로그램과 관련된 집단의 이해와 욕구 충족을 위해서 필요하다. 프로그램 기획은 프로그램 결정 수립에서부터 참여를 증진하며, 최소한 광범위한 참여를 증진한다. 이처럼 프로그램 기획은 프로그램 개발에 참여하는 사람들에게 프로그램에 대한 관심과 적극적인 참여를 하게 하는 데 중요한 역할을 한다.

다섯째, 프로그램 기획은 미래 지향적인 활동을 위한 것이다. 미래 지향적인 활동은 상담의 목적과 상담 기관의 이념을 실천해 나가기 위한 프로그램을 사전에 준비하는 것이다. 즉 현재 추진하는 프로그램의 개발이 미래를 준비하는 과정이라는 의미이다. 따라서 프로그램 기획은 미래 지향적인 활동이다. 프로그램을 기획함으로써 프로그램에 대한 이정표가 완성되어 미래에 대한 불확실성을 사라지게 한다.

프로그램 기획의 원칙과 과제

프로그램 기획의 원칙

영(Young, 1977)은 프로그램 개발자가 프로그램을 기획하는 과정에서 반드시 명심해야 할 프로그램 기획의 원칙을 다음과 같이 제시하였다(김진화, 2001 재인용).

- **인간 행동에 대한 구체적인 이해** 프로그램 기획은 기획의 목표를 달성하기 위해 인간 행동에 대한 구체적인 이해가 필요하다.

- **체계적 접근** 프로그램 기획은 단순한 선형적 접근 방법보다는 다양한 체계를 고려한 접근 방법을 사용하는 것이 바람직하다.
- **다양한 사람 참여** 프로그램 기획 과정에는 가능한 한 다양한 사람의 참여로 이루어져야 한다.
- **협력적인 노력** 프로그램 기획은 개인에 의해 이루어지기보다는 다양한 사람들의 집단적인 노력과 협동으로 이루어져야 한다.
- **명확성 확보** 프로그램 기획은 불확실성과 모호함을 배제하기 위해 방해 요소를 제거하고 명확성을 확보해야 한다.
- **예측 기능** 프로그램 기획은 미래를 전망할 수 있는 예측 기능을 수행해야 한다.
- **인본주의적 접근** 프로그램 기획은 기계적 접근보다는 인본주의적인 접근이 바람직하다.

분(Boone, 1985)은 프로그램을 기획할 때 네 가지 원칙이 고려되어야 한다고 하였다. 네 가지 원칙은 계획된 변화, 연결성, 민주성, 전이 등이다(김진화, 2001 재인용).

- **계획된 변화의 원칙** 이 원칙은 프로그램 기획의 행위에는 프로그램 잠재적 대상자에게서 의도적인 변화를 유발하려는 원리가 반영되어 있음을 의미한다. 프로그램을 기획할 때에는 프로그램이 시행되기 이전에 프로그램의 잠재적 대상자에게서 일어나야 할 변화가 무엇인지 그 목표를 분명히 설정해야 한다. 프로그램 기획 과정에서 목표 설정은 개발자, 잠재적 대상자, 전문가 그리고 관련 기관 등의 다양한 집단의 협동적인 측면이 있어야 한다. 프로그램 기획은 다양한 사람들의 상호 목표 설정 과정을 통한 변화 과정이 강조되어야 한다.
- **연계성의 원칙** 연계성은 프로그램 개발자와 전문가 그리고 잠재적 대상자 사이의 긴밀한 상호작용을 의미한다. 연계성의 원리는 프로그램의 요구 분석에 잠재적 대상자가 직·간접적으로 참여하여 개발자와 잠재적 대상자 사이에 결합이 이루어져야 함을 강조한다.

- **민주성의 원칙** 프로그램 기획은 기본적으로 의사결정 과정이다. 프로그램 기획은 전문가 집단은 물론이고 잠재적 대상자의 개방적이고 자유로운 참여를 통한 민주적인 의사결정이 이루어져야 한다.
- **전이의 원칙** 프로그램 기획에서의 전이는 두 가지의 의미가 있다. 첫째, 전이는 프로그램 개발자의 가치관, 지식, 방법론이 잠재적 대상자와 전문가 집단에 의해 이해될 수 있는 준거 틀 속에 제시되어야 함을 의미한다. 둘째, 전이는 프로그램 개발자가 요구 분석을 통해 잠재적 대상자의 사회문화적 배경과 특성을 이해하고 해석할 수 있어야 함을 의미한다. 따라서 프로그램 개발자가 프로그램을 기획할 때 잠재적 대상자와 전문가 집단이 서로 정보를 공유하는 상태에서 상호협동적인 계획을 이루어지는 것이 바람직하다.

프로그램 기획의 과제

프로그램 개발자는 프로그램 기획 단계에서 수행해야 할 과제를 알고 있어야 한다. 분(Boone, 1985)은 프로그램 개발자가 프로그램 기획 단계에서 수행해야 할 과제를 다음과 같이 설명하고 있다(김진화, 2001 재인용).

- 프로그램 개발자는 기관의 기능을 잘 알고 있어야 한다. 개발자는 프로그램이 기관의 영향을 받기 때문에 그 기관의 철학, 목적과 목표, 기능을 정확히 파악하는 것이 중요하다.
- 프로그램 개발자는 기관의 구조를 이해하고 있어야 한다. 특별히 개발자는 기관 조직의 구성원으로서 자신의 역할을 정립하여야 한다. 그리고 자신이 속한 기관 조직의 다른 구조와의 관련성에 대해 주의를 기울여야 한다.
- 프로그램 개발자는 기관에서 일어나는 일련의 과정에 대해 잘 알고 있어야 하며, 이와 관련된 역할을 잘 수행할 수 있도록 숙련되어 있어야 한다.

- 프로그램 개발자는 프로그램을 개발하기 위해 검증된 개념의 모형을 이해하고 이를 실시할 수 있어야 한다.
- 프로그램 개발자는 잠재적 대상자의 요구를 관련 기관이 민감하게 수용할 수 있도록 객관적이고 체계적인 분석을 수행할 수 있어야 한다.
- 프로그램 개발자는 기관과 관련된 사회문화적 환경을 잘 이해하고 있어야 한다.
- 프로그램 개발자는 잠재적 대상자의 대응(mapping)을 위해 대응의 과정과 방법을 선택하고 적용할 수 있어야 한다.
- 프로그램 개발자는 잠재적 대상자에 대한 철저한 진단을 통해 프로그램에 참여할 수 있는 실제 대상자를 확인할 수 있어야 한다.
- 프로그램 개발자는 잠재적 대상자 중 공식적·비공식적인 리더를 파악할 수 있는 적절한 과정을 선택하고 적용할 수 있는 능력을 갖추어야 한다.
- 프로그램 개발자는 잠재적 대상자의 참여자 중 가장 영향력이 있는 리더와 접촉할 수 있는 과정과 전략을 수립해야 한다.
- 프로그램 개발자는 잠재적 대상자의 리더, 구성원들과의 공동 노력으로 요구의 분석과 충족을 모색할 수 있는 능력이 있어야 한다(김진화, 2001 재인용).

특히 프로그램 기획은 프로그램의 준비 단계에서 예측 가능한 문제들을 미리 제거하여 더욱 유용한 프로그램이 설계될 수 있도록 한다는 것이 무엇보다 중요하다. 그러나 우리가 프로그램을 기획할 때 고려해야 할 사항들이 있다. 랩과 포어트너(Rapp & Poertner, 1992)는 프로그램 기획을 위한 준비 단계에서 고려해야 할 세 가지를 강조하였다.

- **프로그램은 가치에 근거해서 설계되어야 한다** 프로그램은 개인과 가족의 문제 해결과 변화 그리고 예방과 성장의 역할을 한다. 따라서 상담 프로그램 개발자는 프로그램을 기획할 때 사회적 욕구와 사회문제의 해결에 관심을 두기보다는 오히려 개인의 심리적인 문제와 성장

그리고 가족의 기능과 성장을 고려해야 한다.

- **프로그램 기획을 위해 많은 정보가 확보되어야 한다** 프로그램 기획 시 필요한 정보의 확보는 프로그램의 결정적인 요소가 된다. 효과적인 프로그램을 기획하기 위해서 필요한 정보는 반드시 사전에 고려되어야 한다. 고려되어야 하는 정보는 개인이 해결하기를 원하는 문제에 대한 자료나 정보 그리고 상세한 설명 등과 같은 자료들이다. 이러한 자료들의 원천은 전문서적, 학술논문, 언론매체, 관련 기관, 전문가 집단, 학교, 관공서 또는 일반 기업 등을 통해 구할 수 있다.
- **프로그램의 개입 수준을 분명히 해야 한다** 잠재적 대상자는 다양한 수준으로부터 도입된 개입을 통해서 도움을 받을 수 있다. 따라서 프로그램이 개인을 위한 것인지, 집단을 위한 것인지, 조직을 위한 것인지 또는 지역을 위한 것인지 등의 개입 수준을 분명히 해야 한다. 개입 수준을 분명히 한다는 것은 개개인을 위한 프로그램인지 또는 집단이나 조직 또는 지역사회를 위한 프로그램인지를 명확히 할 필요가 있다는 것이다.

프로그램 기획의 단계

프로그램을 기획하는 단계에서는 우선 프로그램 개발이 추구하는 기본 방향을 설정하는 것이 중요하다. 요크(York, 1982)는 프로그램 기획을 문제 확인, 목표 선정, 프로그래밍, 평가 단계로 구분하였다(그림 4-4). 그러나 프로그램 기획의 단계에서는 평가는 제외되므로, 이 책에서는 요크의 프로그램 기획 단계 중 문제 확인, 목표 선정, 프로그래밍의 3단계만 살펴본다.

- **1단계 : 문제 확인** 문제 확인은 프로그램 기획을 위해 프로그램이 반드시 해결해야 할 문제를 명확히 규정하는 것이다. 요크는 이 단계에 문제 분석과 요구 분석을 포함했다.

[그림 4-4] 요크의 프로그램 기획 단계

- **2단계 : 목표 선정** 목표 선정은 프로그램의 효과를 안내하기 위해 필요한 단계이다. 목표 선정은 프로그램의 나아갈 방향과 등대의 역할을 한다.
- **3단계 : 프로그래밍** 프로그래밍은 프로그램의 목표를 달성하기 위해 제공되는 구체적인 내용을 구성하는 과정이다. 이 과정에는 예산 수립 과정까지도 포함된다.

지은구(2006)는 프로그램 기획의 과정을 문제 분석, 요구 사정, 대상자 선정, 가설 및 목표 설정, 내용의 구체화, 실행의 여섯 단계로 구분하였다(그림 4-5). 지은구의 프로그램 기획 단계는 사회복지 프로그램 기획을 목적으로 하고 있다. 그래서 필자는 지은구의 사회복지 프로그램 기획 단계를 상담 프로그램 기획 단계로 변형하여 설명하고자 한다.

- **1단계 : 문제 분석** 상담 프로그램은 기본적으로 개인과 가족의 문제를 다루거나 해결하고자 하는 일련의 활동이다. 따라서 프로그램 기획에서는 개인이나 가족의 문제를 확인하고 이를 분석하는 것이 중요

[그림 4-5] 지은구의 프로그램 기획 과정

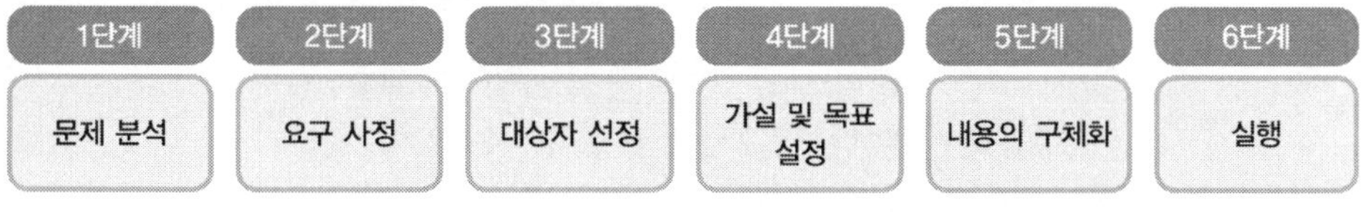

한데, 이는 프로그램이 성취해야 할 목표를 결정하는 데 중요한 기초가 되기 때문이다.

- **2단계 : 요구 사정**　지은구는 요구 사정을 사회문제의 정의와 의미 그리고 행동에 대한 포괄적인 이해를 바탕으로 출발한다고 하였다. 필자는 지은구의 요구 사정을 요구 분석이란 용어로 바꾸어 설명하고자 한다. 요구 분석은 문제를 가지고 있는 사람들이 해결하기를 원하는 요구가 무엇인지를 평가하는 작업이다.
- **3단계 : 대상자 선정**　상담 프로그램은 문제를 가지고 있는 사람들의 요구를 해결하기 위해 기획된다. 사람들은 다양한 문제에 직면하여 다양한 욕구를 가지게 된다. 프로그램 개발자는 구체적인 프로그램을 구성하기 전에 프로그램을 어떤 사람을 대상으로 제공할 것인지를 결정해야 한다. 프로그램 대상자 선정 단계는 프로그램이 성취하려고 하는 목표를 결정하고 내용을 구체화하는 바로 전 단계에서 요구되는 중요한 하나의 과정이다.
- **4단계 : 가설 및 목표 설정**　프로그램을 기획하는 데 있어서 가설을 세우는 것은 중요하다. 프로그램 가설 설정은 프로그램의 방향, 범위, 목적, 기대할 수 있는 효과를 명확하게 보여주는 기능을 한다. 마찬가지로 프로그램의 가설은 프로그램의 관련 기관이나 잠재적 대상 등이 프로그램의 성격과 구체적인 내용을 파악할 수 있게 돕는다. 따라서 프로그램 개발자는 프로그램 개발 과정에서 프로그램이 나아가야 할 방향과 범위 그리고 효과에 대해 분명하게 인식하기 위해 프로그램의 가설과 목표를 설정할 필요가 있다.
- **5단계 : 내용의 구체화**　프로그램 구체화 단계에서는 목적과 목표를 성취하기 위해 무엇을 할 것인지를 결정하며, 프로그램의 실행 방법을 구체적으로 설계한다. 특히 이 단계에서는 프로그램의 실행을 위해 필요한 행동을 설명해 주는 프로그램 이론을 확인하는 것이 필요하다. 프로그램 이론은 문제 또는 욕구 해결을 위해서 수행되는 일련의 행동들에 대한 밑그림이라고 할 수 있다.
- **6단계 : 실행**　프로그램은 실행되기 위해 기획되는 것이며, 프로그램의 실행을 통해서 잠재적 대상자의 욕구와 문제가 해결되게 된다.

프로그램 기획 팀 구성

지금까지의 프로그램은 팀 체제로 구성되어 기획되고 개발된 사례가 많지 않다. 그 이유는 프로그램 개발자나 현장 전문가가 프로그램 개발과 기획에 대한 전문적인 지식이 부족하고 시간 및 소요 경비의 부족함 때문이다(김창대 등, 2015). 프로그램은 특정 문제에 대한 치료 및 해결 그리고 예방 및 성장 등의 목적을 달성하기 위해 고안된 활동으로 이루어진다. 이러한 프로그램 개발은 개발자 한 사람에 의해 기획되기도 하고 팀으로 이루어지기도 한다. 프로그램은 한 명의 전문가에 의해 기획되기보다는 팀으로 이루어지는 것이 바람직하고 효과적이다. 다양한 사람이 참여하는 프로그램 기획팀은 서로 각자의 전문 지식, 경험과 공유하면서 기획할 수 있기 때문이다(신용주, 2017).

프로그램 기획팀은 프로그램 개발자, 현장 전문가, 잠재적 대상자, 관련 조직 관계자로 구성된다(김창대 등, 2015; 그림 4-6). 이 네 집단은 프로그램 기획 단계에서부터 서로 협력과 상호작용을 하여야 한다.

[그림 4-6] 프로그램 기획팀 구성

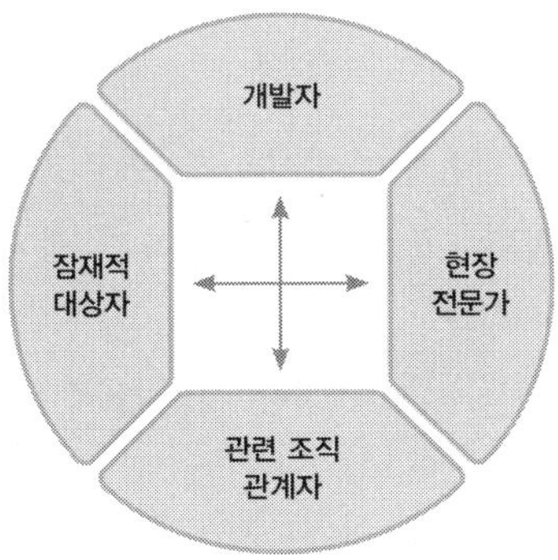

출처 : 김창대 등(2015) 참조.

프로그램 개발자

프로그램 개발자는 세 가지 과정에 대한 교육과 훈련을 받아야 한다. 첫째, 상담 프로그램 개발자는 상담과 관련된 다양한 이론, 상담 과정, 상담 기법에 대한 지식을 갖추고 있어야 한다. 둘째, 프로그램 개발자는 프로그램이 현장에서 실제로 어떻게 실행되는지에 대한 경험이 있어야 한다. 셋째, 프로그램 개발자는 프로그램 개발 이론과 연구 방법에 관한 전문적인 교육과 훈련을 받아야 한다.

현장 전문가

현장 전문가는 실제로 프로그램을 실행하게 될 현장의 전문가를 의미한다. 현장 전문가의 영역은 다양하며, 그들이 받은 훈련 역시 다양하다. 프로그램 기획 단계에서부터 현장 전문가와의 지속적인 상호협력은 현장에서의 요구를 프로그램에 반영하는 데 매우 중요한 역할을 한다. 이러한 현장 전문가의 협력을 통해 개발된 프로그램은 현장 전문가들의 신뢰가 높아져 활용도가 높아지게 된다.

잠재적 대상자

프로그램 개발자는 기획 단계에서부터 프로그램에 참여할 잠재적 대상자에 대해 고려하여야 한다. 프로그램 개발자가 잠재적 대상자를 고려할 때에는 대상자 개인뿐만 아니라 그들이 속해 있는 집단의 특성까지도 생각하여야 한다. 고려할 사항으로는 프로그램에 참여할 수 있는 시간, 기간, 횟수, 환경 등이다.

관련 조직 관계자

프로그램은 다양한 기존의 관련 조직에서 계획되고 실행된다. 여기서 관련 조직은 학교, 관공서, 기업, 지역사회 등이다. 관련 조직은 프로그램을 시행할 때 다양한 목적을 갖는다. 그러나 각 조직의 목적이 반드시 프로그램 개발의 관심 영역과 일치하지 않을 수도 있다. 따라서 프로그램 개발자가 관련된 조직의 관계자와 긴밀한 관계를 맺는 것은 프로그램 기획 과정에 중요한 역할을 한다.

이처럼 프로그램 기획에는 프로그램 개발자, 현장 전문가, 잠재적 대상자, 관련 조직 관계자들이 서로 간에 협력하는 과정이 필요하다. 따라서 프로그램 개발자는 이들이 한 팀을 이루어 서로 의견을 나누며 소통할 수 있는 환경을 마련하여야 한다. 이들 간의 상호작용은 체계적 프로그램 기획을 하는 데 핵심적인 역할을 할 것이다(김창대 등, 2015).

프로그램 기획의 상황 분석

프로그램 기획의 상황 분석은 프로그램 개발과 관련된 기본적인 요소를 파악하는 것을 의미한다. 상황 분석은 프로그램 개발의 기초 작업이며, 동시에 프로그램 개발이 왜 필요한지를 확인시켜 주는 타당화 과정이다. 상황 분석은 환경 분석과 잠재적 대상자 분석으로 이루어진다.

프로그램 환경 분석

프로그램의 환경 분석에 포함될 과제는 지역사회 분석, 기관 및 조직 분석, 사회적 맥락 분석, 프로그램 개발의 타당성 분석이다(김진화, 2001; 그림 4-7). 특히 프로그램은 실제 프로그램을 실행할 기관의 조직적인 특성에 의해 달라진다. 프로그램 개발은 관련된 기관 조직의 상황 속에서 이루어지는 만큼 관련 기관의 목적과 이념 그리고 제반 자원을 분석하는 것은 프로그램 개발의 방향과 범위를 결정하는 중요한 요소가 된다.

[그림 4-7] 프로그램 개발 환경 분석 개념

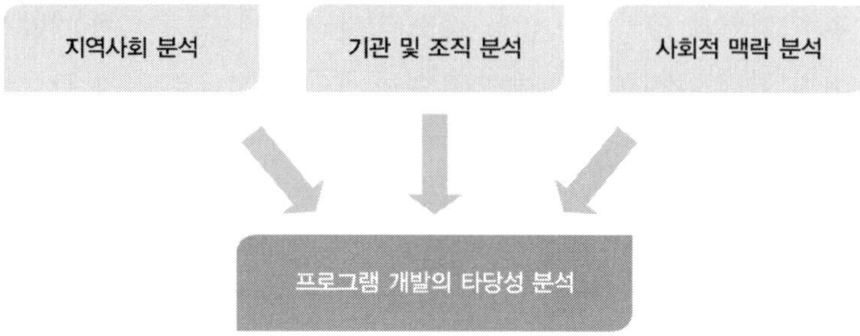

출처 : 김진화(2001).

지역사회 분석

프로그램 기획은 지역사회의 상황과 여건을 고려해야 한다. 지역사회 분석은 문화적·사회적·경제적·정치적·물리적 요소에 대한 분석이 포함된다(기영화, 2001). 그러므로 프로그램 기획은 지역사회의 다양한 여건을 수용하고 변화하는 상황에 적절하게 대처해야 한다.

기관 및 조직 분석

프로그램 기획은 실제 프로그램을 실행할 기관과 조직의 이념과 철학, 조직 구조, 가용 자원, 임무를 잘 파악하여 개발할 프로그램을 해당 기관의 성격과 일치시켜야 한다.

사회적 맥락 분석

프로그램은 사회적 맥락을 반영해야 효용가치가 있다. 따라서 프로그램 개발자는 기획 단계에서부터 사회적 요구를 어느 정도 반영할 것인가를 확인하는 작업은 매우 중요한 과제이다. 사회적으로 쟁점이 되는 문제와 현안을 분석하는 것도 이 과정에 속하며, 기업체의 경우에는 경영상의 요구가 무엇인지 파악하는 것도 중요하다.

타당성 분석

프로그램을 개발하는 과정에서 가장 먼저 수행해야 할 것은 왜 프로그램을 개발하여야 하는가에 대한 타당성을 확인하고 분석하는 일이다. 타당성 분석은 지역사회, 기관 및 조직, 사회적 맥락 분석을 통해 이루어진다.

일반적으로 프로그램 환경 분석을 위해 SWOT 분석이 사용된다. SWOT은 강점(strength), 약점(weakness), 기회(opportunity), 위험요인(threat)을 기준으로 환경 요인을 분석하는 것이다(그림 4-8).

[그림 4-8] SWOT 분석

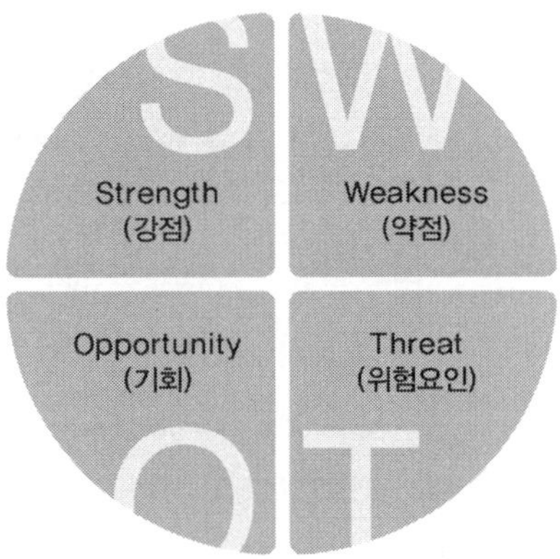

환경 분석은 외부 환경 분석과 내부 환경 분석으로 나눌 수 있다. 외부 환경 분석은 프로그램 개발과 관련된 문제점을 둘러싼 거시적 환경 분석을 의미한다. 내부 환경 분석은 프로그램 개발 및 실행과 관련된 기관 내부의 환경에서 인적·물적 자원의 장·단점을 분석하는 것을 의미한다. 이 내부 환경 분석은 프로그램 개발의 초기 단계에서 유용한 자료를 제공하게 된다(김창대 등, 2015).

프로그램 대상자 분석

프로그램 개발자는 프로그램의 잠재적 대상이 누구인지를 파악하고 그 대상에게 맞는 프로그램을 개발하여야 한다. 프로그램 기획 단계에서 잠재적 대상자에 대한 특성을 분석하는 것은 프로그램의 실행 효과를 높이기 위한 기본적인 수단이다. 프로그램 기획 단계에서부터 잠재적 대상자에 대한 명확한 규명과 대상자에 대한 구체적인 분석을 시행하는 것은 프로그램 개발의 성공 여부에 큰 영향을 미친다(김창대 등, 2015).

프로그램 대상자 분석은 잠재적 대상자의 특성과 상황을 분석하는 것이다. 대상자 분석은 참여가 예상되는 인원, 참여 가능한 시간, 거주 지역, 연령층, 교육 수준, 성별, 사회적 배경, 장애 여부, 지식, 기술, 경험 수준, 프로그램 비용 부담, 프로그램 참여 이유 등이 포함된다(김진화, 2001). 김진화는 잠재적 대상자에 대해 생물학적 특성, 교육적 배경, 정의적 특성, 지각적·운동적 특성 등으로 구분하였다. 그는 주로 평생교육 프로그램의 잠재적 대상자에 대한 분석을 한 것이다. 그러므로 상담 프로그램 기획에서는 일반적인 특성에 추가로 잠재적 대상자의 성격적 특성, 발달적 과업, 특정 문제행동과 관련된 특성 등이 포함되어야 한다(김창대 등, 2015).

따라서 프로그램 개발자는 프로그램의 잠재적 대상자가 누구인지를 먼저 확인하고 프로그램을 개발하여야 한다. 개발자는 프로그램의 잠재적 대상자가 누구이며, 거주하는 지역은 어디이며, 그곳에 거주하는 사람들의 특징 등에 대해 대략적인 파악은 하고 있어야 한다.

CHAPTER

5

프로그램 요구 분석

우리가 프로그램 개발을 하려고 할 때 흔히 직면하는 상황은 어떤 방법과 절차를 통해 프로그램을 개발할 것인가 하는 것이다. 프로그램 개발에 처음 참여하거나, 교육공학의 지식이 없는 개발자라면 이러한 상황에서 당황하게 될 것이다. 일반적으로 프로그램을 개발할 때 누구나 이와 같은 혼란을 경험할 수 있다. 프로그램 개발은 조직적이고 체계적인 계획을 요구하는 과정이다. 잘 만들어진 프로그램을 통해서만이 원하는 프로그램의 목적을 달성할 수 있다. 효과적인 프로그램 개발을 위한 시발점은 바로 요구 분석이다(최정임, 2002).

상담 프로그램에서의 요구 분석은 심리상담이 요구되는 상황에 대한 분석에서부터 출발하여, 상담이 정말 문제에 대한 해결 방안인지를 확인하는 체계적인 절차이다. 요구 분석을 실시하기 위해서는 요구 분석의 개념과 도구에 대해 많이 아는 것이 아니라 실제로 필요한 상황에 요구 분석을 수행할 수 있는 사람이 필요하다. 따라서 요구 분석에 대한 공부는 요구 분석의 개념에 대한 이해와 함께 요구 분석을 수행할 수 있는 능력을 기르는 것이다.

이 장의 주된 목적은 요구 분석의 개념 이해와 구체적인 요구 분석 방법을 학습하는 데 있다. 이를 위해 이 장은 요구 분석은 무엇인지, 요구 분석의 필요성은 무엇인지, 요구 분석의 목적은 무엇인지, 요구 분석의 도구는 무엇인지, 요구 분석의 절차는 어떠한지에 대해 살펴볼 것이다.

요구의 개념

요구 분석에서 말하는 요구의 의미는 매우 광범위하다. 그래서 요구의 개념을 이해하는 데 있어서 많은 혼란을 겪고 있는 것도 사실이다. 요구의 개념은 크게 내적인 요구와 외적인 요구로 구분된다(김창대 등, 2015). 내적인 요구는 개인의 내적인 관점으로서 개개인 안에서 일어나는 결핍이나 과잉이 원인이 되어 일어나는 것을 의미한다. 내적인 요구는 생물학적 차원, 심리학적 차원, 교육학적 차원 그리고 상담학적 차원에서 이해할 수 있다. 외적인 요구는 사회적 접근으로서 요구의 규정을 누가 설정하는지에 초점을 두고 있다.

내적인 요구

생물학적 차원에서의 요구는 인간의 생리적 욕구가 결핍된 상태를 충족시키고자 하는 것을 의미한다. 생리적 욕구는 인간이 생존 유지를 위해 필요한 요소인 의식주를 말한다. 예를 들어 몸을 따뜻하게 하고, 편하게 잠을 자고, 음식을 배불리 먹고자 하는 욕구가 여기에 속한다. 인간에게는 이러한 기본적인 욕구가 결핍되었을 때 누구나 추위와 배고픔, 목마름과 성적 욕구를 채우고자 한다. 생물학적 차원에서의 요구는 생리적으로 결핍된 상황을 본능적으로 회복하여 평형 상태를 유지하고자 하는 것이며, 인간의 원초적 본능이라는 의미에서 추동(drive)으로 표현하기도 한다.

심리학적 차원에서의 요구는 개인 안에서 일어나는 심리적 욕구가 결핍된 상태를 채우고자 하는 것을 의미한다. 매슬로(Maslow, 1971)의 욕구 위계이론에 의하면 인간은 생리적 욕구가 채워진 이후에는 심리적 욕구를 충족하고자 한다. 매슬로는 사람의 마음을 움직이는 동력은 욕구라고 하였다. 사람은 낮은 차원의 욕구를 충족하면 더 높은 차원의 욕구를 충족하려고 한다. 그에 의하면 심리학적 요구는 안전의 욕구, 소속의 욕구, 인정의 욕구, 자아실현의 욕구, 인지적 욕구, 심미적 욕구가 포함된다. 심리학적 차원에서의 요구는 동기(motive)로 표현하기도 한다. 동기는 인간이 요구를 충족하기 위해 행동할 수 있도록 하는 내적인 힘을 의미한다. 심리학적 차원에서의 요구는 "인간은 왜 행동하는가?"에 대한 해답을 제시하는 것으로서, 그 사람이 어떤 특정한 방향으로 행동하는 원인과 그 해결책을 발견하는 것을 의미한다. 따라서 심리학적 요구는 결핍된 심리적 상태를 회복하여 평형 상태를 유지하고자 하는 것이다.

교육학적 차원에서의 요구는 교육을 받음으로써 결핍된 부분을 회복시키려는 욕구를 의미한다. 학습적인 차원에서 인간은 누구나 자신의 지식, 기술, 능력, 학력 등의 부족한 상태를 향상하려고 한다(Knosles, 1970). 카우프만(Kaufman, 1988)에 의하면 요구는 일반적으로 현재의 상태(what it is)와 미래의 바람직한 상태(what should be) 사이에 존재하는 간격(gap)을 말한다. 교육적 요구는 학습자가 '처해 있는 현재의 상태와 희망하고 도달하기를 원하는 바람직한 상태' 이 둘 사이에 존재하는 간격을 줄이려고 하는 것이다. 따라서 교육적 요구는 이 격차를 충족할 수 있는 교육적 요소를 의미하는 것이다. 이러한 요구의 의미를 도식으로 표현하면 [그림 5-1]과 같다.

[그림 5-1] 교육적 요구의 개념

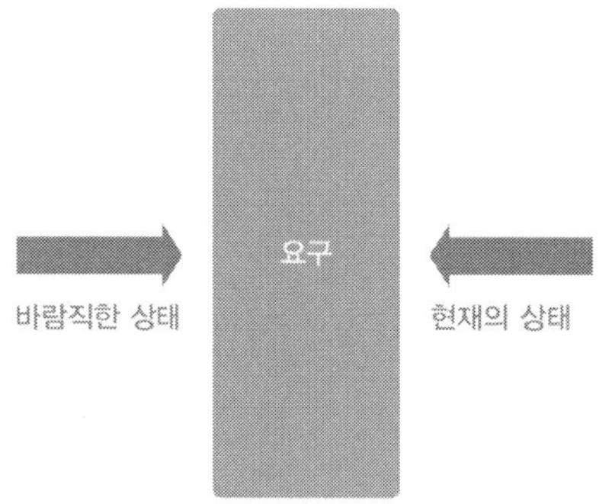

상담적 차원에서의 요구는 인간은 때때로 원하는 목표에 도달하지 못하게 되었을 때 욕구불만 상태에 빠지게 되는데, 이때 심적인 불안이나 긴장감을 경험하게 되는 갈등 상태를 의미한다. 이형득(1992)에 의하면 상담은 이처럼 욕구 불만으로 갈등을 경험하게 될 때 부적절한 적응 방법을 택하여 스스

로 헤어 나오지 못하는 사람에게 문제를 효율적으로 해결하고, 더 나은 방향으로 나아갈 수 있도록 돕는 전문적인 노력이다. 인간의 욕구는 매슬로의 욕구 위계 단계로 설명할 수 있다. 김창대 등(2015)은 매슬로의 욕구 위계 단계를 통해 개인의 바람직한 변화에는 결핍의 욕구 충족뿐만 아니라 성장의 욕구를 충족하는 것이라고 하였다. 결핍의 욕구에는 생존의 욕구, 안전의 욕구, 소속의 욕구, 존중의 욕구가 포함되며, 성장의 욕구에는 자아실현의 욕구가 포함된다. 매슬로는 [그림 5-2]에서와 같이 인간의 기본욕구인 생리적 욕구에서 자아실현의 욕구에 이르는 위계 구조로 이루어진다고 하였다.

[그림 5-2] 매슬로의 욕구 위계 단계

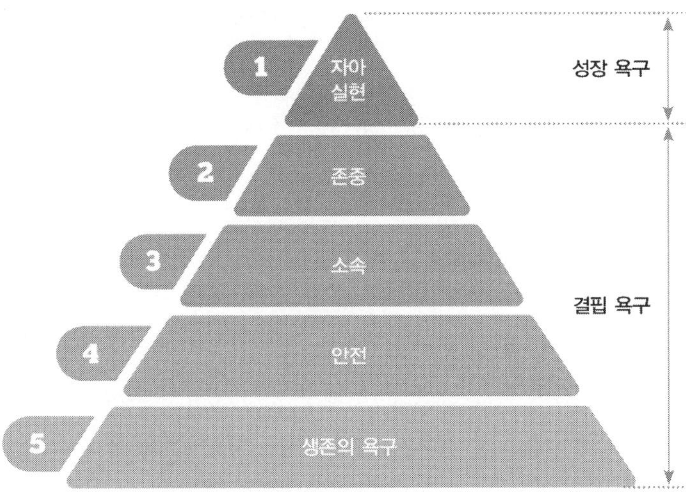

상담의 궁극적인 목적은 개인의 변화에 초점을 두고 있다. 상담은 상담의 발달사적 흐름에 따라 크게 세 가지 접근으로 이루어져 왔다. 상담 접근은 치료적 접근, 예방적 접근, 발달적 접근이다. 치료적 접근은 심리치료나 문제 해결에 초점을 두면서 삶에 잘 적응토록 돕는 것이다. 이 접근은 스트레스의 감소와 위기의 경감에 치중하는 것이다. 발달적 접근은 현재의 상태를 문제로 보는 것이 아니라 더 나은 발전의 기회로 보는 것이다. 이 접근은 사람의 스트레스와 고민거리를 정상적인 변화의 산물로 생각하면서 이 문제를 발달적 문제 상태에서 한층 성장하도록 돕는 데 강조점을 둔다.

외적인 요구

브래드쇼(Bradshaw, 1972)는 사회문제를 요구의 측면에서 접근하였다. 그는 네 가지 유형의 사회적 요구로 규범적 요구, 감촉적 요구, 표현적 요구, 비교적 요구가 있다고 하였다(그림 5-3).

[그림 5-3] 사회적 요구 유형

규범적 요구	감촉적 요구	표현적 요구	비교적 요구
전문가의 판단에 의한 기준	개인의 느낌에 의한 지각	개인이 표출한 실제 행동	비교에 의해 생성된 요구

규범적 요구

규범적 요구(normative need)는 주로 전문가에 의해 규정된 객관적인 기준을 의미한다.. 규범적 요구는 전문가에 의해서 전문적으로 기준이 설정되는 경향이 있으며 지식을 기반으로 설정된다. 따라서 규범적 요구는 전문가에 의해서 설정된 기준에 도달하지 못하였을 때 나타나는 현상이라고 할 수 있다. 규범적 요구의 특징은 객관적인 차원에서 진단이 이루어지지만 그 사회의 변화와 환경 그리고 기술의 발달과 의식 수준에 따라 달라질 수 있다. 그리고 전문가의 철학적 관점과 가치관에 의해서도 영향을 받을 수 있다.

규범적 요구의 장점은 변화의 목표를 구체적으로 제공한다는 것이다. 이것이 가능한 이유는 규범적 요구는 객관적인 자료에 의해서 명확한 문제의 진단이 가능하기 때문이다. 그러나 단점은 기준인 규범이 시간과 사회적 변화의 흐름에 따라 변화될 수 있다는 것과 전문가 개인의 관점이 반영되어 논란의 가능성이 있다는 것이다.

감촉적 요구

감촉적 요구(felt need)는 사람이 무엇을 원하는지를 느끼고 인식하는 것을 의미한다. 이 요구는 전문가에 의해 만들어진 기준이 아니라 개개인의 실제 원함(real want)과 바람(desire)을 뜻한다. 따라서 감촉적 요구는 개개인이 실제 지각한 것을 의미한다. 이러한 감촉적 요구는 개개인에게 '무엇을 원하는지'를 질문하는 방식으로 파악된다. 질문을 받은 개개인은 자신의 욕구와 원함을 언어로 표현하는 것이다. 특정 요구에 대한 지각은 개개인에 의해 이루어지지만, 그것을 수렴하고 해석하는 것은 전문가에 의해 이루어진다. 이러한 과정을 통해 프로그램이 개발된다. 그러므로 프로그램 개발자는 개개인과의 대화를 통해 감촉적 요구를 프로그램에 잘 반영하여야 한다.

감촉적 요구의 장점은 개개인의 원함과 바람을 프로그램에 적용할 수 있다는 것이다. 감촉적 요구를 활용하는 것에 대한 두 가지 제한점이 있다. 첫째는 감촉적 요구는 개인에 따라 반응이 다를 뿐 아니라 그 기준이 불안정하고 상황에 따라 변할 수 있다. 둘째는 감촉적 요구는 질문을 통해 이루어진 것이기 때문에 요구 분석에 참여하는 사람이 자신의 요구에 대한 명확한 인식이 있을 때는 효과적이지만, 그렇지 않은 경우에는 그 요구가 드러나지 않을 수 있다.

표현적 요구

표현적 요구(expressed need)는 개인이나 집단이 느낀 요구가 실제 요구 충족을 추구하는 행위로 나타난 것을 의미한다. 즉, 개인이나 집단이 실제 필요로 하는 것을 언어와 행동으로 표출한 것이다. 이 개념은 필요가 없다면 수요가 창출되지 않는다는 것이다. 즉, 표현된 요구는 필요가 있으니 수요로 표출되며, 수요가 있으니 필요할 것으로 생각하는 것이다.

프로그램의 필요성은 전문가나 개개인의 바람이 아니라 프로그램에 참여하는 사람의 참여도와 관심에 중점을 둔다. 따라서 전문가는 각 프로그램에 참여하는 사람들의 수적 통계에 중점을 두어야 한다. 이 표현적 요구는 요구 분석에서 가장 많이 사용된다(김창대 등, 2015). 그러나 표현적 요구를 기초로 한 프로그램 개발의 제한점은 실질적인 참여 숫자를 종합적으로 파악하기 어렵다는 것과 실제적 참여 비율을 예측할 수 없다는 것이다.

비교적 요구

비교적 요구(comparative need)는 다른 사람이나 집단과의 비교를 통해 확인되는 요구를 말한다. 비교적 요구는 각기 다른 대상이나 지역에서 실시하고 있는 서비스 수준의 차이를 설명하기 위해 도입되었다. 즉, 어떤 집단이 실시하고 있는 서비스의 수준이 다른 집단에서 실행하고 있는 수준과 차이가 있을 때 그 집단에 서비스의 보완이 요구된다(김창대 등, 2015).

요구 분석의 개념

새로운 프로그램을 개발하기 위해서 가장 먼저 해야 할 것은 그 프로그램의 필요성에 대해 타당한 근거를 밝혀내는 것이다. 프로그램 개발을 위해서는 개발 초기 단계에서부터 문제를 밝혀내고, 목표를 설정하고, 프로그램의 내용을 결정하는 과정을 필수적으로 수행해야 한다. 이러한 수행 과정을 요구 분석(need analysis) 또는 요구 사정(need assessment), 선두 분석(front-end analysis), 격차 분석(discrepancy analysis)이라고도 한다.

카우프만은 요구 분석을 "조직에서 현재 성공적으로 이루어지는 것은 무엇이며, 새로 추가되어야 할 것은 무엇이며, 제거 혹은 수정되어야 할 것은 무엇인지를 결정하도록 함으로써 문제 해결에 도움이 되는 방향을 제시하기 위해 사용되는 방법"이라고 정의하였다(김창대 등, 2015 재인용). 이와 함께 김창대 등(2015)은 요구 분석을 "특정 문제를 해결하기 위해 좀 더 구체적이고 체계적인 분석을 함으로써 중요한 문제가 과연 무엇이며, 그 문제들의 우선순위가 무엇인지 확인하고, 문제를 해결하기 위한 목적을 설정하여 프로그램의 효과성과 효율성을 높이기 위한 활동"이라고 정의하였다.

이처럼 요구 분석은 프로그램을 개발하기 전에 개발자가 알아야 할 요구에 대한 정보와 자료를 수집하여 분석하는 것이다. 그리하여 문제의 원인을 해결할 방안을 찾아내어 우선순위를 정하는 것이다. 따라서 요구 분석은 요구를 찾아내어 프로그램에 반영하는 것이라고 정의할 수 있다.

요구 분석의 필요성과 목적

요구 분석의 필요성

요구 분석은 프로그램 개발의 시발점이 되는 핵심적인 절차이다. 프로그램을 개발과 관련하여 요구 분석을 실시해야 하는 필요성은 [그림 5-4]와 같다.

[그림 5-4] 요구 분석의 필요성

프로그램 개발의 검증성

프로그램 개발에서 요구 분석이 중요한 이유는 프로그램의 필요성을 미리 검증할 필요가 있기 때문이다. 개발자는 요구 분석을 통해 프로그램의 필요성을 검증하여야 한다. 따라서 프로그램 개발자는 잠재적 대상자를 대상으로 좀 더 체계적인 분석을 함으로써 구체적인 문제와 그 문제의 원인에 대한 분석이 필요하다.

프로그램 개발의 정당성

프로그램 개발은 종합적이며 체계적인 과정으로 시간, 인력, 자본, 노력 등이 투입되는 장기적인 활동이다. 따라서 요구 분석은 이러한 자원을 투입하여 프로그램 개발의 필요성에 대해 증명할 수 있는 객관적인 자료의 역할을 할 수 있다. 개발자는 이러한 객관적인 증명 자료를 통해 프로그램 개발에 대한 정당성을 확보하여야 한다.

개발자의 합리적 의사결정

요구 분석은 우선순위와 해결책에 대한 기준을 정하는 데 필요한 자료를 제공한다. 따라서 개발자는 프로그램의 단계별 목표와 내용에 합리적인 의사결정을 할 수 있다.

자원의 효율적 활용

요구 분석은 자원을 가장 효율적으로 활용할 수 있도록 기준을 제공한다(최정임, 2002). 요구 분석을 통해 프로그램이 필요한 부분을 밝힘으로써 자원의 낭비를 줄일 수 있다. 또한 요구 분석은 프로그램의 개발 단계에서부터 적절하게 자원을 관리할 수 있도록 한다.

목표 달성 기여

요구 분석을 기초로 개발된 프로그램은 잠재적 참여자의 목표를 달성하는 데 기여한다. 요구 분석은 잠재적 참여자의 요구를 수렴하여 프로그램 개발에 적극적으로 반영하였다는 점에서 잠재적 참여자의 요구를 충족시키는 역할을 한다.

평가 지표 제공

요구 분석을 통해 개발된 프로그램은 프로그램의 목적과 목표, 내용, 활동 그리고 프로그램 개발 단계 및 프로그램 실시 사전, 사후 검사의 평가 지표를 제공하는 역할을 한다.

요구 분석의 목적

요구 분석의 목적은 문제의 본질을 규명하면서 그 문제의 가장 적절한 해결책을 제시하는 것이다. 따라서 요구 분석의 목적을 결정한다는 것은 요구 분석을 통해 찾아내고자 하는 정보가 무엇인지를 결정하는 것이다. 요구 분석의 목적을 다섯 가지 유형으로 살펴보면 다음과 같다(최정임, 2002).

최 적

최적(optimal)은 프로그램의 가장 바람직한 상태를 의미한다. 요구 분석을 가장 바람직한 상태와 현재 상태의 격차를 찾아내는 과정이라고 할 때, 바람직한 상태가 곧 최적에 해당한다. 따라서 최적에 대한 정보가 정확해야 '문제'를 정확하게 진단할 수 있다. 최적은 문제를 규명하기 위한 필수적인 정보이다. 집단상담 및 교육에서 최적의 상태는 프로그램 개발을 위해 반드시 갖추어야 할 지식, 기술 및 태도에 강조를 둔다.

실 제

실제(actual)는 현재 직무가 수행되고 있는 상태 또는 잠재적 대상자가 알고 있는 것과 할 수 있는 것에 대한 정보이다. 최적과 함께 문제를 진단하기 위해 필수적으로 탐색되어야 하는 정보이다. 요구 분석을 할 때 가능한 한 문제를 최적과 실제의 정보로 진술하도록 해야 하며, 최적과 실제에 대한 정보는 가능한 한 명확하고 구체적이어야 한다.

느 낌

요구 분석을 통해 잠재적 대상자들의 느낌(feeling)이나 감정에 대한 정보를 검색하는 것은 중요한 절차이다. 요구 분석은 문제의 원인과 결과 그리고 기대에 대한 잠재적 대상자들의 생각과 느낌을 프로그램에 반영하기 위한 것이다.

원 인

최적과 실제를 통해 문제가 진단되면 그 다음 해야 하는 것은 그 문제를 발생시키는 원인(cause)을 탐색하는 것이다. 원인을 규명할 때는 다양한 사람들의 원인에 대한 의견을 경청하여야 한다. 이러한 과정을 통해 문제의 원인을 규명하여야 한다. 따라서 요구 분석을 통해서 다양한 관점에서 문제의 원인을 살펴보고 어느 것이 진정한 원인인지를 규명해 낼 수 있어야 한다.

해결 방안

해결 방안은 요구 분석을 통해 얻고자 하는 최종적인 정보이다. 해결(solution)은 줄이거나 없애기 위해 사용할 수 있는 방안에 관한 정보를 탐색하는 것이다. 이처럼 요구 분석의 궁극적인 목적은 문제의 원인을 파악하고 해결 방안을 모색하는 것이다.

상담자는 손쉽게 상담을 문제 해결 방안으로 생각하기 쉽다. 그러나 상담은 여러 가지 문제 해결 방안의 한 방법으로, 원인에 따라 상담이 최적의 방법이 아닐 수 있다. 따라서 상담자는 상담을 최적의 해결 방안으로 고정하는 것을 피해야 한다. 또한 상담자는 상담이 해결 방안으로 채택이 되었다고 할지라도 요구 분석을 통해 발견한 다양한 상담 외적 해결 방안을 제안함으로써 종합적인 문제 해결자로서 기여할 수 있어야 한다(최정임, 2002). 문제를 해결할 방안에 관한 정보를 탐색하는 것이다. 이처럼 요구 분석의 궁극적인 목적은 문제의 원인을 파악하고 해결 방안을 모색하는 것이다.

요구 분석의 도구

요구 분석의 도구는 다양하다. 그러므로 요구 분석에 어떤 도구를 사용할 것인가 하는 것은 요구 분석의 목적, 개발할 프로그램의 유형, 잠재적 대상자의 특성, 개발자가 활용할 수 있는 자원 등을 고려하여 선정하여야 한다. 이를 위해서 프로그램 개발자는 다양한 요구 분석 도구의 장·단점을 파악하여야 한다.

기존 자료 분석

기존 자료 분석(secondary data analysis)은 다른 사람이 분석해 놓은 자료들을 이차적으로 분석하는 것으로, 이차 자료 분석이라고도 한다. 기존 자료 분석은 가능하면 프로그램 개발 초기에 반복적으로 실행하는 것이 좋다. 개발자는 기존 자료를 수집해서 구체적인 문제가 무엇이며, 문제의 원인은 무엇인지 정확하게 분석하고 정리하여야 한다.

기존 자료 분석의 장점은 접근과 사용이 쉽고, 시간과 비용의 측면에서 경제적이라는 것이다. 그러나 분석자가 기존의 자료를 활용하여 분석할 때는 자료의 최신성과 자료의 신뢰성을 확인하여야 하며, 기존 자료의 성격과 한계를 이해하는 것이 필요하다. 그리고 분석자는 자료의 한계성에서 벗어나지 않도록 주의하여야 한다(김창대 등, 2015).

설문 조사

설문 조사(survey)는 다수의 사람을 대상으로 그들의 생각과 느낌을 알아내기 위해 일반적으로 가장 많이 사용하는 분석 방법이다.

설문 조사를 실행하는 방법에는 질문지법과 면접이 있다. 질문지법은 우편, 인터넷을 통해 이루어진다. 질문지법은 응답자와 직접적인 접촉이 없더라도 정보를 얻을 수 있다. 그러나 면접법은 응답자와 직접 대면하거나 전화를 통해 질문에 응한 사람들과 질의응답의 형식으로 이루어진다.

설문 조사는 질문할 내용을 다수의 사람에게 무기명으로 조사하는 방법이다. 설문 조사의 특징은 직접적인 대면 없이도 정보 수집이 가능하다. 그래서 설문 조사 방법은 요구 분석 대상의 규모가 크거나 광범위하게 분포되어 있을 때 주로 사용한다.

설문 조사의 장점은 비용면에서 효과적이고, 익명성이 보장되며, 질문에 생각할 충분한 시간이 주어지며, 짧은 시간 내에 결과를 분석할 수 있다. 이러한 장점들 때문에 설문 조사를 많이 선호한다(최정임, 2002). 단점으로는 효과적인 질문지를 제작하기 어렵고, 응답률이 저조하며, 질문의 수와 형태가 제한적이고, 응답에 대해 통제가 어렵다는 것을 들 수 있다(신용주, 2017).

관찰법

관찰법은 관찰자가 조사 대상의 개인, 사회집단, 지역사회의 행동이나 사회현상을 현장에서 직접 보거나 들어서 필요한 정보를 수집하는 방법이다. 이러한 관찰법에는 사람이 행하고 말하는 것을 관찰하는 방법과 사람들에게 자신과 타인의 행동에 대하여 대화하는 방법이 있다(김진화, 2001). 관찰법은 프로그램 개발자가 잠재적 대상자를 객관적으로 바라보도록 해 주고, 정보를 입증하고 해석하는 데 도움을 준다. 특히 관찰법은 잠재적 대상자들의 언어적 표현 이외의 비언어적으로 표현되는 부가적인 정보를 얻는 데 적합하다. 따라서 요구 분석에서의 관찰법은 주로 문제와 관련하여 '최적'에 대한 자세한 내용이나 '실제'에 대한 정보를 찾고자 할 때 사용한다.

이 외에도 추가적인 정보를 수집할 수 있는 융통성이 있으며, 현장에서 발생하는 실상을 이해할 수 있다는 장점이 있다(신용주, 2017).

집단 회의

집단 회의는 두 사람 혹은 그 이상의 사람이 모여 공동 관심사에 대해 서로의 의견을 나누고, 의사를 결정하고, 문제를 해결해 가는 과정이다.

집단 회의는 전문가 그룹의 의견을 수렴하는 과정이다. 집단 회의의 목적은 전문가들로부터 '최적'에 대한 전반적인 그림을 도출해 내고자 하는 데 있다. 집단 회의 특징은 모든 요구 분석 목적에 대한 의견을 수렴할 수 있고, 개별 면담보다 시간과 노력을 절약할 수 있으며 더 많은 아이디어를 얻을 수 있고, 도출된 아이디어의 우선 순위를 정하고 의사결정을 할 수 있으며, 프로그램의 지지자를 얻을 수 있다(최정임, 2002). 집단 회의에는 명목 집단과 초점 집단 그리고 델파이 집단의 형태가 있다.

명목 집단

명목 집단 기법(nominal group technique)은 1968년에 개발된 기법으로, 브레인스토밍과 같이 각자의 의견과 생각을 있는 그대로 표현하는 것이다. 명목 집단 기법의 가장 큰 특징은 참여자들의 상호작용 없이 단지 자신들의 생각과 의견을 발표하는 것이다. 참여자가 발표할 때 그 의견에 관해 토론이나 피드백은 허용되지 않는다. 명목 집단의 장점은 타인의 방해를 받지 않고 편하게 자신의 의견을 밝힐 수 있다는 것이다. 명목 집단 참여 인원은 6~9명일 때 적합하다(Sheafor, 1998). 따라서 명목 집단 기법은 문제를 확인하고, 해결 방법을 탐색하고, 우선순위를 결정하는 데 유용하게 사용될 수 있다.

명목 집단의 절차는 첫째, 구성원 간의 상호작용 없이 개별적으로 자신의 의견을 종이에 기술하여 제출하게 한다. 둘째, 각자의 의견을 발표하게 한다. 이때는 어떤 피드백이나 토론을 허용하지 않는다. 셋째, 모든 사람의 발표가 끝나면, 각 의견에 대한 피드백을 제공하고 전체 토론을 통해 전체 의견 목록을 작성한다. 넷째, 이 과정을 마친 후 제시된 의견에 대해 투표로 우선순위를 결정한다.

초점 집단

초점 집단 회의(focus group discussion)는 최소 4명에서 최대 10명 이내의 사람들이 목적을 가지고 모여 상호작용을 하는 것이다. 초점 집단은 같은 경험, 같은 지식을 지닌 사람들이 주제에 관해 한두 시간의 토론을 하는 소집단이다(Sheafor, 1998). 초점 집단 회의는 참여자들의 의사소통을 통한 활발한 상호작용이 요구되며, 집단의 역동도 자료 수집과 분석의 대상이 된다. 초점 집단의 특징은 문제에 대한 서로 다른 관점들에서 하나의 견해를 끌어내기 쉽고, 또한 참여자들을 통해 정보를 얻고, 공유하고, 문제에 대한 공감대를 형성할 수 있다는 것이다(김용현 등, 2010).

성공적인 초점 집단의 모임에는 네 가지의 본질적인 요소가 있어야 한다.

첫째, 초점 집단의 참여자는 신중하게 선정되어야 한다. 참여자들은 그 주제에 친숙한 광범위한 사람들을 대표하여야 하고, 자신의 의견과 생각을 적극적으로 말하는 사람이어야 한다.

둘째, 사회자(moderator)는 준비를 잘해야 한다. 사회자는 공정하게 주제를 선정하여야 하고, 주제에 대해 개방적인 토론을 이끌어야 하는 책임이 있다.

셋째, 사회자 지침(moderator guide)이라는 대강의 개요가 있어야 한다. 주제에 대한 토론을 촉발하는 질문에 대한 계획이 사전에 있어야 한다. 초점 집단의 모임을 기획하는 사람은 주제 문제를 논리적 순서에 따라 소개하고, 참여자들이 그 주제와 관련된 중요성을 인식하는 것이 무엇인지 탐색하는 사회자 지침서 제작이 필요하다.

넷째, 초점 집단 참여자에 의해 제공된 아이디어와 정보는 사정되고 정확하게 해석되어야 한다. 정보를 해석할 때 개인의 이해관계나 앞선 판단을 최소화하고 공평하게 평가하는 것이 중요하다(Sheafor, 1998).

델파이 기법

델파이 기법(Delphi method)은 데이터가 누락되거나 불완전한 문제에 대한 실행 가능한 해결책을 예측하기 위해 설계된 질적인 방법으로 간주하는 연구 설계이다. 델파이 기법은 문제에 대한 최선의 해결 가능한 해결책에 관해서 전문가 그룹에 대한 의견의 가장 신뢰할 만한 공감대를 얻는 것이다(Dalkey & Helmer, 1963). 델파이 기법은 참여자들 간 면대면의 관계를 형성하지 않으면서 설문지를 통해 집단 의견을 수렴하는 방법이다. 델파이 기법은 지리적 또는 시간적 한계로 일정한 장소에 모이기 힘든 전문가들의 의견을 효과적으로 수집하는 방법이다.

델파이 기법의 특징은 다음과 같다(Gordon & Helmer, 1964).

- 참가자는 해당 분야의 촉진자와 전문가로 구성된다.
- 델파이 기법은 일련의 순환 또는 반복을 사용하여 전문가가 검토할 수 있도록 정보를 제공한다.
- 전문가는 익명으로 작업한다. 그들은 다른 전문가가 누구인지 알지 못한다.
- 델파이 기법은 미래 지향적인 것에 초점을 둔다.
- 델파이 기법은 합의를 하는 방법이다. 즉, 델파이 기법은 대부분 미래의 해결책에 대한 전문가 간의 합의에 도달하는 것이다.

델파이 기법으로 해결책을 도출하는 협의 과정은 [그림 5-5]와 같다.

[그림 5-5] 델파이 기법 과정

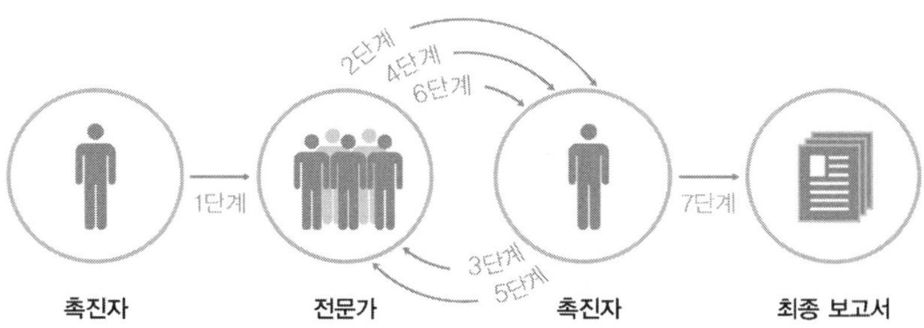

출처 : Davidson(2019).

델파이 기법은 특정한 주제에 대해 전문가 집단의 의견을 도출하고자 하거나, 면대면의 모임이 없는 상태에서 집단의 상호작용을 제공하고자 할 때 유용하다(김창대 등, 2015). 이 기법은 전문가 집단으로부터 신뢰할 수 있는 정보를 수집할 수 있다는 장점 때문에 요구 분석에서 많이 사용된다.

요구 분석의 절차

요구 분석의 절차는 체계적, 객관적 그리고 과학적으로 이루어져야 한다. 최정임(2002)은 요구 분석의 절차를 7단계로 제시하였다. 최정임의 요구 분석 절차 7단계는 요구 분석의 상황 분석, 요구 분석의 목적 결정, 정보의 출처 확인, 요구 분석 방법 선정, 요구 분석 계획, 요구 분석 실행, 결과 및 보고이다. 김창대 등(2015)의 요구 분석 절차는 요구 분석 상황 분석, 요구 분석을 통해 얻고자 하는 정보 확인, 활용 가능한 정보의 유무 확인, 요구 분석 방법 선정, 요구 분석 계획, 자료 수집 및 분석, 보고서 작성이다.

필자는 최정임과 김창대 등의 요구 분석 절차를 기초로 요구 분석 절차를 8단계로 제시하고자 한다. 필자가 제시하는 요구 분석 절차의 8단계는 [그림 5-6]과 같다.

[그림 5-6] 요구 분석의 절차

- **1단계 : 요구 분석의 상황 분석** 요구 분석의 상황 분석은 요구 분석을 해야 하는 상황에 대한 분석을 의미한다. 즉, 요구 분석이 필요한 상황을 이해하고, '문제'가 무엇인지 확인하고, 요구 분석을 통해 추구하고자 하는 목적을 분석해 내는 것이다. 이때 프로그램 개발자가 프로그램을 개발하기 전에 가장 먼저 고려해야 할 사항은 프로그램의 필요성에 대한 점검이다. 프로그램 개발자는 다음 세 가지의 질문으로 요구 분석을 시작하는 출발점으로 삼을 수 있다. 세 가지 질문은 "왜 이 프로그램을 시행하고자 하는가?", "이 프로그램을 통해 해결하고자 하는 '문제'는 무엇인가?", "프로그램이 문제를 해결하는 데 도움을 줄 수 있는가?"이다. 또한 개발자는 요구 분석이 필요한 상황과 관련된 정보를 파악하는 것도 중요하다. 이렇게 수집된 정보들은 요구 분석의 범위를 결정하는 데 기초자료로 사용할 수 있다. 요구 분석의 상황에 따라서 요구 분석을 통해 얻고자 하는 정보의 종류가 달라질 수 있다.
- **2단계 : 요구 분석의 목적 결정** 요구 분석의 목적 결정은 말 그대로 요구 분석의 목적을 결정하는 것이다. 요구 분석의 상황을 결정하고 나면 요구 분석을 통해 얻고자 하는 정보가 무엇인지에 대해 초점을 맞추어야 한다. 요구 분석의 목적을 결정한다는 것은 요구 분석을 통해 얻고자 하는 정보가 무엇인지를 구체적이고 명확하게 하는 것이다. 요구 분석으로 얻고자 하는 정보가 명확하게 되었을 때, 프로그램 개발자는 이것을 기초로 요구 분석의 대상과 집단 그리고 방법 등을 구체적으로 기획할 수 있게 된다. 요구 분석의 목적을 결정할 때에는 앞의 요구 분석 목적 유형 다섯 가지−최적, 실제, 느낌, 원인, 해결방안−를 질문하면서 목적을 결정할 수 있다.
- **3단계 : 요구 분석의 정보 확인** 요구 분석의 상황과 목적이 결정되고 나면 필요한 정보를 누가 가졌는지를 확인해야 한다. 이것을 정보의 출처 확인이라 한다. 정보의 출처는 요구 분석의 상황과 목적에 따라 달라질 수 있다. 정보의 출처 확인은 필요한 정보의 존재 여부와 그 정보의 활용 가능성, 필요한 정보가 누구에게 그리고 어디에 있는지를 결정하는 것이다. 즉, 필요한 정보는 누구에게 있는지, 어디에 있는지, 그

자료를 얻는 데 장애 요인은 무엇인지, 요구 분석의 과정을 알아야 할 대상은 누구인지 등과 같은 사항을 결정할 필요가 있다. 정보의 출처와 관련해서는 출처의 대상과 출처의 수를 고려해야 한다.

- **4단계 : 요구 분석의 방법 선정** 요구 분석의 방법 선정은 실제 어떤 방법으로 요구 분석을 실행할 것인지를 결정하는 것이다. 요구 분석의 방법 선정은 결정된 요구 분석의 목적을 달성하기 위해서 요구 분석에서 사용할 여러 분석 도구 중 하나를 선택하는 것이다. 다양한 분석 방법을 선택할 때 고려해야 할 사항은 다음과 같다(최정임, 2002). 첫째, 요구 분석에서 정보 제공자의 출처를 무기명으로 할 것인지를 고려해야 한다. 둘째, 요구 분석에서 사용되는 비용 문제를 고려해야 한다. 셋째, 요구 분석에서 수집한 자료에 대한 후속 조치의 가능성에 대해 고려해야 한다. 넷째, 요구 분석에서 필요한 정보를 회수하는 데 걸리는 시간을 고려해야 한다. 다섯째, 수집된 정보 분석의 용이성을 고려해야 한다.

  김창대 등(2015)은 요구 분석의 방법을 선택할 때 최선의 것을 선정하여야 하며, 그 제일 나은 방법을 선정한다는 의미를 두 가지로 설명하고 있다. 최선의 선정 방법은 목적 달성의 적합성과 현실성이다. 첫째, 요구 분석의 목적 달성의 적합성은 어떤 요구 분석 방법이 요구 분석의 목적 달성에 가장 적합한지를 고려해서 선정해야 한다는 것이다. 둘째, 현실성은 요구 분석의 시간적·경제적 제한이라는 현실적인 문제를 고려해서 선정해야 한다는 것이다. 따라서 요구 분석의 방법을 선정할 때에는 각각의 요구 분석 도구들의 장·단점에 대한 이해와 이에 기초해서 요구 분석의 목적을 가장 잘 달성할 수 있는 요구 분석 도구를 선정해야 한다.

- **5단계 : 요구 분석 계획** 요구 분석 계획은 요구 분석의 대상과 방법, 시간 등에 대해 청사진을 그려보는 것이다. 요구 분석 계획서에 포함되어야 할 내용은 문제 상황, 요구 분석의 목적, 요구 분석 절차, 사용될 요구 분석 방법, 요구 분석팀 역할 분담, 요구 분석 실행 일정 등이 있다(최정임, 2002).

- **6 단계 : 요구 분석 실시** 요구 분석 실시는 요구 분석 계획에 따라 요구 분석을 위한 자료를 수집하는 단계이다. 자료 수집 단계는 요구 분석의 범위와 방법 그리고 정보의 양에 따라 융통성을 발휘할 수 있다. 요구 분석 실시를 통해 얻은 정보는 양적 자료와 질적 자료가 있을 수 있다.
- **7 단계 : 결과 분석** 결과 분석은 요구 분석 실시를 통해 수집된 방대한 자료들을 통합하여 결론을 도출해 내는 것이다. 요구 분석의 성공 여부는 수집된 분석 자료들을 기초로 '문제'를 확인하고, 그 문제의 원인을 분석하고, 그 문제의 해결방안을 도출하는 것에 달려 있다고 할 수 있다. 결과 분석은 요구 분석을 할 때마다 그 즉시로 이루어지는 것이 효과적이다. 만약 요구 분석 실시 단계마다 결과 분석이 시행되지 않을 경우 방대한 자료와 중요한 정보들을 놓칠 수 있다. 결과 분석은 양적 방법과 질적 방법으로 할 수 있다. 양적 방법으로는 설문 조사가 있고, 질적 방법으로는 면담과 관찰이 있다.

  결과 분석에 포함한 내용에는 첫째, 수집된 자료의 분석 방법이다. 수집된 자료를 양적 방법과 질적 방법으로 한 것인지에 대해 밝혀야 한다. 둘째, 질적/양적 결과를 통해 파악된 요구와 그 원인 및 해결 방안을 제시해야 한다. 셋째, 해결 방안은 그 정도에 따라 우선순위를 결정하여 제시하여야 한다. 우선순위를 제시함으로써 의사결정에 도움이 될 수 있는 지침을 제공하게 된다.
- **8 단계 : 보고서 작성** 요구 분석에서 가장 중요한 단계 중의 하나는 결과를 보고하는 것이다. 결과 보고서를 작성할 때는 첫째, 주요 아이디어를 기술한다. 둘째, 그 아이디어에 살을 붙인다. 셋째, 작성된 자료를 다듬는다(김창대 등, 2015).

CHAPTER

6

프로그램 목적과 목표 설정

프로그램 설계의 첫 단계는 프로그램의 목적과 목표를 선정하는 것이다. 프로그램의 목적과 목표를 설정하는 것은 프로그램 개발에서 매우 중요하다. 요구 분석을 통해 드러난 요구를 프로그램의 목적과 목표로 설정하고 기술되어야 한다. 프로그램의 목적과 목표 선정은 요구 분석의 결과와 개발자가 선정한 상담의 이론에 적합하게 이루어져야 한다. 프로그램의 목적과 목표가 분명하지 않으면 프로그램 개발의 방향성이 없는 것과 같기 때문에 개발자와 잠재적 대상에게 혼란을 초래할 수 있다. 따라서 프로그램의 목적과 목표를 명확하게 설정하는 것은 프로그램 개발에 매우 중요하다. 이와 같이 프로그램의 목적과 목표는 프로그램 개발의 전반적인 영역, 즉 프로그램의 내용 선정, 프로그램의 활동 선정, 프로그램 실행 및 평가에 등대 역할을 한다.
프로그램 개발자는 프로그램의 목적과 목표를 설정할 때 추상적이거나 모호하게 설정하여서는 안 된다. 그 이유는 프로그램의 목적과 목표가 명확하지 않으면 프로그램을 개발함과 실행함에 있어서 매끄럽게 진행되지 않을 수 있기 때문이다. 따라서 프로그램의 목적과 목표는 구체적이면서 명확하게 진술되어야 한다.

프로그램 목적과 목표의 개념

프로그램 목적의 개념

프로그램의 목적은 프로그램의 심장부와 같다. 프로그램 개발은 프로그램 목적을 토대로 한 목표 지향적 활동이다. 따라서 프로그램 개발자는 개발하고자 하는 프로그램의 목적을 분명히 인식하고 있어야 한다. 국어사전에서는 목적의 의미를 '어떤 일을 이루려고 하는 목표나 나아가는 방향'으로 정의하고 있다.

카파렐라(Caffarella, 2002)는 프로그램의 목적을 훈련 프로그램을 위한 의도를 담고 있는 일반적인 진술문이라고 정의하고 있다(김한별 등, 2010 재인용). 프로그램의 목적은 프로그램이 직접 의도하는 것이 무엇인지를 체계적이면서 분명하게 드러내는 것이다. 프로그램의 개념 속에는 의도성이라는 의미가 함축되어 있어야 한다. 프로그램의 의도는 잠재적 대상에 따라 다양하게 규정될 수 있다(김진화, 2001). 이처럼 프로그램의 목적은 프로그램이 궁극적으로 추구하는 의도를 명확하게 진술하는 것이다. 그래서 프로그램의 목적 설정은 프로그램을 통해 성취하고자 하는 의도가 무엇인지에 근거하여 이루어진다. 그 목적은 다시 구체적인 목표로 세분될 수 있어야 한다.

프로그램의 목적 규정은 다음과 같은 질문을 통해 명확히 할 수 있다: 잠재적 대상에게 어떤 프로그램의 내용으로 개인이 직면하고 있는 문제를 해결하도록 도울 것인가? 잠재적 대상에게 어떤 프로그램의 내용으로 더 나은 삶을 살아갈 수 있도록 도울 것인가? 잠재적 대상에게 어떤 내용으로 그들의 성장과 발달을 도울 것인가? 잠재적 대상에게 어떤 프로그램의 방법과 기술로 스트레스와 위기를 낮출 수 있도록 도울 것인가? 잠재적 대상에게 어떤 프로그램의 내용으로 인지적·정서적·행동적 변화를 할 수 있도록 도울 것인가?

프로그램 목표의 개념

프로그램의 목표는 잠재적 대상에게 프로그램 참여를 통해 기대하는 구체적인 행동 변화에 초점을 맞춘 것이다. 카파렐라(Caffarella, 2002)에 의하면 프로그램의 목표는 프로그램을 통해 성취하고자 하는 결과의 명확한 진술문이다. 프로그램의 목표는 실제적인 프로그램 참여를 통해 얻어지게 될 구체적인 결과를 말하는 것이다. 다시 말해 프로그램의 목표는 잠재적 대상이 프로그램 참여를 통해 이루어야 할 구체적인 인지적 변화, 정서적 변화, 행동적 변화, 체계적 변화 등의 결과라고 할 수 있다. 프로그램의 목표는 잠재적 대상에게 프로그램 참여를 통해 변하게 될 구체적인 행동 언어로 진술되어야 한다.

프로그램의 목표는 참여자가 프로그램을 통해 얻고 싶어하는 결과나 효과를 의미한다. 만일 프로그램에서 목표가 없다면 방향을 잃기 쉽다. 이처럼 프로그램의 목표는 프로그램 개발자와 참여자 모두에게 프로그램을 통해 무엇을 얻을 수 있고, 무엇을 얻을 수 없는지에 대한 일정한 기준을 제공해 준다.

프로그램의 목표 규정은 다음과 같은 질문을 통해 명확히 할 수 있다: 프로그램의 잠재적 대상이 프로그램에서 구체적으로 알아야 할 것은 무엇인가? 프로그램의 잠재적 대상이 프로그램 참여를 통해 의미 있게 경험할 내용은 무엇인가? 프로그램의 잠재적 대상이 프로그램의 목적에 도달하기 위해서 수행해야 할 과업은 무엇인가?

프로그램 목적과 목표의 기능

프로그램 목적의 기능은 프로그램의 의도를 명확하게 제시함으로써 잠재적 대상에게 프로그램에 대한 기대를 하게 할 뿐만 아니라 프로그램의 홍보에도 이바지한다. 또한 프로그램의 목적은 프로그램 지도자에게 프로그램 실행에 대한 정체성을 갖게 하고, 프로그램 운영 과정에서 다양한 지원을 가능하게 한다(김진화, 2001).

프로그램의 목표는 잠재적 대상자들이 받아야 하는 분명한 혜택으로 목적을 나눈 일련의 진술이다. 프로그램의 목표는 목적을 성취하기 위해 취해야만 하는 행동을 위한 진술들을 의미한다. 목적을 달성하기 위한 목표는 누가 영향을 받을 것인지, 어떤 일이 발생할 것인지와 언제, 어떻게, 무엇이 기대하는 결과의 지표가 될 것인지 등이 반드시 포함되어 있어야 한다(Hummel, 1996; 지은구, 2006 재인용). 프로그램의 목표는 목표가 성취 되었는지 또는 아닌지를 평가할 수 있는 기준을 반드시 포함하고 있어야 한다.

해크니와 코미어(Hackney & Cormier, 2004)에 의하면, 상담 목표의 기능을 동기적 효과, 교육적 기능, 평가적 기능, 치료 평가적 기능 등의 네 가지 관점으로 설명하고 있다. 필자는 이들의 네 가지 상담 목표의 기능을 상담 프로그램 목표 기능과 관련지어 설명해 보고자 한다. 상담 프로그램의 목표는 프로그램 과정에서 다음과 같은 여섯 가지 기능을 한다. 상담 프로그램 목표의 기능은 방향 제시, 균형 유지, 동기 유발, 참여 촉진, 교육적 기능, 평가적 기능, 치료 평가적 기능이다(그림 6-1).

[그림 6-1] 상담 프로그램 목표의 기능

방향 제시

프로그램의 목표는 프로그램 개발의 방향을 제시해 준다. 프로그램의 목표는 안내자 역할을 하며 프로그램의 방향, 내용, 활동 등을 규정해 주는 기능을 갖는다. 따라서 프로그램의 목표는 프로그램 목적을 이루기 위해 자세한 강의 내용과 진행 방향 그리고 구체적인 활동 등을 요구하게 된다.

균형 유지

프로그램의 목표는 프로그램의 목적을 이루기 위한 다양한 활동 간 균형을 이루도록 하며, 프로그램의 활동 범위를 명확하게 밝혀주는 역할을 한다. 즉, 프로그램의 목표는 프로그램의 목적을 성취하기 위해 설계되는 내용과 과정 그리고 활동의 범위를 밝혀주는 역할을 한다. 이처럼 프로그램 목표는 프로그램을 개발하는 과정에서 개발자의 입장에서 설정하는 기능적 측면이라고 할 수 있다.

동기 유발

프로그램의 목표는 동기적 효과를 지니며, 잠재적 대상에게 프로그램 참여에 대한 동기를 유발할 수 있다. 목표는 잠재적 대상에게 프로그램을 통해 성취하게 될 내용을 짐작하게 할 수 있기 때문에 동기부여를 할 수 있다. 즉, 잠재적 대상에게 프로그램 참여를 통해 자신의 인지, 정서, 행동의 긍정적 변화를 기대하게 하는 역할을 한다. 이처럼 프로그램의 잠재적 대상이 자신에게 바람직한 삶이 무엇인가에 대해 알게 되면, 그 목표를 이루기 위해 프로그램에 더욱 적극적으로 참여할 것이다. 특히 이러한 동기적 효과는 프로그램 참여자가 프로그램 목표의 수립에 더욱 적극적으로 참여했을 경우에 더욱 클 것이다.

참여 촉진

프로그램의 목표는 프로그램 참여자에게 자신이 성취하여야 할 목표와 그 목표를 성취하기 위해 프로그램에 적극적으로 참여케 하는 촉진적인 역할을 한다.

교육적 기능

프로그램의 목표는 교육적 기능이 있다. 잠재적 대상자에게 문제가 있었던 이유는 자신의 바람직한 삶의 모습이 무엇이고, 바람직한 삶을 이루기 위해 어떤 삶의 목표를 세워야 하는지를 몰랐기 때문이다. 따라서 프로그램의 목표는 참여자가 새로운 삶의 목표를 세우고, 이를 위한 삶의 적응 방식을 학습할 수 있게 해준다. 다시 말해 참여자는 목표 수립 과정을 통해 자신의 삶을 효과적으로 이끌어 가는 방법을 학습하게 될 뿐만 아니라 새로운 적응을 위해 스스로 어떻게 생각하고 행동해야 하는지 알게 될 것이다.

평가적 기능

프로그램의 목표는 평가적인 기능을 가진다. 프로그램 개발자는 프로그램 목표를 통해 잠재적 대상자의 변화에 효과적인 프로그램의 내용과 활동을 선택하고 평가할 수 있다. 즉, 프로그램의 목표 설정은 그 자체가 프로그램의 평가 방향, 평가 내용, 평가 결과에 대한 해석, 해석의 성격과 범위 등에 관한 사항을 규정짓는 역할을 한다. 또한 프로그램의 목표는 참여자의 변화가 어느 정도 이루어졌는지를 가늠할 수 있게 해준다. 따라서 프로그램 참여자의 목표 성취 여부를 평가하는 기준이 된다.

치료 평가적 기능

프로그램의 목표는 치료 평가적(treatment assessment) 기능을 가진다. 프로그램이 진행됨에 따라 프로그램 효과에 대한 정밀한 평가가 점차 중요해진다. 이러한 관점에서 상담 프로그램 개발자에 의한 프로그램 목표의 결정은 치료 계획의 중요한 부분을 차지하게 된다.

프로그램 목적과 목표의 설정 기준

프로그램의 목적과 목표는 분명하고 구체적인 내용을 포함하고 있어야 한다. 랩과 포어트너(Rapp & Poertner, 1992)에 의하면, 프로그램의 목적과 목표는 다음과 같은 기준을 반드시 충족시켜야 한다(지은구, 2006 재인용).

프로그램 목적을 설정하는 기준

- **목적은 문제 분석과 반드시 연관이 있어야 한다** 프로그램의 목적에 대한 진술은 문제에 대한 진술에 근거해야 한다. 상담 프로그램은 심리 내적인 것과 관계적인 문제 해결과 발달을 가장 중요한 목적으로 하므로 목적은 문제에 관한 진술과 밀접한 연관이 있어야 한다.
- **목적은 반드시 결과 지향적이어야 한다** 프로그램의 목적에 대한 진술은 기관을 위해서 존재하는 것이 아니라 잠재적 대상자를 위해서 존재한다. 따라서 프로그램 목적 진술은 잠재적 대상자의 입장에서 기대되는 결과를 반영하는 목적 진술이 되어야 한다.
- **목적은 반드시 실현 가능성이 있어야 한다** 프로그램의 목적에 대한 진술은 현실적이어야 한다. 현실적이라는 의미는 실현 가능성이 있느냐 없느냐를 의미하는 것이다. 프로그램의 실현 가능성은 재정적 현실성, 기술적 현실성, 윤리적·법적 현실성을 의미한다. 먼저, 재정적 현실성은 프로그램 운영을 위해 필요한 재정이 반드시 고려되어야 한다는 것이다. 둘째, 기술적 현실성은 프로그램에 관여되어 있는 기관이나 상담자들이 사용할 수 있는 상담 기술이 현실적으로 가능해야 하며, 문제 해결을 위해 적당해야 한다는 점 그리고 그러한 프로그램을 운영할 수 있는 기술들을 보유하고 있는지 등에 관해 고려해야 한다는 것이다. 셋째, 윤리적·법적 현실성은 목적을 성취하는 것이 윤리적으로 타당한 것인지 그리고 현재의 법적인 테두리 안에서 이루어질 수 있는지에 대한 고려가 있어야 한다는 것을 의미한다.

- **목적은 분명하게 진술되어야 한다** 프로그램의 목적은 대부분의 사람이 이해할 수 있을 정도로 분명하게 진술되어야 한다. 그러므로 목적 진술은 전문적인 단어를 사용하지 말아야 한다.
- **목적은 반드시 잠재적 대상자 집단과 관련이 있어야 한다** 프로그램의 대상 집단은 일반 집단, 위험 집단, 표적 집단으로 그 범위가 좁혀져 결국 잠재적 대상자 집단으로 한정된다. 따라서 프로그램의 목적에는 프로그램에 직접 참여하는 잠재적 대상 집단에 대한 언급이 포함되어야 한다.
- **목적은 정확해야 한다** 프로그램의 목적은 지나치게 거창하거나 애매하게 진술되어서는 안 된다. 프로그램의 목적은 관찰될 수 있고, 측정될 수 있을 정도로 정확하게 표현되어야 한다.
- **목적은 긍정적이어야 한다** 목적은 '감소할 것이다'보다는 '증가할 것이다'라는 식의 성취될 것이라는 긍정적인 측면으로 진술하는 것이 좋다.

프로그램 목표를 설정하는 기준

프로그램의 목표를 설정하는 기준은 첫째, 목표는 결과 지향적이어야 한다. 둘째, 목표는 실현 가능성이 있어야 한다. 셋째, 목표는 긍정적이어야 한다. 넷째, 목표는 분명하게 진술되어야 한다. 다섯째, 목표는 하나의 기준으로 정해져 있어야 한다. 여섯째, 목표는 시간 제한을 가지고 있어야 한다. 일곱째, 목표는 목적과 연관되어야 한다. 여덟째, 목표는 측정할 수 있어야 한다(Rapp & Poertner, 1992).

프로그램의 목표를 설정하는 기준 중 첫째부터 넷째는 앞의 프로그램 목적을 설정하는 기준에서 설명한 내용과 같다. 그 외 나머지 네 가지 기준 가운데 프로그램과 관련된 목표의 기준으로 일곱째와 여덟째에 대해서만 설명하려고 한다.

- **목표는 목적과 연관되어야 한다** 목표는 프로그램의 목적을 성취하기 위해 세분화한 것을 의미한다. 그러므로 프로그램의 목표는 분명히 프로그램의 목적과 연관성이 있어야 한다. 왜냐하면 프로그램의 목표는 프로그램의 목적을 실현하기 위한 구체적인 방법들이기 때문이다.
- **목표는 측정할 수 있어야 한다** 프로그램의 목표는 측정할 수 있고 관찰할 수 있어야 한다. 프로그램의 목표가 측정 가능하다는 것은 목표의 불확실성을 제거해 주는 역할을 한다.

프로그램 목적과 목표의 설정 방법

프로그램 목적의 설정 방법

프로그램은 프로그램의 목적을 설정하고 진술하는 것에서부터 출발한다. 프로그램의 목적을 설정하고 진술하는 것은 프로그램의 목표 설정과 진술보다 더 중요하다.

프로그램 개발자가 프로그램 목적을 설정하기 위해서는 프로그램이 지향하고자 하는 바를 명확히 인식할 필요가 있다. 김진화(2001)는 사회복지 프로그램의 목적을 설정하기 위한 근거로 다섯 가지를 설명하고 있다.

첫째, 프로그램의 목적을 설정하기 위한 기초적인 자료에는 국가와 지방자치단체가 지향하는 사회적 이념을 파악하는 것이 필요하다.

둘째, 프로그램은 재정적인 지원을 하는 정부나 지방자치단체 그리고 기업체와 관공서 등 여러 기관에 의해 프로그램의 방향이 결정될 수 있다.

셋째, 프로그램은 사회적 제반 속성과 사회적 변화 및 동향에 의해 프로그램 목적이 설정될 수 있다. 따라서 프로그램의 목적은 사회 제반 환경과 밀접한 관계가 있을 수 있다.

넷째, 프로그램의 목적은 프로그램 개발을 의뢰한 기관이나 센터의 설립 취지와 이념이 중요한 근거가 될 수 있다. 프로그램이 잠재적 대상자의 요구와 흥미를 토대로 개발되기도 하지만, 기관이나 단체가 지향하는 가치와 이념에 의해 설정될 수 있다. 따라서 프로그램은 잠재적 대상자의 요구와 기관이 지향하는 가치를 연계시켜 개발하기도 한다. 이럴 때 개발을 의뢰한 기관이나 단체의 목적과 이념이 프로그램 목적을 설정하는 중요한 근거가 된다.

다섯째, 프로그램의 목적은 잠재적 대상자의 성장, 발달, 요구, 문제 해결 등이 목적을 설정하는 데 중요한 근거가 된다. 즉, 상담 프로그램의 대상이 되는 참여자의 성장과 발달, 요구와 필요 그리고 당면한 문제 해결과 직접 관련하여 프로그램 목적을 설정해야 할 것이다.

프로그램 목표의 설정 방법

프로그램의 목표는 잠재적 대상이 프로그램을 마친 후 그 성취를 증거로서 보여주어야 할 행동이다. 프로그램의 목표는 프로그램 참여자가 성취하여야 할 명확한 지향점이 되는 것이다. 다시 말하면 프로그램의 목표는 프로그램을 통해 참여자들이 성취하여야 할 행동 양식을 서술한 것이다. 그러므로 프로그램의 목표가 명확히 제시되어야 프로그램 목표 달성을 위한 프로그램의 내용, 활동, 활동지 및 자료 등에 대한 프로그램의 전반적인 과정을 세밀하게 살펴볼 수 있게 된다.

프로그램 목표 설정의 원칙

프로그램 목표의 설정은 프로그램의 목적과 관련성이 있으며, 그 관련에 의해 목표가 설정되어야 한다. 프로그램의 목표를 설정하는 과정에서 다음 몇 가지 원칙에 근거하여 제시하여야 한다(그림 6-2).

포괄성이 있어야 한다

프로그램의 목표를 설정하기 위해서는 기초적인 자원으로 프로그램의 목적을 파악하는 것이 필요하다. 왜냐하면 프로그램의 목표는 프로그램의 목적이 추구하는 바에 의해 결정되기 때문이다. 일반적으로 프로그램의 목표는 프로그램의 목적이 그대로 반영돼야 한다.

[그림 6-2] 프로그램 목표 설정의 원칙

일관성이 있어야 한다

프로그램의 목표는 프로그램의 각 단계와 회기 간의 관련성이 있어야 한다. 프로그램의 목표는 상호 목표 간의 일치성과 관련성이 있어야 한다.

적합성이 있어야 한다

프로그램의 목표는 요구 분석 결과와 그 내용이 적합하여야 한다. 프로그램의 목표는 개발자의 경험과 생각에 의해서가 아니라 요구 분석의 결과에 의해 설정되어야 한다. 즉 프로그램의 목표는 잠재적 대상자의 요구와 문제해결 그리고 성장 및 발달과 관련하여 설정하여야 한다.

구체성이 있어야 한다

프로그램의 목표를 설정할 때에는 모호하거나 불분명한 목표는 피해야 한다. 구체적이면서 세분화된 목표는 프로그램에 관심이 있는 사람들이 똑같은 의미로 이해할 수 있도록 한다. 프로그램의 목표는 구체적인 행동 언어로 기술하면 된다.

실현 가능해야 한다

프로그램의 목표는 잠재적 대상의 능력과 수준에 맞아야 하며, 현실에서 성취될 수 있는 실현 가능성이 반영되어 있어야 한다.

측정 가능해야 한다

프로그램의 잠재적 대상은 프로그램 참여를 통해 변화를 기대한다. 따라서 프로그램의 목표를 설정할 때에는 프로그램 참여 후 나타날 변화를 측정할 수 있는 것으로 설정하여야 한다. 측정할 수 없는 목표는 관리도 힘들고 진행 상황을 한눈에 보기도 어렵다. 그래서 학습 목표를 실행한 후 얼마만큼 달성했는가를 측정할 수 있게 세워야 한다. 또한 측정 가능한 목표는 목표를 달성했다는 성취감을 얻어 그 성취감이 목표에 도달할 수 있게 하는 힘에 영향을 끼치게 된다.

유동성이 있어야 한다

프로그램의 목표는 고정된 것이 아니라 변화 가능한 것이다. 왜냐하면 프로그램의 목표는 개발자와 잠재적 대상자 그리고 참여자의 다양한 경험에 의해 영향을 받을 수 있기 때문이다.

프로그램 목표 설정 요인

랑겐바흐(L. Langenbach)에 따르면 학습 목표는 학습, 학습자, 내용, 설계, 열망, 동기 등 여섯 가지 요인들의 상호작용에 의해 설정된다(김진화, 2001 재인용). 필자는 랑겐바흐의 학습 목표 설정의 여섯 가지 요인들을 바탕으로 재해석하여 프로그램의 목표 설정 요인을 다음과 같이 제시하고자 한다(그림 6-3).

[그림 6-3] 목표 설정의 요인

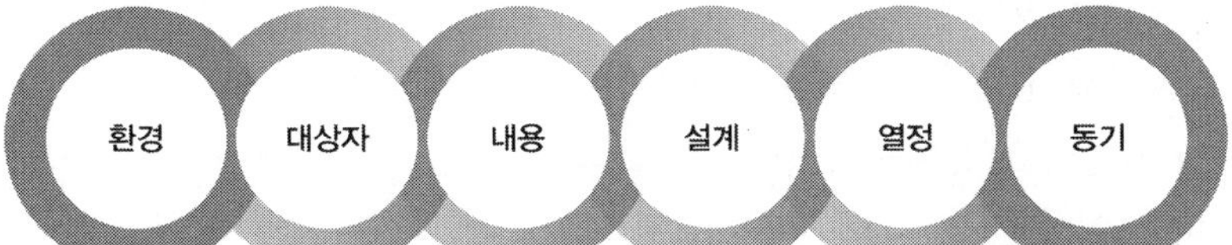

환 경

프로그램의 목표는 잠재적 대상이 살아가고 있는 사회환경적인 배경과 밀접한 상호작용을 한다. 왜냐하면 프로그램은 잠재적 대상의 사회적·심리적 환경 속에서 이루어지기 때문이다.

대상자

프로그램의 목표는 잠재적 대상자의 삶, 발달과업, 인지적·정서적·행동적 변화, 성격적 특성 등의 제반 상황을 반드시 고려해서 설정해야 한다. 프로그램의 잠재적 대상자에 대한 이해는 프로그램 목표를 정하는 데 매우 중요한 근거가 된다.

내 용

프로그램의 목표를 설정할 때에는 목표 속에 프로그램의 내용과 이론이 반영되어 구체적인 목표로 진술되어야 한다.

설 계

프로그램의 목표는 프로그램의 내용과 활동에 밀접한 관계를 맺고 있다. 따라서 프로그램의 목표와 프로그램의 내용은 서로 연관성을 유지해야만 한다. 프로그램의 내용과 활동은 프로그램의 목표를 성취할 수 있는 것으로 구성되어야 한다. 그 이유는 프로그램의 목표는 프로그램의 내용과 활동을 선정하고 조직하는 데 중요한 준거가 되기 때문이다.

열 정

프로그램의 목표는 잠재적 대상자 및 지도자의 열정과 관계가 있다. 따라서 프로그램의 목표는 잠재적 대상자와 지도자의 열정을 항상 고려해야 한다.

동 기

프로그램의 목표는 잠재적 대상자와 지도자의 동기와 관련이 있다. 동기는 개인의 목표를 설정하는 데 도움을 주는 중요한 요인으로, 설정된 프로그램의 목표를 성취하는 행동에 영향을 끼치게 된다.

프로그램 목표 설정의 구성 요소

김진화(2001)는 프로그램의 목표 유형을 아홉 가지로 나누어 제시한다: ① 일반적 목표와 명세적 목표, ② 주요 목표와 하위 목표, ③ 필수 목표와 발달 목표, ④ 궁극적 목표와 직접적 목표, ⑤ 중도점 목표와 도달점 목표, ⑥ 과정 목표와 결과 목표, ⑦ 행동 목표와 비행동 목표, ⑧ 인지적 목표와 정의적 목표, 심동적 목표, ⑨ 행동 목표, 내용 목표, 문제 해결 목표. 필자는 김진화의 아홉 가지 유형 중 상담 프로그램의 목표 설정과 관련된 네 가지 구성 요소를 설명하고자 한다.

일반적 목표와 명세적 목표

일반적 목표는 프로그램 목표의 진술과 표현이 추상적이고 포괄적으로 진술된 목표를 의미한다. 일반적 목표는 프로그램의 방향 제시성이 포괄적으로 제시되어 있다. 일반적 목표는 대체로 '안다', '이해한다', '감상한다' 등과 같은 내현적 동사를 사용해서 프로그램 내용이 비교적 폭넓게 표현된다.

명세적 목표는 프로그램 목표의 진술과 표현이 아주 구체적이고 명시적으로 진술된 목표를 의미한다. 명세적 목표는 '설명한다', '구별한다', '표현한다' 등과 같이 관찰할 수 있고, 측정 가능한 행위 또는 동작 동사를 사용해서 프로그램 내용이 아주 좁게 표현된다.

주요 목표와 하위 목표

프로그램의 목표 설정은, 먼저 일반적 목표를 만들어 놓고 그것을 근거로 명세적 목표를 작성한다. 그래서 프로그램 목표는 설정되는 순서 또는 포괄성과 구체성의 정도에 따라 주요 목표와 하위 목표로 구분된다. 주요 목표는 프로그램 목표 중에서 가장 중요하고 핵심적인 목표를 지칭하는 것을 의미한다. 하위 목표는 프로그램의 각 회기에 있는 목표 중에 매우 중요하고 핵심적인 목표를 제외한 나머지 목표들을 하위 목표라고 할 때도 있다.

과정 목표와 결과 목표

과정 목표는 프로그램 과정에서 변화 또는 획득되는 행동을 의미한다.

결과 목표는 프로그램을 통해 최종적으로 획득되는 행동을 의미한다. 우선 상담 프로그램에서의 과정 목표는 참여자의 변화에 필요한 상담 분위기의 조성과 관련된다. 이러한 과정 목표는 일반적인 목표로서 신뢰감 형성, 편안한 분위기 조성, 공감과 무조건적 존중의 전달과 같은 것이다. 과정 목표는 모든 상담 관계에 일반적으로 적응되기 때문에 상담에서의 보편적인 목표라고 할 수 있다. 과정 목표의 일차적 책임은 프로그램 지도자에게 있다. 따라서 프로그램 참여자 변화를 촉진하는 프로그램 지도자와 참여자 간의 관계 형성과 심리적으로 안전한 장을 제공하는 과정 목표는 프로그램 지도자가 맡아야 할 주요 과제이다.

결과 목표는 프로그램 참여자와 그 사람이 호소하는 문제에 따라 달라진다. 이 목표는 참여자가 프로그램을 통해 이루고자 하는 구체적인 삶의 변화와 직접 관련된다. 결과 목표의 수립은 융통성이 있는 것으로서 언제든지 수정과 개선이 가능해야 한다. 결과 목표가 지닌 가장 중요한 의의는 이 목표가 프로그램 지도자와 자신 그리고 참여자들이 공유한 목표, 즉 프로그램에 참여한 모두가 효과적인 상담을 이루기 위해 함께 노력하기로 동의한 목표라는 점이다. 이 결과 목표는 객관적일수록 효과적이다. 그 이유는 목표가 객관적이어야 결과 목표의 도달 여부를 쉽게 파악할 수 있기 때문이다.

행동 목표와 비행동 목표

프로그램의 목표를 어떤 종류의 동사를 사용하여 진술하였느냐에 따라 행동 목표와 비행동 목표로 나누어진다. 행동 목표는 프로그램을 통해 변화 또는 달성하고자 하는 참여자의 행동을 동작 명사를 사용하여 외현적 행동으로 진술한 것이다. 이 행동 목표는 프로그램 결과의 관찰이 가능한 목표라고도 한다. 비행동 목표는 프로그램의 목표를 직접 관찰할 수 없는 내현적 행동으로 표현한 것이다.

프로그램 목표 수립 과정

목표 수립 과정을 시각적으로 표현한 프로그램 목표 수립 도표(그림 6-4)는 개발자의 프로그램 목표 설정을 도울 수 있는 유용한 도구이다.

첫 단계는 프로그램 개발자가 바람직한 프로그램의 목적을 수립하도록 돕는 것이다. 두 번째 단계는 프로그램의 목적을 달성하는 데 필요한 프로그램의 결과인 주요 목표를 수립하도록 돕는 것이다. 이때 주요 목표는 최소한 2~3개를 정하는 것이 효과적이다. 세 번째 단계는 변화 단계로서 주요 목표를 달성하는 데 필요한 3~4개의 하위 목표를 수립하도록 돕는 것이다. 그리고 마지막으로 네 번째 단계는 그러한 각각의 하위 목표를 달성하는 데 필요한 2~3개의 활동 과제를 설정하게 돕는 것이다. 여러 개의 하위 목표가 수립되면, 하위 목표는 달성하기 쉬운 것부터 달성하기 어려운 것까지 연속적이고 단계적으로 배열된다. 마찬가지로 각각의 하위 목표와 관련된 구체적인 과제도 논리적인 순서로 배열되고, 그러한 순서에 따라 각 단계씩 달성된다(Hackney & Cormier, 2004).

[그림 6-4] 프로그램 목표 수립 과정

- 1단계 : 목적을 선택하기
- 2단계 : 주요 목표를 선택하기(장기 목표 또는 단기 목표)
- 3단계 : 하위 목표를 선택하기(주요 목표를 달성하기 위해 밟아야 할 단계)
- 4단계 : 활동 과제를 선택하기(각 하위 목표를 달성하기 위해 밟아야 할 단계)

출처 : Hackney & Cormier (2004) 참조.

프로그램 목적과 목표의 진술 방법

프로그램 목적 진술의 방법

프로그램의 목적 진술은 다양한 부분에서 이루어지고 있다. 프로그램의 목적 진술은 잠재적 대상자에게 프로그램을 홍보하는 차원에서도 이루어지며, 기관이나 단체에 프로그램을 소개할 때에도 이루어진다(김진화, 2001).

프로그램 목적 진술의 원칙

프로그램의 목적을 진술하는 데에는 기본적인 원칙이 있다. 그 원칙은 프로그램의 잠재적 대상자에게 어떤 종류의 프로그램을 제공하여 성취하고자 하는 구체적인 결과가 무엇인지를 명시하는 형태를 취하여야 한다.

프로그램 목적 진술의 원칙
결과 : 프로그램을 통해 이루고자 하는 결과 유형 : 제시될 프로그램의 유형 대상 : 프로그램의 참여자

프로그램 목적 진술의 구성 요소

프로그램 목적 진술은 상황, 대상, 내용, 의도 등의 요소가 포함된다. 상황은 잠재적 대상자가 처해 있는 상황이나 현재 상태를 명시한다. 대상은 프로그램의 참여자를 제시한다. 내용은 참여자가 경험하게 될 프로그램의 포괄적인 내용을 명시한다. 의도는 프로그램의 참여자가 프로그램 종료 후 궁극적 기대 효과를 명시한다.

프로그램 목적 진술의 구성 요소

상황 : 잠재적 대상자가 처해 있는 상황 혹은 상태를 명시
대상 : 프로그램의 참여자를 명시
내용 : 제공될 프로그램의 구체적인 내용을 명시
직접적 효과 : 프로그램의 결과로 즉시적으로 변화된 특성을 명시
기대 효과 : 프로그램의 결과로 나타날 기대 효과를 명시

프로그램 목적 진술문 예시
(어떠한 상황에) 있는 ○○○(대상)에게 (내용) 프로그램을 제공함으로써 (직접적 효과)를 향상시켜 (기대 효과)를 가지도록 하는 데 프로그램의 목적이 있다.

프로그램 목표 진술의 방법

프로그램의 목표가 설정되었으면 설정된 목표를 행위 동사로 진술하여야 한다. 프로그램의 목표를 진술할 때에는 사람들이 잘 이해할 수 있고, 잘 가르칠 수 있고, 그 내용을 평가할 수 있어야 한다.

프로그램 목표 진술의 고려 사항

프로그램의 목표를 진술할 때에는 다음과 같은 것을 고려해서 객관적으로 진술하여야 한다.

- 프로그램의 목표는 관찰 가능한 행위 동사로 진술하여야 한다.
- 행위 동사는 개발자가 아니라 잠재적 대상자의 입장에서 진술하여야 한다.
- 행위 동사는 프로그램을 마쳤을 때 기대하는 변화된 행동과 연관되어 진술하여야 한다.
- 프로그램 목표의 진술문의 길이는 15자 내외여야 한다. 진술문은 학년과 연령에 따라 다를 수 있지만, 일반적으로 15자 내외가 적합하다.
- 프로그램의 목표는 모든 사람이 이해할 수 있는 용어를 선택하여 진

술하여야 한다.

- 프로그램의 하위 목표는 다른 목표와 조화롭게 진술하여야 한다.
- 프로그램의 내용이나 주 제목을 프로그램 목표로 제시하여서는 안 된다.
- 하나의 프로그램 목표 속에는 하나의 개념만 포함된 단일 문장으로 진술하여야 한다.
- 하나의 목표에는 1~2개의 하위 목표가 적당하다.
- 프로그램의 과정을 프로그램 목표로 진술하지 않는다.

프로그램 목표 진술의 영역

프로그램의 목표 진술은 행위 동사로 표현하는 것이 효과적이다. 따라서 프로그램의 목표를 진술할 때에는 내용에 따라 어떤 행위 동사를 사용할 것인가를 결정하는 것은 매우 중요하다(김진화, 2001). 블룸(Bloom, 1956)은 학습 목표의 영역을 인지적 영역, 정의적 영역, 신체 운동적 영역으로 구분하였다. 인지적 영역은 지적 과정을 의미하며, 정의적 영역은 가치, 태도, 신념, 정서, 흥미와 관련된 영역이며, 신체적 운동 영역은 신체적 동작과 관련된 영역이다. 블룸이 분류학에서 제시한 학습 영역의 단계별 학습 목표 및 영역은 다음 [표 6-1]과 같다.

블룸은 [표 6-1]과 같이 학습 목표를 대부분 행위 동사로 제시하고 있다. 따라서 상담 프로그램에서도 목표 진술을 행위 동사로 제시하여야 한다.

프로그램 목표 진술의 절차

목표 진술은 도착점 목표와 수행 목표 수준으로 이루어진다. 도착점 목표는 프로그램 종료 후 잠재적 대상이 성취하기를 기대하는 것이며, 수행 목표는 도착점 목표에 도달해 가는 데 필요한 수단적인 중간 목표로서 도착점 목표의 하위 목표라고도 할 수 있다. 이 두 가지 수준의 목표를 진술할 때, 먼저 도착점 목표를 진술하고 달성해야 할 순서에 따라 순번을 매겨 나간다. 그리고 도착점 밑에 수행 목표를 순서에 따라 진술한다(김진화, 2001).

표 6-1 학습 영역의 단계별 학습 목표 및 영역

행동 영역	교육적 행위 동사	
인지적 행동 특성	지식	정의한다. 구별한다. 확인한다. 일치한다. 인지한다. 열거한다. 설명한다. 묘사한다. 명칭을 붙인다. 이름을 댄다. 진술한다. 목록을 만든다.
	이해	계산한다. 토의한다. 식별한다. 그린다. 스스로 설명한다. 예를 든다. 푼다. 변환한다. 예시한다. 읽는다. 표현한다. 재진술한다. 구별한다. 변혁한다. 변환한다. 해석한다. 재배열한다. 예언한다. 추정한다. 추리한다. 확대한다.
	적용	추론한다. 결정한다. 사용한다. 응용한다. 일반화한다. 관련시킨다. 선택한다. 발전시킨다. 조직한다. 이용한다. 변화시킨다. 재구조화한다. 이용한다. 분류한다.
	분석	구별한다. 탐색한다. 확인한다. 분류한다. 인지한다. 유목화한다. 환원시킨다. 대비한다. 비교한다. 식별한다. 관계시킨다.
	종합	쓸 수 있다. 말한다. 설명할 수 있다. 생산한다. 구상한다. 창안한다. 수정한다. 종합한다. 제안한다. 계획한다. 구체화한다. 개발한다. 조직한다. 형성한다. 기획할 수 있다.
	평가	평가할 수 있다. 판단할 수 있다.
정의적 행동 특성	수용	경청한다. 대조할 수 있다. 참가한다. 반응한다. 완성한다. 선택할 수 있다.
	반응	거부한다. 반항한다. 투쟁한다. 논쟁한다.
	가치화	깨닫는다. 의미를 부여한다.
	조직화	논의한다. 이론화한다. 비교한다. 구성한다. 정의한다.
	인격화	개선한다. 변화시킨다. 활성화시킨다. 요구한다. 타인으로부터 인정받는다.
신체 운동적 행동 특성	반사운동	반응한다.
	초보적 기초 운동	걷는다. 일어난다. 달린다. 뛴다.
	지각능력	듣는다. 본다. 맡는다. 느낀다. 응답한다.
	활동 능력	깨끗이 한다. 구멍을 판다. 묶는다. 고정시킨다. 따른다. 갈다. 칠한다. 깎는다. 꿰맨다. 젓는다.
	숙련된 운동기능	조립한다. 짓는다. 측정한다. 연결한다. 조립한다. 설계한다. 분해한다. 조작한다. 고친다. 스케치한다. 타이핑한다.
	동작적 운동기능	창작한다. 표현한다.

출처 : 이형득 등(1993) 참조.

1단계 : 주어는 잠재적 대상이 되도록 진술한다

반드시 잠재적 대상이 주어가 되도록 진술하여야 한다. 그러나 프로그램 목표를 간단하고 명료하게 하기 위해서는 주어를 생략하는 것도 바람직하다.

2단계 : 도달점 행동으로 진술한다

프로그램 시행 후에 나타나는 잠재적 대상의 행동으로 진술한다. 이때 직접 관찰할 수 있는 명시적 동사로 진술하여야 한다. 일반적 목표는 예외로 하지만 명시적 목표는 반드시 행위 동사로 "… 할 수 있다"와 같이 진술하여야 한다. 정의적 영역의 목표는 "… 하려고 한다" 또는 "… 하고 있다"로 표현해야 한다. 이때 유의해야 할 점은 관찰 가능한 분명한 단어를 선정하여 제시하여야 한다.

3단계 : 도달점이 나타나는 조건을 명시해야 한다

목표 진술에는 명확한 행동 언어와 그 행동이 '무엇'으로 인한 행동인지를 규정하는 내용이 동시에 진술되어야 한다. 즉, 구체적인 프로그램의 내용과 기대되는 잠재적 대상의 행동이 포괄되어 하나의 진술문 속에 제시되어야 한다.

이상에서 살펴본 바와 같이, 프로그램 개발자는 프로그램의 목적과 목표를 설정한 후 이러한 목적과 목표를 달성하기 위해 필요한 프로그램의 구체적인 내용을 선정하여야 할 것이다.

CHAPTER

7

프로그램 내용 구성

프로그램의 내용 구성은 목적과 목표에 맞게 프로그램의 내용을 선정하고 조직하는 과정이다. 프로그램의 목적과 목표를 이루기 위해서는 프로그램을 구성하는 요소들을 선정하고 배열하는 것이 중요하다. 따라서 프로그램의 내용 구성은 매우 정교한 작업으로 많은 시간과 노력이 필요하다.

프로그램의 내용 구성은 프로그램에 들어갈 내용을 선정하고, 그 선정된 내용을 편성하고 조직하는 것이다. 따라서 프로그램의 내용 구성은 궁극적으로 달성하고자 하는 프로그램의 목표를 구현하는 데 이론의 고찰을 통한 요소를 추출해 내고, 그 이론적 요소를 잘 구현할 수 있는 구체적인 활동 요소로 연결지어 조직하는 과정이다(김창대 등, 2015).

프로그램 내용 구성의 개념과 원리

프로그램 내용 구성의 개념

프로그램의 내용 구성은 프로그램의 요구 분석으로 확인된 필요와 이론을 바탕으로 프로그램의 내용을 선정하고 조직화하는 과정이다. 즉, 프로그램의 내용 구성은 프로그램의 내용을 우선순위별로 나열하는 것이 아니라 채택된 이론의 형태에 맞게 조직화하여야 활용 가치가 있다. 이처럼 이론은 프로그램의 내용 구성 요소를 조직화하는 데 중심 역할을 한다. 따라서 프로그램의 내용 구성은 프로그램에서 궁극적으로 달성하고자 하는 목적과 목표를 잘 구현할 수 있도록 이론을 바탕으로 프로그램의 기본 구성 요소를 프로그램의 형태에 맞게 체계적으로 조직화하는 과정이다.

프로그램의 내용 구성은 프로그램 개발의 형태에 따라 방법이 달라질 수밖에 없다. 프로그램 개발의 형태는 프로그램 개발의 목적에 따라 교재 개발, 프로그램 편성, 교육체계 개발, 교육 활동 개발 등이다. 먼저 프로그램 개발이 교재 개발에 목적을 둔 경우의 프로그램 구성은 교수와 학습에 필요한 교육 내용을 체계적으로 단일화시키는 데 중점을 두어야 한다. 둘째, 프로그램 개발이 프로그램 편성에 목적을 둔 경우의 프로그램 구성은 그 기관의 이념과 교육 목적을 성취하기 위해 주제별 교육 내용을 체계적으로 편성하여야 한다. 셋째, 교육체계도 개발인 경우에는 프로그램 내용을 그 기관의 의도와 학습자의 수준을 고려하여 단계별로 체계화하여야 한다. 넷째, 프로그램 개발이 참여자의 참여 활동에 목적을 둔 경우에는 주어진 교육 기간 중에 참여자가 경험하여야 할 활동을 시간별로 구체적으로 구성하여야 한다(김진화, 2001).

프로그램 내용 구성의 원리

프로그램 개발자가 프로그램이 되도록 틀을 짜맞추는 일은 대단히 중요하다. 프로그램의 내용 구성에는 프로그램의 구조화, 계열화, 편집의 세 가지 작업이 포함되어야 한다. 이러한 작업을 프로그램의 구성이라고 한다.

프로그램의 요구 분석과 그 필요를 채울 수 있는 이론이 채택되었다면 다음 단계는 프로그램의 목표를 달성하기 위해 도움을 줄 수 있는 프로그램의 내용 구성 요소를 선정하는 것이다. 이처럼 프로그램을 구성하는 과정은 프로그램의 목표를 달성하기 위해 프로그램의 주제와 내용을 선정하고 조직화하는 것으로서 매우 중요하다. 그러나 프로그램의 목적과 목표에 적합한 프로그램의 내용 구성 요소를 선정하는 것은 결코 쉬운 일이 아니다. 프로그램의 내용 구성은 프로그램의 목표를 달성할 수 있도록 잠재적 대상자의 능력과 수준에 맞게 설계하는 것이 중요하다.

이러한 점에서 다음과 같은 기본 원리에 의해서 프로그램의 내용 구성 요소를 선정하면 효과적일 것이다(김진화, 2001; 그림 7-1).

[그림 7-1] 프로그램 구성 요소

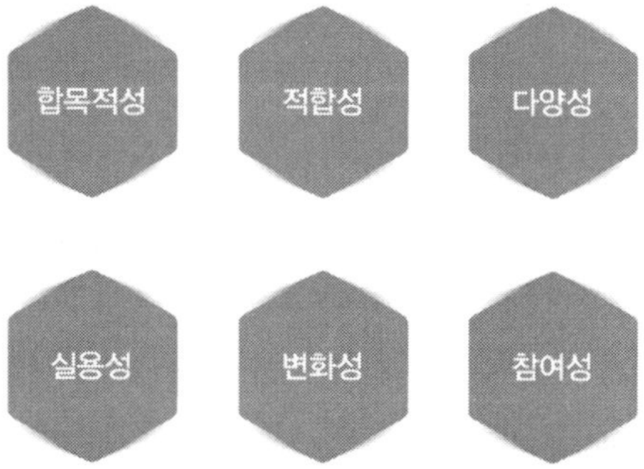

합목적성

프로그램의 내용 구성 요소에는 프로그램의 목적과 목표가 구현될 수 있는 것이 포함되어 있어야 한다. 프로그램의 내용 구성은 프로그램의 목표를 반영하여야 한다. 프로그램의 구성 요소는 프로그램의 전반적인 요소들이 프로그램의 목표에 부합되어야 한다.

적합성

프로그램을 구성할 때에는 잠재적 대상자의 흥미와 자발적 참여를 얻을 수 있는 주제와 내용을 구성하여야 한다. 따라서 프로그램의 내용 구성에는 다양한 잠재적 대상자의 능력과 수준에 맞는 요소들로 이루어져야 한다.

다양성과 실용성

프로그램의 내용 구성에는 다양성이 반영되어야 한다. 프로그램을 구성할 때에는 잠재적 대상자의 연령, 성별, 관심 영역, 교육 수준, 직업 등 다양한 특성을 고려하여야 한다. 그리고 프로그램의 내용은 사회적 요구에 적합하고 실제로 적용 가능한 것이어야 한다.

변화성과 참여성

프로그램의 내용 구성 요소는 잠재적 대상자의 문제 해결과 치료, 문제의 예방과 성장을 촉진하고 돕는 일을 목적으로 하여야 한다. 그러므로 프로그램의 내용 구성 요소는 지식의 전달보다는 근본적으로 잠재적 대상자의 프로그램 참여를 통한 변화와 성장에 관심을 기울여야 한다.

프로그램 내용 구성의 절차

프로그램 개발은 논리적이고 잘 정리된 프로그램의 구성 요소를 표현하는 것도 중요하다. 그러나 프로그램의 내용 구성 요소를 선정하고 구조화하는 데 개개인의 경험에 지나치게 의존하고 있다는 지적이 있다. 이것은 곧 프로그램을 개발할 때 프로그램 내용 구성 요소를 구조화하는 것에 대한 방법상의 체계와 표준이 결여되어 있었기 때문이기도 하다. 따라서 프로그램 내용 구성 요소를 구조화할 때 프로그램 구성의 절차가 체계적으로 이루어져야 한다.

[그림 7-2] 프로그램 내용 구성 절차

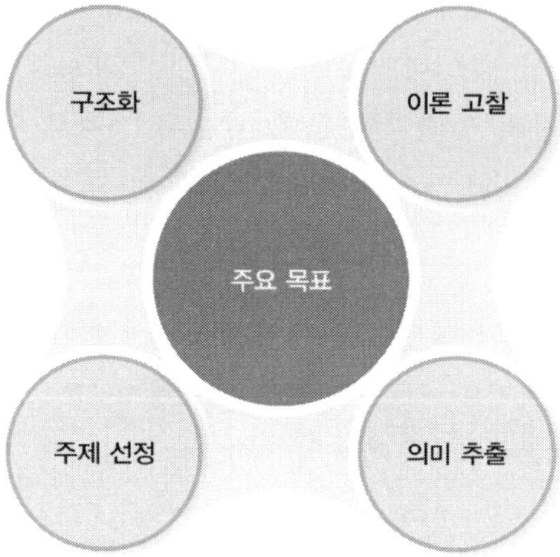

프로그램 내용 구성 절차는 선후 관계가 아니라 시소와 같은 순환적 관계로 이루어진다. 프로그램의 내용 구성 절차를 도식화하면 [그림 7-2]와 같다.

1단계 : 이론 고찰

프로그램 개발자는 프로그램을 개발하고자 할 때 자신의 경험과 시각을 경계하여야 한다. 개발자 자신의 시각과 경험을 경계하는 방법은 프로그램과 관련된 이론을 충분히 탐색하고 검토하는 것이다. 이러한 작업을 통해 이론적 관점이 구체화 된다. 이론 고찰은 프로그램 구성의 데이터베이스를 마련하는 것이다.

따라서 프로그램 개발자는 요구 분석과 개발하고자 하는 프로그램의 목표에 부합한 이론을 선정하고 그 이론적 지식이 있어야 한다. 프로그램의 내용을 구성하기 위해서는 개발자가 먼저 해야 할 일은 이론적 지식을 갖추는 것이다. 개발자가 세밀하고 친숙한 이론적 지식을 얻기 위해서 관련된 이론을 읽고 또 읽어야 한다. 프로그램 내용 구성의 출발은 역시 충실히 하는 것이다. 왜냐하면 이론은 프로그램 내용 구성 요소를 지원하고, 프로그램의 의미를 부여하기 때문이다.

그러나 개발자는 너무 많은 이론을 사용하지 말아야 한다. 왜냐하면 개발자가 너무 많은 이론을 끌어들이면 프로그램이 혼란스러워지고, 프로그램의 목적과 목표로부터 주의가 산만해질 수 있기 때문이다. 프로그램 내용을 구성할 때, 각 요소를 다양한 이론에서 모두 살펴볼 수는 없다. 그보다는 오히려 한두 개의 이론을 탐구해 보는 것이 효과적이다. 한두 개의 이론 탐구를 통해서 만들어진 프로그램의 내용 구성 요소는 구체적이며 유용하게 활용할 수 있다. 따라서 프로그램 개발자가 이해하지 못한 이론을 인용하지 말아야 한다. 또한 개발자 본인이 신뢰하지 않는 이론적 입장을 채택하지 말아야 한다. 개발자 본인이 이해하지 못한 이론이나 이론의 영역이 있다면 이해가 될 때까지 그 이론을 언급하지 말아야 한다.

2단계 : 의미 추출

의미 추출은 이론에서부터 출발한다. 이론을 통한 의미는 머릿속에 엉켜져 있을 것이다. 이제 엉켜 있는 개인적인 아이디어들을 이해할 수 있는 의미 있는 단어로 변환시켜야 한다. 이론을 통해서 파악한 의미들을 언어로 드러내어야 한다. 그렇게 하기 위해서는 먼저 이론에서 나타나는 의미들의 목록을 작성하는 것이 효과적이다. 잘못된 의미 추출은 프로그램의 구성과 전체 목적을 망칠 수도 있다는 사실을 유념해야 한다.

의미 추출은 이론에 대한 통찰의 깊이에 달려 있다. 따라서 개발자는 주요한 이론에서 의미 추출할 때 이론의 표면적 이해가 아니라 심층적 이해를 지향해야 한다. 의미 목록을 작성할 때에는 핵심 단어들을 중심으로 찾아 기록한다. 그 핵심 단어들이 그럴듯한지 이론과 함께 살펴보아야 한다.

3단계 : 주제 선정

주제 선정은 곧 제목 선정이다. 이 단계에 이르면 프로그램의 내용 구성 요소를 명확하게 이해할 수 있다. 주제를 선정할 때에는 추출된 의미를 최대한 파악해야 한다. 할 수만 있다면 이론에서 추출한 의미를 주제로 다루어 선정하는 것이 좋다. 주제 선정에서 가장 편리한 방법은 추출된 의미를 이용하여 이미 고찰한 이론을 새롭게 조명해 보는 것이다. 주제는 우연히 발견되는 경우가 종종 있다. 그러나 주제는 이론을 탐구하고 의미를 추출하는 과정에서 발견되는 경우가 더 많다.

주제 선정 단계에서는 순서를 정하지 말고 제목만 정하는 것이 효과적이다. 여기에서 주제는 가능한 한 단순해야 한다. 프로그램 개발에 있어서 주제 선정은 매우 중요한 부분이다. 프로그램의 제목을 어떻게 만드느냐에 따라서 잠재적 대상자의 프로그램에 대한 관심이 달라진다. 그래서 주제 선정부터가 쉽지 않다. 주제 선정은 추출된 의미를 압축하고 개념화하여 범주에 따라서 묶는 작업이다.

프로그램 개발자는 이론에서 추출한 의미를 한 문장으로 요약해야 한다. 프로그램의 주제를 한 줄 요약이라고 하였지만 필요하다면 두 줄 또는 세 줄로도 할 수 있다. 그러나 핵심은 프로그램의 주제는 허용하는 한도 내에서 최대한 짧게 요약하는 것이다.

이론 고찰과 의미 추출을 지나서 주제 선정에 접어들면 '이론의 관점'보다 '개발자의 관점'이 점점 더 두드러진다. 주제는 문장이나 구절 혹은 단어로 표현한다. 주제 선정은 이론의 입장에서 개발자 자기 생각을 한 문장으로 요약해야 한다. 이때 서두르지 말아야 한다. 주제는 낚싯줄과 같은 것이다.

- 주제에는 목표가 드러나야 한다. 주제에는 목표가 함축적으로 포함된 것이 좋다.
- 주제는 독창성이 있어야 한다. 주제가 독창적이 되기 위한 가장 편리한 방법은 두 가지가 있다. 첫째는 수집된 자료를 이용하여 이론을 새롭게 조명해 보는 것이다. 둘째는 우연히 발견되는 경우가 종종 있다. 새로운 주제가 우연히 발견되는 경우도 일반적으로 이론에 대한 고민으로 인해 발견되는 경우를 의미한다.

- 주제는 읽기가 좋아야 한다. 가능한 한 주제는 간단하여야 한다. 단순한 주제가 읽기가 쉽다.
- 주제는 짧은 문장이 좋다. 주제를 선정할 때에는 짧은 문장을 사용하는 것이 효과적이다. 문장의 길이가 짧으면 프로그램을 이해하는 데 도움이 된다.
- 주제는 통일성이 있어야 한다. 각 단계와 각 회기의 주제는 통일성이 있어야 한다. 프로그램 단계와 회기별 주제는 주로 명사구로 끝나야 한다. 주제의 선정은 먼저 프로그램의 하위 단계 주제를 선정하고, 다음 그 단계별 주제에 맞게 회기 주제를 선정하는 것이 효과적이다.

4단계 : 프로그램 구조화

프로그램 구조화는 순서에 맞게 주제를 배치하는 것이다. 프로그램 구조화는 균형 잡힌 프로그램을 구성하는 것이다. 좋은 프로그램은 분명한 목표와 구조가 있어야 한다. 프로그램은 명확하고 단순한 프로그램의 구조를 통해 프로그램의 전체적인 일관성을 유지할 수 있다. 따라서 프로그램을 구성할 때는 논리적 순서에 맞게 각 주제를 배치하여야 한다. 여기서 가장 중요한 규칙은 선정된 주제들의 논리적인 배치이다. 특히 프로그램을 구성하는 요소들은 주요 이론에서 나온 듯한 인상을 주어야 한다. 이것이 확고한 규칙은 아니지만, 프로그램 구조를 완성하는 데에는 도움이 될 것이다.

대체로 프로그램 전체를 아우르는 한두 가지 목표가 있다. 프로그램의 각 단계와 회기의 목표가 전체 목표와 연관성이 있어야 한다. 이처럼 프로그램의 내용 구성 요소는 명확하고 단순한 구조를 통해 전체적인 일관성을 유지하면서 다양한 이야기들을 할 수 있다. 명확하고 단순한 구조가 프로그램을 정교하게 한다. 프로그램의 내용 구성은 각 주제를 흐름에 따라 전개하면서 각 회기의 상호관계와 각 단계 내부의 상호관계를 보여주어야 한다.

프로그램 내용 구성의 구조화 방법

프로그램 개발자는 먼저 프로그램의 지도를 만들어 보아야 한다. 구조화된 흐름이 없으면 개발자는 프로그램의 방향성을 잃게 되어 혼란을 겪게 될 것이다. 따라서 프로그램을 개발할 때 혼란을 예방하는 방법은 프로그램의 흐름을 만들도록 노력하는 것이다.

프로그램의 내용 구성은 단순한 구조를 통하여 프로그램이 어떤 방향으로 진행될지 알려주는 것이 매우 중요하다. 전체 프로그램을 구조화할 때 효과적인 방법은 기억하기 쉬운 요소를 3개로 정렬하는 것이다. 프로그램의 파이(pie)는 어떤 내용은 유지하고 어떤 내용을 버려야 하는지 분류하게 하고, 우선순위를 결정하는 데 도움을 주는 도구이다.

프로그램 구조화의 핵심은 숫자 '3'이다. 일반적으로 이것을 '숫자 3의 마법'이라고 한다. 사람들은 3이라는 숫자를 선호한다. 사람들이 잘 기억할 수 있는 단어도 숫자 3이다. 그러므로 프로그램의 내용을 구성할 때는 가능한 3개로 묶는 것이 효과적이다.

프로그램의 구조화에는 프로그램의 목적을 중심으로 3개의 하위 영역으로 이루어져 있다. 각 하위 영역은 3개의 회기로 구성되고, 각 회기에는 3개 목적의 활동 요소가 있다. 이 모든 것이 전체 프로그램을 둘러싸고 있다. 이것을 하위 영역 도식화하면 다음 [그림 7-3]과 같다.

- **프로그램 목적** 프로그램 목적은 프로그램의 심장부이다. 프로그램의 목적은 프로그램의 중요한 메시지를 포괄할 수 있는 넓은 범위의 핵심 메시지여야 한다.
- **하위 영역** 프로그램의 하위 영역은 연극에서의 막과 같다. 즉 연극에서의 막은 서로를 구분해 주는 영역이라고 말할 수 있다. 만약 하위 영역이 하나이면 프로그램의 구성이 반복적이거나 지루해질 수 있다. 그러나 하위 영역이 너무 많으면 프로그램의 핵심을 잃고 혼란스러워질 수 있다. 하위 영역은 앞에서도 말하였듯이 세 가지 하위 영역으로 하는 것이 가장 적절하다.

[그림 7-3] 프로그램 내용 구성의 절차

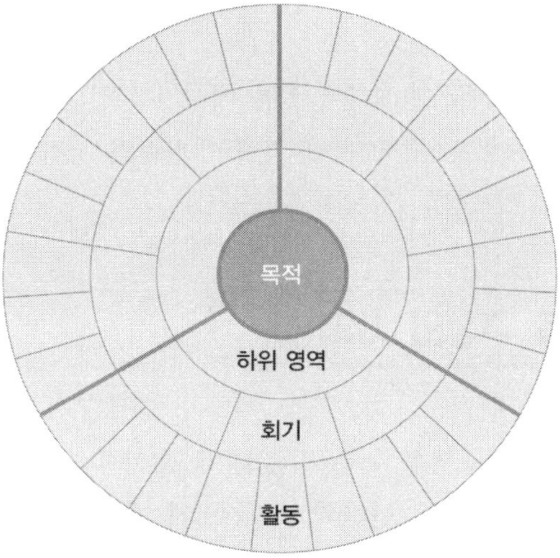

- **회기 구성** 하나의 하위 영역 안에 3회기로 구성하는 것이 좋으나 회기의 수는 하위 영역보다 좀 더 융통성 있게 조절할 수 있다. 그러나 회기도 하위 영역과 마찬가지로 횟수가 너무 많으면 명확성과 효과가 떨어진다.
- **활동 요소** 프로그램의 구성 요소는 프로그램의 활동을 통해 구현된다. 프로그램의 활동 요소에 관한 글은 다음 장 '프로그램의 활동 요소'에서 자세히 다룰 것이다.

프로그램의 구조화는 다음과 같은 도움을 준다.

- 구조화는 프로그램의 전체적인 개요를 파악할 수 있다. 그리하여 개발자는 프로그램의 전체적인 흐름을 관리할 수 있다.
- 구조화는 개발자의 여러 가지 아이디어를 정리해 가장 중요한 핵심을 파악할 수 있다. [그림 7-3]의 프로그램 구조화의 도식에서 활동 요소의 공간이 27개이므로 프로그램을 개발할 때 불필요한 내용을 정리하는 데 효과적인 방법이다.

- 구조화는 개발자의 복잡한 생각을 [그림 7-3]의 파이에 맞는 핵심 단어로 요약하여 정리할 수 있다. 따라서 프로그램의 내용을 효과적으로 기억할 수 있다.
- 구조화는 명확하고 이해하기 쉬운 메시지로 전달할 수 있다. 하나로 뭉뚱그려진 것보다는 오히려 세 가지 개별적인 생각이 더 효과적이다.

프로그램 내용 구성의 사례

프로그램의 내용 구성은 논리적인 배열 순서로 구성되어야 한다. 특히 상담 프로그램은 최종적으로 인간의 정서, 인지, 행동 등의 변화를 목표로 하고 있다. 이와 같은 변화에는 일련의 단계와 과정이 있다. 따라서 상담 프로그램은 이러한 변화를 염두에 두어야 한다(김창대 등, 2015).

다음의 하나님 이미지 형성 프로그램(표 7-1)은 필자가 개발한 상담 프로그램이다. 필자가 개발한 상담 프로그램의 내용 구성을 소개하면 다음과 같다.

표 7-1 하나님 이미지 형성 프로그램의 내용 구성

회기	단계	주제	목표
1	시작	프로그램 안내	프로그램의 이해를 돕고 자기 소개를 통하여 참여자 간의 이해 및 신뢰감의 발달을 돕는다.
2	자기 이미지	마음 속에 느끼는 자기 이미지	자신에게 내면화된 자기 이미지를 이해하고 자각한다.
3		나의 대인관계 패턴	대인 관계를 맺어 가는 자신의 행동 패턴에 대해서 이해한다.
4		중요한 파트너와의 관계	이성 관계에 중요한 영향을 미치는 자신의 대상 관계를 이해하고 이성 관계에 대한 깊은 동기와 태도에 따른 바른 통찰과 이해를 갖는다.
5	부모 이미지	마음 속에 느끼는 부모 이미지	유아기 때 자신을 돌보아 주던 부모님에 대한 이미지가 무엇인지를 자각한다.
6		초기 양육자와의 관계	3세까지 자신의 성장 과정과 환경이 자신에게 미친 영향에 대해서 자각한다.
7		어린 시절의 감정	어린 시절에 자신에게 가장 중요했던 억압된 감정이 무엇인지를 자각한다.
8	하나님 이미지	마음 속에 느끼는 하나님 이미지	초기 양육자와의 관계에서 형성된 하나님 이미지를 자작한다.
9		왜곡된 하나님 이미지	역할극을 통해서 하나님에 대한 왜곡된 이미지를 탐색한다.
10		새로운 하나님 이미지 형성	중요한 타자로서 하나님의 사랑과 수용하심의 경험을 통하여 새로이 내면화된 작용 모델을 형성한다.
11	종결	회상과 정리	집단상담 과정에서 자신의 변화된 모습을 바라보고, 학습 경험을 나눈다.

CHAPTER

8

프로그램 활동 요소

일반적으로 집단상담의 과정은 정해진 토의의 주제나 진행 절차가 없이 '지금-여기'의 느낌과 경험에 대한 상호교환으로 이루어지는 비조직적 과정이다. 따라서 상담 프로그램은 인지적(認知的)인 측면보다는 정의적(情意的)인 면의 상호작용 중심이 강하다. 그러나 정의적인 면의 상호작용은 어릴 때부터 인지적인 면에 치중하여 교육을 받은 사람에게는 매우 힘들 수밖에 없다. 따라서 상담 프로그램에서는 비생산적인 집단 분위기를 보다 생산적인 분위기로 인도하기 위하여 의도적 활동이나 게임 등을 활용한다. 이같이 의도적 활동을 통해 프로그램의 목적을 달성하고자 하는 것이 상담 프로그램이다.

상담 프로그램은 프로그램의 활동 요소에 의해 구현된다. 상담 프로그램은 사전에 설정된 특정 주제와 목표를 달성하기 위한 일련의 구체적인 활동으로 구성된다. 상담 프로그램에서의 활동은 집단의 발달 과정 자체를 촉진시켜 주고, 프로그램 참여자 간의 '지금-여기'의 느낌과 생각의 상호작용을 촉진시켜 주는 역할을 한다. 따라서 상담 프로그램 개발자는 적절한 활동을 선정하는 일과 어느 정도 사용할 것인가에 대해 항시 유의하여야 한다. 선정된 그 활동이 개발하고자 하는 상담 프로그램의 목적과 목표에 적합하지 못한 것이라면 오히려 역효과를 낼 우려가 있다.

프로그램 활동 요소의 개념

프로그램 개발은 프로그램의 구성 요소와 관련된 활동 요소를 선정하는 것이다. 프로그램의 내용 구성은 프로그램의 활동 요소에 의해 구현된다. 프로그램의 구성 요소를 구현하는 데에는 활동 요소가 필수적이다. 프로그램의 궁극적인 목표를 잘 구현하기 위해서는 프로그램의 내용 구성 요소의 필수적인 활동 요소를 선택하고 조직적으로 배열하여야 한다(김창대 등, 2015). 프로그램의 내용 구성 요소를 선정하고 배열하고 나면 다음에 해야 할 작업은 프로그램을 구체적으로 실현할 수 있는 활동 요소를 선정하고 조직하는 것이다. 프로그램의 활동 요소 선정은 프로그램을 실행하기 직전에 이루어지는 작업이다. 그러므로 프로그램의 활동 요소는 구체적이면서 자세히 이루어져야 한다.

프로그램의 활동은 프로그램의 목표를 이루기 위한 구체적인 활동 요소를 선정하고 배열하는 작업으로서, 프로그램의 목표와 프로그램의 내용 구성 요소를 구현하는 것이다. 프로그램의 내용 구성이 프로그램을 구상하는 작업이라면, 프로그램의 활동 요소는 프로그램을 실현하기 위한 구체적인 방법이다. 활동이 없는 프로그램은 이론에 머물러 있으며, 하나의 설계도에 지나지 않는다. 프로그램에는 프로그램의 목표를 구현할 수 있는 구체적인 활동이 있어야 효과가 있다. 다시 말해 프로그램의 목표는 프로그램의 내용 구성 요소에 의해 실현되고, 프로그램의 각 내용 구성 요소는 프로그램의 활동 요소에 의해 실현된다.

프로그램 활동 요소의 구성 절차

김창대 등(2015)이 제시한 프로그램 활동 요소의 구성 절차를 기초로 필자가 프로그램 활동 요소를 구성하는 절차를 보완하여 설명하고자 한다(그림 8-1).

[그림 8-1] 프로그램 활동 요소 구성 절차

단계	내용
1단계	이론 검토
2단계	핵심 단어 선정
3단계	자료 검색 및 수집
4단계	프로그램 활동 요소 수집
5단계	프로그램 활동 요소 개발
6단계	프로그램 활동 요소 선정
7단계	프로그램 활동 요소 평가
8단계	프로그램 활동 요소 조직
9단계	프로그램 활동 요소 수정
10단계	프로그램 활동 매뉴얼 제작

1단계 : 이론 검토

프로그램 활동 요소는 프로그램의 기초가 되는 이론을 충분히 검토한 후에 선정되어야 한다. 프로그램 활동 요소는 상담심리 또는 심리교육 이론에 근거하여 구체화하여야 한다. 왜냐하면 프로그램은 이론의 검토를 통해 이론적 요인이 구체화하기 때문이다. 이론을 검토하면 그 이론에서의 중요한 요인들이 드러나게 된다. 따라서 프로그램은 이론의 검토 과정을 통해 이론적 요인들이 구체화되며, 그 과정을 통해 활동 요소들이 구체화된다. 이처럼 프로그램은 이론의 검토 과정을 통해 활동 요소를 발견할 때 비로소 프로그램의 목적과 목표 그리고 프로그램의 내용 구성 요소와 일치성을 유지할 수 있다.

2단계 : 핵심 단어 선정

핵심 단어를 선정한다는 것은 프로그램의 이론 검토 과정을 통해 이론적 요인들을 구체화하는 작업이다. 이때 개발자는 이론의 다양한 요인들 가운데 핵심 단어를 선정하여야 한다. 이론적 요인은 일반적으로 여러 단어로 표현되어 있다. 이론적 요인에서 활동 요소의 단어들을 찾아내는 것은 결코 쉬운 일이 아니다. 따라서 개발자는 활동 요소에 필요한 단어들을 찾기 위해서는 이론 검토를 통한 고민의 과정을 거쳐야 한다. 개발자가 활동 요소에 필요한 여러 단어를 발견하였으면 그 단어들 가운데서 프로그램의 목표를 구현할 수 있는 가장 핵심적인 단어를 선정하여야 한다. 프로그램 개발은 이론에 기초하면서 프로그램의 내용 구성 요소에 가장 적합한 단어를 선정하는 그 자체가 프로그램의 활동 요소를 선정하는 핵심이다. 핵심 단어는 프로그램의 목표를 가장 잘 구현할 수 있는 단어여야 한다. 따라서 핵심 단어의 선정은 프로그램의 이론적 요인을 구체화한 것이다.

3단계 : 자료 검색 및 수집

이론에서 핵심 단어를 선정하였으면 핵심 단어와 관련된 다양한 자료를 검색하고 수집한다. 프로그램의 활동 요소에 필요한 자료를 수집하는 방법은 세 가지가 있다. 첫째, 이미 검증된 활동 요소를 활용한다. 둘째, 이미 검증된 활동 요소를 수정·보완한다. 셋째, 활동 요소를 새롭게 만드는 것이다. 프로그램 개발자는 이 세 가지 방법 중 자신에게 가장 적합한 방법으로 활동 요소를 선정하거나 만들면 된다. 세 가지 방법 중 무엇을 선택하든 프로그램 개발자는 먼저 기존의 자료들을 검색해 보아야 한다. 기존의 자료 검색을 통해 개발자는 다양한 아이디어들을 얻을 수 있다. 개발자는 자료 검색을 통해 위의 세 가지 방법 중 하나를 선택하면 된다.

4단계 : 프로그램 활동 요소 수집

개발자는 수집된 자료에 있는 다양한 활동 요소를 비교 분석하여야 한다. 활동 요소의 정리는 비교 분석 과정을 통해 각 프로그램에 있는 활동 요소들의 장·단점을 주의 깊게 살펴보고 기록하는 것이다. 수집된 자료들을 정리하는 방법은 프로그램별로 핵심 요소를 정리할 수 있고, 다양한 프로그램을 비교 분석을 하는 방식으로 정리할 수도 있다.

5단계 : 프로그램 활동 요소 개발

프로그램 개발자는 수집된 활동 요소가 프로그램의 목표 달성에 적합하지 않을 경우 새로운 활동 요소를 개발하여야 한다. 새로운 활동 요소를 개발한다는 것은 고된 작업이다. 그러나 고된 작업을 통해 새로운 활동 요소를 만들어 낸다는 것은 의미 있는 일이다.

6단계 : 프로그램 활동 요소 선정

활동 요소 선정은 수집된 자료를 통한 활동 요소이든 개발한 활동 요소이든 프로그램 목표 구현에 가장 적합한 것이어야 한다. 프로그램에 적합한 활동 요소를 선정하기 위해서는 프로그램의 활동에 대한 명확한 기준이 구체화되어 있어야 한다. 명확한 기준이 구체화되어 있으면 다양한 활동 요소들 가운데 우선순위를 정할 수 있다. 프로그램의 활동에 대한 구체적인 명확한 기준이 여러 활동 요소 중 프로그램의 구성 요소를 구현하기 위해 우선순위를 정할 수 있게 한다. 그리고 활동 요소의 선정은 다양한 평가를 거쳐야 한다.

7단계 : 프로그램 활동 요소 조직

프로그램은 활동 요소의 내용뿐 아니라 선정된 활동 요소의 적절한 배치도 중요하다. 프로그램 활동 요소의 순서를 정할 때는 잠재적 대상의 발달적 특성, 대상자 간의 친밀감 정도에 의해 논리적 순서 등을 고려해야 한다.

8단계 : 프로그램 활동 요소 평가

이 단계에서는 수집한 프로그램 활동을 평가하여야 한다. 평가는 이론 전문가와 현장전문가 등에게 자문하여 이론과 활동의 타당성, 현장 적용 가능성, 일반화 가능성에 대한 논의 과정을 거쳐야 한다. 이러한 결과를 반영한 후 최종 프로그램 활동으로 선정하여야 한다.

9단계 : 선택된 활동 요소 수정

개발자는 프로그램 활동 수집 및 평가를 통해 선택된 활동을 프로그램에 맞도록 수정 및 보완하여야 한다. 프로그램 실행 이전에 예비 연구를 실시하여 선택된 활동을 수정하고 보완해야 한다.

10단계 : 프로그램 활동 매뉴얼 제작

프로그램의 매뉴얼은 프로그램을 시행할 지도자를 위한 것이다. 프로그램 매뉴얼에는 프로그램 활동이 자세히 소개되어야 하고 개발자의 의도까지 포함되어 있어야 한다.

프로그램 활동 요소의 선정과 원리

프로그램 활동 요소의 선정 기준

프로그램의 활동 요소는 프로그램의 목표를 구체적인 활동으로 바꾸어 표현한 것이다. 수스만(Sussman, 2001)은 활동 요소의 선정 기준을 수용성과 접근성, 목표 달성에 도움이 되는 정도, 목표 집단에 미치는 영향력을 제시하였다(김창대 등, 2015). 필자는 수스만의 이론을 바탕으로 프로그램 활동 요소 선정의 기준을 다섯 가지로 제시하고자 한다(그림 8-2).

[그림 8-2] 프로그램 활동 선정 기준

가용성

가용성(availability)은 프로그램의 활동 요소의 사용 가능한 정도이다. 프로그램의 활동 요소는 잠재적 대상자가 편리하게 이용 가능하여야 한다. 프로그램의 활동 요소는 다양한 잠재적 대상자와 환경에 적용할 수 있어야 한다. 따라서 좋은 프로그램 활동 요소는 잠재적 대상자의 수준에 적절한 것이어야 한다.

수용성

수용성(acceptability)은 프로그램의 활동이 프로그램의 목표를 달성하는 데 직접적인 효과가 있다고 느껴지는 것이다. 좋은 활동 요소는 잠재적 대상자의 관심을 끌고 유지하면서 목표를 달성할 때까지 그 느낌을 지속시켜 주는 것이어야 한다. 따라서 수용성은 잠재적 대상자가 프로그램의 활동 요소에 흥미를 느끼는 것이다. 프로그램의 활동 요소 선정 시 잠재적 대상자의 흥미와 요구가 반영되어야 한다.

접근성

접근성(accessibility)은 활동 요소에 대한 참여가 가능한 정도를 의미한다. 잠재적 대상이 프로그램의 활동에 참여할 때 물리적·언어적·문화적·경제적 장벽을 제거해 편안하게 활동에 접근할 수 있도록 하여야 한다.

효과성

효과성은 프로그램의 활동 요소가 프로그램의 목표를 달성하는 데 도움이 되는 정도이다. 활동 요소 그 자체가 흥미 있고 관심을 일으키는 것이라고 하더라도 프로그램의 목표 달성과 관련이 없는 것이라면 무의미한 것이 된다. 이때 프로그램의 목표 달성에 도움이 된다는 것은 프로그램의 궁극적인 목표 달성에 영향은 주지만 그보다는 먼저 각각의 구성 요소의 목표 달성에 영향을 주는 구체적이면서 즉각적인 효과를 의미한다.

타당성

타당성은 프로그램의 활동 요소로서 시행하였을 때 그 활동 요소가 의도한 바대로 효과가 나타날 것인가 하는 것이다. 이것을 알아보기 위한 가장 좋은 방법은 프로그램의 잠재적 대상자와 유사한 사람들을 표본으로 그 활동 요소를 시행해 보는 것이다.

프로그램 활동 요소의 선정 원리

프로그램의 활동 경험은 프로그램 목표에 따라 다양하지만, 프로그램의 활동 요소를 선정하는 데 적용되는 일반적인 원리들이 있다. 타일러(Tyler, 1949)는 프로그램의 활동 요소를 선정하는 일반적인 원리를 다섯 가지로 제시하였다.

첫째, 프로그램 목표를 달성하기 위한 활동을 선정하여야 한다. 프로그램의 활동은 달성되어야 할 일정한 프로그램 목표에 대한 것으로서, 잠재적 대상자가 프로그램 목표가 함축하는 의미를 활동으로 경험할 기회를 가져야만 한다.

둘째, 프로그램의 활동은 잠재적 대상이 프로그램 목표가 함축하는 의미를 담은 활동을 실행함으로써 만족을 얻는 것이어야만 한다. 프로그램의 활동이 효과적이 되기 위해서는 이러한 활동에서 얻어진 만족이 있어야만 한다.

셋째, 프로그램 활동의 경험은 잠재적 대상자들이 수행할 가능성이 있어야만 한다. 프로그램의 활동 요소는 잠재적 대상자의 능력과 수준 등에 적합해야만 한다.

넷째, 프로그램의 목표를 달성하는 데 사용될 수 있는 수많은 다양한 활동 요소들이 있다는 것이다. 이것은 개발자가 특별한 활동 요소를 기획하는 데 광범위한 창조적 가능성을 가진다는 것을 의미한다.

다섯째, 같은 활동이 종종 여러 가지 결과를 산출한다는 것이다. 모든 활동은 하나의 프로그램 목표 이상을 발생시킬 가능성이 있다. 잘 계획된 프로그램 활동 요소는 동시에 여러 프로그램 목표를 달성하는 데 유용한 경험들로 이루어져 있을 것이다.

프로그램 활동 요소의 조직 준거

프로그램 활동 요소의 조직은 프로그램 개발에서 중요한 문제로 고려한다. 왜냐하면 조직은 활동 요소의 효율성과 잠재적 대상자에게서 주된 교육적 변화가 발생하는 정도에 크게 영향을 미치기 때문이다(Tyler, 1949). 프로그램 활동 요소의 조직은 잠재적 대상자의 발달 특성과 능력을 고려하여 조직하고 배열하는 것이다. 따라서 프로그램의 활동 요소는 체계적인 배열을 토대로 이루어져야 한다. 타일러는 효과적으로 조직된 활동 요소를 설정하는 데 부합하는 준거로 계속성(continuity), 계열성(sequence), 통합성(integration)을 제시하였다(Tyler, 1949; 그림 8-3). 이성호(2009)는 활동 요소의 조직 원리를 수직적인 차원과 수평적인 차원으로 구분한다. 수직적인 차원은 계열성과 계속성이 포함되며, 수평적인 차원은 통합성이 적용된다. 이 세 가지는 프로그램 활동을 조직하는 효과적인 틀을 형성하는 데 기초적인 지도적 준거가

[그림 8-3] 프로그램 활동 요소의 조직 준거

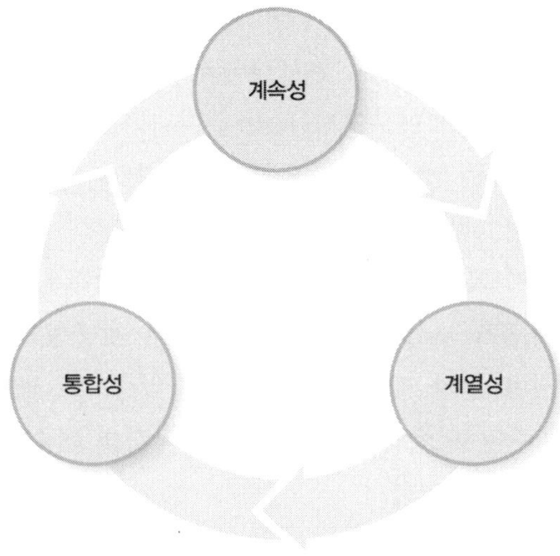

된다. 따라서 프로그램 활동 요소 조직의 기준이 되는 계속성, 계열성, 통합성에 관해 설명하고자 한다.

계속성

계속성은 주된 프로그램 활동 요소의 수직적인 반복을 의미한다. 프로그램의 중요한 개념들이 여러 부분에서 다루어지는 것이다(Tyler, 1949). 교육원리에 의하면 학습은 같은 내용을 반복적으로 하여야 그 효과가 있다고 한다. 이러한 의미에서 계속성의 원리는 내용을 반복적으로 학습하는 것이다. 따라서 잠재적 대상자가 프로그램에 참여하여 의미 있는 성과를 이루기 위해서는 중요한 내용을 반복해서 실행하여 익힐 수 있도록 활동 요소를 조직하여야 한다. 그러므로 계속성은 프로그램의 수직적 조직에서 주된 요소라고 할 수 있다.

계열성

계열성은 계속성과 관련이 있는 것이지만 계속성을 넘어서는 것이다. 계열성은 프로그램을 구성하는 요소들이 계속해서 반복될 수는 있지만, 그 반복이 단순히 같은 수준에서 이루어지는 것이 아니라 활동과 내용이 좀 더 넓고 깊게 진행되도록 하는 데 따른 중요성을 강조한다(Tyler, 1949). 프로그램은 선정된 프로그램의 활동 요소를 체계적으로 배열해야 한다. 체계적인 배열이란 단순한 것에서 복잡한 것으로, 쉬운 것에서 어려운 것으로, 주변적인 것에서 핵심적인 것으로 구성하는 것이다. 따라서 계열성의 원리는 활동 요소를 제시하는 순서에 관한 것이다. 이 순서는 역순으로 배열할 수도 있다. 그러므로 계열성은 주된 요소의 반복이 아니라 각각의 연속적인 활동 경험을 수반한 더 높은 수준을 강조한다.

통합성

통합성은 프로그램 과정 경험의 수평적 관계에 관련된다. 프로그램 활동 요소의 조직은 프로그램 활동 경험이 잠재적 대상자로 통합된 견해를 갖도록 도와주고, 프로그램 목표와 관련해서 잠재적 대상자의 행동을 통합시키도록 도와주는 것이 되어야만 한다(Tyler, 1949). 통합성에 의하면 프로그램의 활동 요소는 단지 백과사전과 같은 지식을 나열하는 것이 아니라 모든 활동 요소가 잠재적 대상자의 경험 속에 의미 있게 통합되어야 함을 강조한다(장원섭, 2011). 그러므로 프로그램의 각 회기에서 제공하는 활동 요소들은 상호 관련성이 있어야 한다. 프로그램의 각 회기의 활동 요소는 다음 회기의 활동 요소와 통합된 성격을 띠고 있어야 한다.

프로그램 활동 요소의 수집과 개발

프로그램의 활동 요소는 프로그램의 목표와 프로그램의 내용 구성 요소에 따라 선정된다. 프로그램의 활동 요소를 선정할 때에는 먼저 기존의 프로그램을 검토해 보아야 한다. 개발자는 기존의 프로그램 검토를 통해 활동 요소를 체계적으로 정리하여 분석해 볼 수 있다. 개발자도 이러한 분석 과정을 통해 프로그램의 목적과 목표에 적합한 기존의 프로그램 활동 요소 중 가장 적합한 활동 요소를 사용할 수도 있고, 아니면 새로운 활동 요소를 개발할 수 있다. 기존 프로그램을 살펴볼 때 프로그램의 활동 요소를 수집하는 기준은 다음과 같다(김창대, 2015).

- 프로그램의 잠재적 대상이 되는 집단의 특징 및 다루려는 문제는 무엇인가?
- 이 문제의 해결과 관련된 중요한 이론은 무엇인가?
- 이 문제의 개입과 관련된 중요한 변인은 무엇인가?
- 기존 프로그램의 내용 및 절차상의 한계는 무엇인가?

수스만(2001)은 프로그램 활동 요소의 출처로 학술 및 학위논문, 메타분석 논문, 관련 도서, 정부 기관 및 연구소 출판자료, 학회 또는 각종 워크숍 자료, 상담 및 교육기관 프로그램, 기업 현장 자료, 개인 웹사이트, 프로그램 개발자 및 저자 등을 들었다(김창대 등, 2015 재인용).

기존의 프로그램 활동 요소가 개발하고자 하는 프로그램의 목표를 이룰 수 없다고 판단되면 새로운 활동 요소의 내용 및 방법을 구상해 보아야 한다. 김창대(2015)는 프로그램의 새로운 활동 요소의 내용과 방법으로 브레인스토밍과 의사결정 분석을 소개한다.

브레인스토밍 기법

브레인스토밍은 집단에서 매우 다양하고 독특하며, 창의적인 아이디어를 산출하는 데 효과적인 방안으로 입증된 것이다. 브레인스토밍 기법의 기본 원리는 판단 보류를 통해서 아이디어의 양을 늘리고 아이디어의 수가 많으면 많을수록 문제 해결에 이르는 최선의 질 높은 아이디어들도 증가한다는 데 있다(유봉현, 2001). 브레인스토밍의 목적은 아이디어에 대해 다른 사람의 비판과 자기 비판에서 벗어나 자유롭게 대안을 찾아내도록 하는 데 있다(Sheafor et al, 1998).

브레인스토밍 원리

오즈번(Osborn, 1993)은 효과적인 브레인스토밍을 위한 원리로 판단 중지, 양의 추구, 자유로운 사고, 결합과 조합을 통한 개선 등을 제안하였다.

첫째, 판단 중지이다. 판단 중지는 제안된 아이디어에 대한 판단을 보류하는 것이다. 오즈번은 아이디어의 생성에는 관여하지만 어떤 형태의 비평이나 평가를 동시에 할 수 없다고 주장하였다. 판스(Parnes, 1967)에 의하면 브레인스토밍 과정에서는 어떤 것이든 생각나는 대로 말하여야 하며, 자기 생각에 그 아이디어가 부적절한 것처럼 보이더라도 판단을 하지 않아야 한다. 그리고 타인의 어떤 아이디어에 대해서도 비판하지 않아야 한다.

둘째, 양의 추구이다. 브레인스토밍할 때에는 아이디어의 질은 고려하지 않는다. 왜냐하면 아이디어가 많으면 많을수록 더 좋은 아이디어가 많이 산출되기 때문이다. 양의 추구는 제안된 아이디어의 질과 관계없이 다양한 아이디어를 생성하는 것이다. 아이디어의 질을 고려하는 것은 곧 아이디어의 평가를 의미하는 것이다. 아이디어의 질에 대한 평가는 브레인스토밍이 끝난 뒤에 다루어진다.

셋째, 자유로운 사고이다. 오즈번은 브레인스토밍은 허용적인 분위기를 만들어, 상상력을 북돋워 주고 조금 엉뚱한 아이디어라 할지라도 그것을 인정함으로써 많은 아이디어를 생성하도록 해 준다고 주장하였다.

넷째, 결합과 조합을 통한 개선이다. 아이디어 간 결합은 생성된 아이디어에 새로운 아이디어를 조합시키고 개선하는 것이다. 브레인스토밍할 때에는 자신의 아이디어뿐 아니라 타인의 아이디어를 좀 더 나은 방향으로 개선하려고 노력한다. 그리고 여러 아이디어를 결합해서 더 좋은 아이디어로 발전시킨다. 이때 중요한 것은 서로 판단을 보류함으로써 좀 더 나은 방향으로 아이디어를 발전시키는 것이다. 브레인스토밍은 자신의 아이디어를 내놓으려고 노력할 뿐 아니라 남의 아이디어를 어떻게 더 개선할 수 있는지, 다른 아이디어와 결합할 수 있는지 제안해야만 한다. 이처럼 브레인스토밍은 자기 아이디어와 남의 아이디어를 결합해서 좀 더 좋은 아이디어로 발전시킨다. 핵심은 상호비판을 배제 또는 연기함으로써 자유분방하게 서로를 자극하고, 서로의 아이디어를 결합도 해 보고 개선도 해 보는 집단 상황을 만드는 데 있다.

브레인스토밍 시간

브레인스토밍의 시간과 길이에 대해서는 연구자마다 의견이 다양하므로 적당하다고 생각되는 회의 시간의 길이에 대해 결론을 맺지 못하고 있다. 오즈번에 의하면 브레인스토밍의 시간은 30분 정도가 적당하며, 아침에 하는 것이 가장 효과적이다. 판스는 30~45분 정도가 적당하며, 시간이 더 걸릴 경우, 10분 정도 연장을 하거나 아니면 주어진 시간에 다룰 수 있도록 문제를 세분하는 것이 바람직하다고 하였다(유봉현, 2001 재인용). 이처럼 브레인스토밍 시간은 40분 내외가 가장 바람직하다.

브레인스토밍 참가 인원

브레인스토밍에 참여하는 집단 구성 인원수에 대해 오즈번을 비롯한 대부분의 학자들은, 이 기법은 혼자서 해도 무방하고, 2~3명 혹은 6~7명 정도가 좋으며, 때에 따라서는 수십, 수백 명이 함께 참여해도 되기 때문에 꼭 규제를 둘 필요는 없다. 그러나 아널드(Arnold, 1992)는 브레인스토밍의 인원수는 보통 6~12명 정도가 일반적으로 바람직하다고 했다. 그러나 황과 린(Hwang & Lin, 1987)은 6명보다 적거나 10명보다 많은 것은 좋지 않다고 했다(유봉현, 2001 재인용). 이처럼 브레인스토밍의 인원은 참가자들이 효과적으로 참여할 수 있는 6~8명이 가장 적당한 것 같다.

의사결정 분석

의사결정 분석은 선택이며 결정이다. 의사결정 분석은 여러 대안 중에서 미리 정한 기준에 가장 적합한 대안을 결정하는 것이다. 우리들은 의사결정을 할 때 고민을 한다. 고민하는 이유는 불확실성 때문이다. 따라서 의사결정은 이러한 불확실성을 줄이고자 하는 노력이다. 선택할 때 선택의 기준이 있어야 하며, 선택하였을 때 예상되는 성과를 판단하여 가장 적합한 대안을 결정하는 것이다. 이때 판단을 하는 기준은 여러 대안을 비교하여서 한다. 따라서 의사결정 분석 과정은 여러 자료 수집 및 분석을 통해 이미 알고 있는 정보를 최대한 확보하려는 활동이다(김명렬, 2012). 따라서 브레인스토밍은 여러 아이디어를 막힘없이 생성하는 데 도움이 되는 것이라면, 의사결정 분석은 프로그램의 목적과 목표와 관련되어 활동에 대한 다양한 아이디어를 제시하되 프로그램 목표와의 적합성과 비교 분석을 하여 선택하는 과정이다(김창대 등, 2015).

셰퍼 등(Sheafor et al., 1998)이 제시한 보편적인 의사결정 분석 과정 4단계를 살펴보면 다음과 같다.

1단계 : 목적과 목표를 명확히 한다

이 단계는 목적과 목표를 분명하게 이해하도록 하는 데 있다. 프로그램과 관련된 목적과 목표를 구체적이고 분명하게 알고 있을 때 프로그램 활동 요소를 결정하는 데 도움이 된다.

2단계 : 대안을 탐색해 본다

이 단계는 원하는 결과를 성취할 수 있는 가능한 방법을 찾는다. "사람들은 여러 대안 중에서 어떻게 선택해야 하는가? 곧 어떤 식으로 선택해야 하는가?"라는 질문을 통해 가능하면 대안을 많이 찾고, 대안이 많을수록 선택을 하는 데 도움이 된다.

3단계 : 대안을 평가한다

이 단계는 개발하고자 하는 프로그램의 목적과 목표가 기준이 되어 대안들을 비교 분석한다. 대안들을 비교 분석한다는 것은 대안의 장·단점을 비교하는 것이다. 프로그램의 분명한 목적과 목표가 기준이 되어 대안들을 평가한다. 대안 평가는 각 대안의 장·단점을 고려해서 결정한다. 그러므로 대안 평가는 결정을 내리기 전에 고려해야 할 요인들을 평가하는 데 초점을 맞춘다. 만약 대안이 만족스럽지 않다면 새로운 대안을 찾고, 기준을 변경할 수 있다.

4단계 : 대안을 결정한다

이 단계는 프로그램의 목적과 목표에 가장 적합한 최선의 대안을 결정한다. 결국 모든 대안의 장·단점을 대략 작성한 후에 각 선택을 비교해서 결정한다. 이것은 대안의 평가를 통해 가장 선호하는 대안들을 분명히 하는 것이다.

[그림 8-4] 의사결정 분석의 점진적 과정

목표 파악	대안 탐색	대안 평가		대안 결정
		장점	단점	
	1)	1)	1)	
	2)	2)	2)	
	3)	3)	3)	
	4)	4)	4)	
	5)			

[그림 8-5] 의사결정 분석의 단계적 과정

<table>
<tr><th>단계</th><th>내용</th><th colspan="2">적용</th></tr>
<tr><td>1</td><td>목표 파악</td><td colspan="2">1)
2)</td></tr>
<tr><td>2</td><td>대안 탐색</td><td colspan="2">1)
2)
3)
4)
5)</td></tr>
<tr><td rowspan="2">3</td><td rowspan="2">대안 평가</td><td>장점</td><td>단점</td></tr>
<tr><td>1)
2)
3)
4)</td><td>1)
2)
3)
4)</td></tr>
<tr><td>4</td><td>대안 결정</td><td></td><td></td></tr>
</table>

프로그램의 최종 대안을 결정하는 과정에 도움이 될 의사결정 분석 도표는 [그림 8-4], [그림 8-5]와 같다. [그림 8-4]는 점진적 과정을 나타내는 것이고, [그림 8-5]는 단계적 과정을 나타내는 것이다.

프로그램 활동 요소의 잠재적 효능성 평가

개발된 프로그램의 활동 요소는 잠재적인 효능을 평가하여야 한다. 프로그램 활동 요소의 잠재적 효능을 평가하는 방법은 다양하다. 프로그램 활동 요소의 잠재적 효능을 알아보는 것을 지각된 효능성 평가(perceived efficacy method)라고 한다. 지각된 효능성 평가는 프로그램 개발의 중요한 단계이다. 이 평가는 프로그램의 활동이 잠재적 대상자의 요구와 얼마나 잘 맞는지를 결정하는 단계이다. 이것은 잠재적 대상자에게 프로그램의 전체 내용과 활동을 제공하는 것이 아니다. 그리고 잠재적 대상자가 실제 프로그램 활동에 참여하는 것이 아니다. 잠재적 대상자는 프로그램의 내용과 활동의 요약된 정보를 받고, 이것이 실제로 실행되었을 때 그 효과에 대해 판단을 내리는 것이다.

따라서 프로그램 개발자는 개발된 활동 요소들이 잠재적 대상자에게 지각된 정도를 평가해야 한다. 개발자가 보기에 좋은 활동이라도 잠재적 대상자들이 그 활동을 인식하지 못하면 아무런 소용이 없게 되는 것이다. 지각된 효능성 평가는 프로그램 실행 이전에 그 활동을 전체적 또는 부분적으로 실시하면서 그 활동이 프로그램의 목표와 관련성이 있는지 그리고 잠재적 대상자의 요구와 수준에 적절한지를 평가하는 것이다. 지각된 효능성 평가는 언어적 유형과 비언어적 유형이 있다(Sussman, 2011).

언어적 유형

언어적 유형의 방법은 대화나 집단 토론을 통해 정보를 얻는 것과 연관이 있다. 언어적 방법으로 수집된 자료들은 사실상 질적인 것이다.

아얄라(G. X. Ayala)와 엘더(J. P. Elder)는 인식된 효능성의 평가를 다섯 가지 언어적 유형의 방법으로 제시하였다(Sussman, 2011): 면담, 협의회 포럼, 델파이 기법, 역할극, 핵심 집단.

면 담

면담(interview)은 상호 공통의 관심 주제에 대해 대화하는 것으로서, 그 대화에 참여하는 사람들의 관점을 서로 교환하는 것을 의미한다. 특히 프로그램 개발에서의 면담은 지식을 추구하는 전문적인 대화이다. 이것은 면담자와 피면담자 간의 상하 관계가 이루어지는 대화 구조 속에서 잠재적 대상자의 프로그램 활동 요소에 대한 지각 정도와 효능성을 평가하기 위한 목적을 지닌다(공병혜 · 박순애, 2009). 면담은 면담의 형식과 면담 시간에 따라 구분할 수 있다.

면담의 과정에 따른 분류

면담 형식은 면담 과정이 표준화되고 사전 계획이 짜인 정도에 따라 구조화 면담, 비구조화 면담, 반구조화 면담으로 구분할 수 있다.

구조화 면담은 사전에 질문의 내용이나 순서를 정해 놓고 그 계획에 따라 면담을 진행하는 방법이다. 이 면담의 장점은 시간 절약과 함께 수집된 자료의 일관성과 객관성이 인정되어 자료 처리를 쉽게 할 수 있다. 그러나 단점은 의도된 면담의 내용만을 파악할 수 있을 뿐 면담자의 융통성과 그 이외의 정보를 얻기는 어렵다. 반구조화 면담은 구체적으로 진술된 일련의 질문들은 있되, 면담자가 면담할 때 상황에 따라 질문의 융통성을 발휘하는 방법이다.

비구조화 면담은 사전에 준비된 질문 내용은 없고 단지 포괄적인 주제에 대해 피면담자의 생각, 경험, 감정 등을 이야기하도록 하는 방법이다. 즉 비구조화 면담은 질문 방식이나 내용의 제약 없이 질문자의 상황 판단에 따라 유연하게 진행하는 방식을 말한다. 비구조화 면담은 피면담자의 생각을 그대로 반영할 수는 있으나 면담을 위한 고도의 기술이 필요하고, 수집된 자료를 통해 정보를 얻기까지 시간이 오래 걸릴 수 있다.

반구조화 면담은 구조화 면담과 비구조화 면담의 장점을 살린 절충적 면담 방식이다. 반구조화 면담은 사전에 질문 내용에 대해 철저하게 계획을 세우고 준비를 하지만 면담 장면에서는 면담자가 융통성 있게 면담을 하는 것이다. 면담자는 면담 상황에 따라 질문의 수를 바꿀 수도 있고, 추가 질문도 할 수 있다.

면담의 구조에 따른 분류

면담의 구조에 따른 분류는 면담의 길이와 간격에 따라 구분될 수 있다.

면담은 간단면담과 심층면담으로 구분할 수 있다. 간단면담은 비교적 시간이 짧고 단회적으로 면담이 이루어지는 것이며, 심층면담은 긴 시간과 여러 횟수를 통해 이루어지는 것이다.

돌비어와 슈만에 의하면 면담은 각각의 목적을 달성하기 위해 90분 체제를 사용한다. 그들에 의하면 한 시간은 시간의 표준 단위에 대한 의식을 내표하기 때문에 피면담자로 하여금 시계를 보도록 할 수 있다. 그러나 두 시간은 한 번에 앉아 있기에는 너무 긴 시간이다. 그래서 90분의 면담 시간이 가장 적당하다. 왜냐하면 90분은 너무 길지 않으면서도 자신의 말이 진지하게 받아들여지고 있다고 느끼기에 충분한 시간이기 때문이다. 심층면담의 경우 면담은 3일에서 1주일 간격으로 이루어지는 것이 효과적이다(Seidman, 2013).

협의회 포럼

협의회 포럼(community forums)은 서로 다른 하위 집단의 지도자가 그 집단의 독특한 관점에 대해 발표한다. 하위 집단의 지도자는 다른 집단의 가교 역할을 하는 것이 아니라 자신이 속한 집단의 의견을 피력하는 목소리 역할이다. 포럼은 2시간 이내에 진행되며 훈련된 사회자가 있어 반드시 질문을 던지고 토론을 통제해야 한다. 질문과 대답을 할 때 2~3명은 대답을 기록하고 있어야 한다. 이러한 대답들이 결합되어 하나의 보고서로 만들어지고 이 정보가 프로그램 활동의 평가에 영향을 준다. 협의회 포럼은 하위 집단 요구에 대한 핵심 정보를 파악할 수 있고, 그 집단의 요구에 대한 토론을 함께 할 기회를 제공한다. 그리고 제안된 프로그램의 활동이 잠재적 대상자의 욕구를 어떻게 다룰 것인지에 대해 함께 토론할 수 있게 한다(Sussman, 2001).

델파이 기법

델파이 기법(Delphi technique)은 프로그램의 활동에 대하여 전문가의 의견을 수렴하는 방법이다. 델파이 기법은 전문가들의 직관을 종합하여 프로그램의 활동에 대한 합의를 통해 의견을 수렴하는 방법으로 활용되고 있다. 프로그램의 활동 요소에 대해 가장 잘 알고 있으리라고 생각되는 전문가들을 대략 30명에서 최대 100명까지 선정하여 패널을 구성한다. 델파이 방법에는 전문가 선정의 문제가 매우 중요하다. 델파이 기법은 전문가들의 직관을 객관적 수치로 나타내는 방법이기 때문에 참여하는 전문가의 자질과 능력은 중요할 수밖에 없다(이종승, 2009).

델파이 기법은 아직 일정한 합의점에 도달하지 않은 활동에 대해 다수의 전문가를 대상으로 설문 조사나 우편 조사나 이메일이나 SNS 등을 통해 여러 차례의 피드백 과정을 거쳐 의견을 수렴하고 집단적 합의를 해내는 방법이다. 그래서 델파이 기법을 전문가 합의법이라고도 한다. 델파이 기법은 새롭게 형성한 프로그램 활동의 내용을 전문가에게 보내 활동 내용의 타당성과 적절성에 대해 평가와 대안적 피드백을 받는 것이다. 특히 이 델파이 기법은 시간상·거리상으로 한 장소에 모일 수 없는 전문가들에게 문서를 통해 의견을 수렴하고 교환한다. 즉, 델파이 기법은 면대면 상호작용 없이 서면으로 또는 대화를 통해 작은 집단 내에서 아이디어를 생성해 내는 것이다.

델파이 기법은 협의회와 여론조사의 장점을 절충한 자료수집 방법이다. 이종승(2009)은 델파이 기법의 특징을 세 가지로 제시하고 있다. 첫째, 응답자의 익명성이 보장되므로 외부의 영향에 의해 결론이 왜곡되거나 표현이 제한받는 것을 방지할 수 있다. 둘째, 통제된 피드백 과정을 반복함으로써 주제에 대한 응답자의 지속적인 관심과 사고를 촉진할 수 있다. 셋째, 개별 전문가의 의견을 통계적으로 종합하여 제시함으로써 집단 내 의견 차이 정도를 알려주고, 극단적인 소수 의견에 대해서도 그 내용을 파악할 수 있다. 각자의 주관적인 판단을 종합하여 비교적 정확하고 객관적인 자료로 전환할 수 있다.

델파이 기법은 크게 두 가지 형태로 구분할 수 있다. 그것은 델파이 실행과 협의이다. 델파이 실행은 가장 일반적으로 활용되고 있는 지필형 질문 기법이다. 프로그램 개발자가 활동 요소의 질문지를 작성하여 전문가들에게 보내고, 회수된 질문지의 응답 결과를 분석해서 새로운 질문지를 작성하여 다시 동일한 전문가에게 보내는 과정을 반복한다. 전문가들은 피드백을 받은 집단 반응을 참고하여 자신이 응답한 내용을 수정할 수 있는 기회를 얻는다. 그리고 델파이 협의는 전문가들이 지필형 질문지에 응답하는 것이 아니라 각자의 컴퓨터를 이용하여 질문 내용에 응답하는 것이다(이종승, 2009).

역할극

역할극(role play)은 잠재적 대상자들이 프로그램 개발자가 만든 프로그램 활동에 대한 '연기 대본'을 받아 그 대본대로 즉흥적으로 연기하여 그 효능성을 평가하는 것이다.

역할극은 지각된 효능성 평가에 비언어적·행동적 자료가 포함될 때 가장 효과적이다(Sussman, 2001).

핵심 집단

핵심 집단(focus group)은 특정 주제에 대해 그 집단 사람들이 어떻게 생각하고 있는지를 파악하기 위해 소집된 사람들로 구성된다. 면담은 프로그램 개발자가 아니라 사회자가 진행한다. 이 핵심 집단은 최근 교육학계에서 널리 이용되고 있다. 핵심 집단의 참여자는 6~12명이 효과적이다. 핵심 집단은 특정한 주제에 관해 이야기하기 때문에 동질집단으로 구성하는 것이 효과적이다. 그들은 프로그램의 활동에 대해 평가하면서 문제 해결 및 해결 방안까지도 논의할 수 있다. 핵심 집단은 짧은 시간에 적은 비용으로 상대적으로 정확한 정보를 얻을 수 있다는 장점이 있지만 집단면담에 여러 사람이 함께 참여하므로 모두에게 편리한 장소, 시간 결정이 어렵다는 한계가 있다(Sussman, 2001).

비언어적 유형

비언어적 유형의 방법은 음성 응답(audible response)을 필요로 하지 않으며, 종이와 연필 및 객체 조작(object manipulation)을 활용하는 작업이 포함된다. 네자미(E. Nezami), 데이비슨(Gerald C. Davision), 호프만(Beth R. Hoffman)은 비언어적 방법으로 자기 보고식 질문지, 주제 연구, 카드 분류법, 기억 회상, 투사적 기법 등을 제시하고 있다(Sussman, 2011).

자기 보고식 질문지

자료 수집의 한 방법으로 가장 빈번하게 사용하는 것이 자기 보고식 질문지이다. 자기 보고식 질문지(self-report questionnaires)는 프로그램 활동에 대하여 개인이 가지고 있는 의견이나 태도에 대해 알아보고자 할 때 사용한다. 자기 보고식 질문지를 이용하여 자료를 수집할 경우에는 그 자기 보고식 질문지에 응답할 사람들의 입장을 충분히 고려하여 만들어야 한다. 특히 자기 보고식 질문지는 응답하는 사람이 자기 생각과 의견을 진솔하게 반응할 수 있도록 만들어야 한다. 질문에 응답하는 사람이 편안하게 참여할 수 있도록 신체적으로 심리적으로 부담감을 느끼지 않도록 질문 문항 수를 적절하게 조절하여 필요한 사항만 묻도록 하여야 한다. 그리고 반응 결과가 응답자에게 불리하게 작용하지 않으리라는 것을 인식시켜야 한다(이종승, 2009).

주제 연구

주제 연구(theme studies)에서 피실험자들이 개발자가 들려주는 각 활동 요소에 대한 간결한 이야기를 듣고 활동 요소의 흥미나 유용성에 대해 평정하는 방법이다. 주제 연구 방법은 프로그램의 질을 향상시키기 위해서 짧은 시간 내에 잠재적 활동 요소들을 고려할 수 있도록 해준다. 주제 연구의 평정 방법은 자기 보고식 질문지 방법과 비슷하다. 그러므로 주제 연구 방법은 필요할 경우 자기 보고식 질문지 방법과 함께 사용해도 괜찮다. 주제 연구 방법은 시간이 많이 들지 않으면서 만약 연구가 빠른 시일 내에 끝나야 한다면 잠재적 대상자 집단과 전문가 집단의 의견도 들을 수 있다(Sussman, 2001).

카드 분류법

네자미 등에 의하면 카드 분류법(card sorting)은 역사적으로 성격이나 인지적 기능을 테스트하기 위해 사용되었다. 카드 분류법은 더 나은 프로그램 개발을 위해 프로그램 활동 요소들의 흥미나 타당성을 평가하기 위해 사용될 수 있다. 각각의 카드는 활동 요소들의 사진이나 행동을 묘사하는 간단한 문장으로 이루어진다. 따라서 주제 영역에 한정된 지식을 가진 비전문가 그룹에 매우 유용하다. 만약 카드의 정보가 그림이나 사진으로 되어 있다면 문자를 모르는 사람들에게도 가장 이상적인 방법이다. 왜냐하면 카드를 분류할 때 이야기를 할 필요가 없기 때문이다. 또한 이 방법은 쉽게 흥미를 잃고 잘 대답하지 않는 어린 참여자들에게도 적절하다. 그러나 카드에 제시된 사진이나 그림 그리고 문장이 그들에게 명확히 이해되지 않을 수 있다. 그러므로 프로그램 개발자는 카드에 제시된 메시지가 명확할 수 있도록 참여자를 배려하여야 한다. 참여자들은 카드를 '인상적이고 기억에 남는 것'과 '평범하고 눈에 띄지 않는 것'으로 구별하게 된다. 참여자가 카드 분류를 하고 난 후, 실험자는 참여자에게 어떤 이유로 카드를 목록별로 분류하게 된 것인지를 물어보게 된다(Sussman, 2001).

기억 회상

기억 회상(memory recall)은 프로그램 메시지의 단기기억 회상을 평가하기 위한 방법이다. 기억 회상은 인지과학에서 차용하여 프로그램의 개념을 평가하기 위한 것이다. 프로그램 개발에 관해 이야기하자면, 피실험자는 주제와 관련된 메시지를 내포한 여러 문단을 주어진 순서대로 읽도록 지시를 받는다. 이때 메시지의 순서는 각 피실험자 간 섞여 있다. 피실험자들은 그 문단이 녹음된 파일을 번갈아 가며 듣는다. 그 후 그들은 기억할 수 있는 최대한의 메시지를 회상하고 쓰도록 요청을 받는다. 그 다음, 그들은 뒤따르는 방해 후의 기억 회상을 실험하기 위해 다른 활동에 참여하여 1시간 30분을 보낸 후 다시 그 메시지를 회상하고 쓰는 일을 반복한다. 이러한 방해 기간 후 피실험자들이 가장 잘 기억하는 메시지가 그들에게 더 지속적인 깊은 인상을 남겼을 것으로 본다. 이같이 기억 회상은 시간 경과에 따라 잊혀지지 않는 메시지를 측정하는 것이다.

투사적 기법

네자미 등에 의하면 투사적 기법(projective technique)은 인식된 효능성

연구를 사용하는 데 사용될 수 있다. 투사적 기법의 네 가지 평가 방법으로 단어 연상, 문장 완성, 그림에 대한 서면 응답, 가상 상황에서의 반응 등이 있다(Sussman, 2001).

단어 연상

단어 연상(word association)은 융(Jung, 1919)이 기억과 학습에 관한 실험을 할 때 처음 사용했다. 심리학자들은 개인의 성향과 태도를 측정할 때 단어연상기법을 신뢰하게 되었다. 피실험자는 문장을 들은 후 마음속에 떠오르는 첫 번째 생각과 감정들을 말하거나 쓰도록 지도받는다. 단어 연상법은 피실험자가 어떤 특정한 단어를 들었을 때 마음에 떠오르는 것이 긍정적인지 아니면 부정적인지 또는 마음에 드는 것이 즐거움인지 아니면 압박감인지 등을 알아보는 방법이다(Sussman, 2001).

문장 완성

문장 완성(sentention completion)은 다수의 미완성 문장을 피실험자가 생각나는 대로 그 문장을 완성하도록 하는 검사이다. 문장 완성은 심리적인 평가에서 개인의 고통, 욕구, 방어기제, 충동, 두려움, 포부, 인생의 목표 등에 대한 정보를 드러내는 성격 특성 목록으로 사용된다. 문장 완성은 매우 구체적이고 직접적인 평가를 얻기 위해 사용될 수 있다. 문장 완성은 프로그램 활동의 유익함과 매력을 평가하는 데 사용될 수도 있다. 예를 들면, “이 프로그램 활동은 나에게… 이다”, “이 프로그램 활동은 내가… 원하도록 만들었다” 그리고 피실험자들에게 효과적인 활동을 이야기하도록 요구할 수도 있다. 예를 들면, “사람이 금연하는 데 도움을 주는 활동은… 이다”(Sussman, 2001).

그림에 대한 서면 응답

그림에 대한 서면 응답(written responses to pictures)은 주제통각검사(Thematic Apperception Test: TAT)에서 차용하였다. TAT는 일련의 그림을 참여자에게 보여주고 각각의 사진들에 대한 이야기를 하도록 하는 투사적 기법이다. 그림에 대한 서면 응답법은 프로그램의 활동과 관련된 그림이나 사진에 대한 자기 생각이나 느낌을 서면으로 제출하도록 하는 방법이다. 활동의 그림에 대한 서면 응답은 프로그램 활동의 인지적인 유익이나 타당성에 대한 유용한 정보를 받을 수 있다(Sussman, 2001).

가상 상황에서의 반응

가상 상황에서의 반응(articulated thoughts in simulated situation: ATSS)은 데이비슨(G. C. Davison), 로빈스(C. Robinson), 존슨(M. Johnson)에 의해 제안된 것으로서 통제된 자극 상태에서 즉각적인 생각들을 평가하기 위해 사용되었다. ATSS의 과정은 참여자에게 프로그램의 활동과 관련된 가상 상황의 동영상을 10~15초 상영한 후 잠시 멈춘다. 다음 30초 정도 침묵의 시간을 가진다. 참여자는 30초간의 침묵 후 마음에 떠오르는 생각을 적어 내려간다. 이러한 과정을 여러 번 진행한다. 참가자는 가상 상황을 현실적이라 생각하면서 가상 상황에 몰입하게 된다. ATSS의 장점은 구조화되지 않은 대답의 양식이다. 이 양식은 참여자의 생각과 감정을 적을 때 최소한의 통제를 하게 된다. 이 방법은 회상에 의한 회고적 평가보다 왜곡을 최대한 줄이게 되고, 통제도 최소화한다. 따라서 ATSS의 방법은 프로그램 활동 상황과 가장 밀접한 반응을 얻는 데 도움이 된다(Sussman, 2001).

프로그램에 적용할 수 있는 활동 요소

목적별 활동 구분

김창대(1999)는 기존의 집단상담 활동을 모아서 활동 모음집을 제작하였다. 그는 집단상담 활동집 자료에서, 구조화된 집단상담에 적용할 수 있는 활동을 여섯 가지 목적별로 구분하여 소개하고 있다. 그는 크게 친밀감 및 신뢰감 형성을 촉진하는 활동, 자기노출을 촉진하는 활동, 각성을 촉진하는 활동, 가치관과 비전의 명료화를 촉진하는 활동, 의사소통을 촉진하는 활동, 마무리하는 활동 등으로 구분하고 각각의 목적을 달성하기 위한 방법별로 다시 구분하였다.

친밀감 및 신뢰감 형성을 촉진하는 활동

프로그램 참여자들은 상담 프로그램의 초기 단계에 신뢰관계 형성에 대해 많은 관심을 갖게 된다. 왜냐하면 이 신뢰의 수준이 참여자 간에 어느 정도 깊이 사귈 수 있으며, 서로 깊은 관련성을 맺을 수 있겠는가를 결정하기 때문이다. 참여자 간의 신뢰 수준이 상담 프로그램의 성패에 관건이 되는 요소 중 하나이다. 따라서 상담 프로그램 개발자는 프로그램 참여자 간의 신뢰관계를 형성할 수 있는 활동에 관심을 가져야 할 것이다. 김창대(1999)는 친밀감 및 신뢰감 형성을 촉진하는 활동으로 자기소개를 통한 친밀감 형성, 자기개방을 통한 친밀감 형성, 신체활동을 통한 친밀감 형성 등을 소개하고 있다. 이같이 그는 친밀감 형성을 위한 활동을 세 가지로 구분하고 그 목적을 달성하기 위한 다양한 방법을 소개하고 있다. 필자는 그가 소개하고 있는 친밀감 및 신뢰감 형성을 촉진하는 다양한 방법을 다음과 같이 간략하게 제시하고자 한다.

친밀감 및 신뢰감 형성을 촉진하는 활동

구분	방법
자기소개	자기 이름에 얽힌 사연 소개하기, 별칭 짓고 얽힌 사연 소개하기, 뒤돌아 앉아 자기 소개하기, 자화상 그리기, 내 짝을 찾기, 타인이 되어 자기 소개하기, 종이로 자기 표현하기, 공통점 찾아 소개하기
자기개방	나는 누구인가?, 나의 정서 뿌리 찾기, 나의 위치, 스펙트럼, 최근에 있었던 일, 감사한 마음 나누기, 문장 완성
신체활동	김밥말기, 신문 위에 올라서기, 콩쥐팥쥐, 인간 실풀기, 장님과 벙어리, 손 발 씻어주기, 고양이와 쥐, 뒤로 넘어지기

자기노출을 촉진하는 활동

자기노출은 집단상담에서 매우 중요한 요소이다. 자기노출은 참여자 간의 신뢰감을 쌓아가는 첫걸음이면서 신뢰감 형성의 수준을 알려주는 기준이 되기도 한다. 또한 참여자가 자기노출을 함으로써 서로에 대해 깊이 이해할 수 있는 자료를 제공하게 된다. 이러한 자기노출은 참여자 간의 응집성을 높이고, 자기노출을 할 때 나타나는 두려움을 극복할 수 있는 방법이 되기도 한다. 김창대(1999)는 자기노출을 촉진하는 활동으로는 초기 기억 개방을 통한 자기노출, 미해결 과제 개방을 통한 자기노출 등을 소개하고 있다. 이같이 그는 자기노출을 촉진하는 활동을 두 가지로 구분하고 그 목적을 달성하기 위한 다양한 방법을 소개하고 있다. 필자는 그가 소개하고 있는 자기노출을 촉진하는 다양한 방법을 다음과 같이 간략하게 제시하고자 한다.

자기노출을 촉진하는 활동

구분	방법
초기 기억 개방	내 인생에 가장 영향을 준 세 사람, 추웠던 기억과 따뜻했던 기억, 인생 그래프, 우리 집 이야기, 나의 일생
미해결 과제 개방	내 마음속의 하얀 집, 내 문제? 다른 사람 문제?, 남이 모르는 나, 숨겨진 나, 나의 봉투

각성을 촉진하는 활동

사람은 자신의 몸과 마음이 어떤 상태에 있는지에 대해 거의 지각하지 못하고 있다. 그 결과 사람은 성장하면서 자신의 지각과 정서를 있는 그대로 경험하지 못한 채, 타인의 기대나 사회적 요청에 응하여 반응하게 되었다. 이로 인해 일반적으로 대부분의 사람들은 일상생활에서 자신을 되돌아보고, 탐색하는 시간을 거의 갖지 못한 채 살아가고 있다. 따라서 집단상담은 참여자로 하여금 순간 순간 자신의 경험에 대한 명확한 각성(awareness)을 하도록 하는 것이 중요한 요소 중 하나이다. 그러므로 상담 프로그램 개발자는 참여자의 각성을 촉진하는 활동 요소 등에 관심을 가져야 할 것이다. 김창대(1999)는 각성을 촉진하는 활동으로 물리적 존재에 대한 각성, 감정에 대한 각성, 소망에 대한 각성, 자기 투사에 대한 각성 등을 소개하고 있다. 이같이 그는 각성을 촉진하는 활동을 네 가지로 구분하고 그 목적을 달성하기 위한 다양한 방법을 소개하고 있다. 필자는 그가 소개하고 있는 각성을 촉진하는 다양한 방법을 다음과 같이 간략한 표로 제시하고자 한다.

각성을 촉진하는 활동

구분	방법
신체에 대한 각성	신체 각 부분과의 대화, 자연과의 대화, 눈 감고 상대편 어루만지기
감정에 대한 각성	비언어적 감정표현의 인식, 장님 만나기, 책임지기, 사진 찍기, 신체로 다가가기
소망에 대한 각성	왼손과 오른손, 척도 질문, 마법의 질문, 나의 소망
투사에 대한 각성	두 의자 기법(자기 부분과의 대화), 빈 의자 기법

가치관과 비전의 명료화를 촉진하는 활동

가치관과 비전은 청소년을 대상으로 하는 프로그램에만 필요한 것이 아니다. 가치관과 비전의 필요성은 성인이 되어서도 계속 요구되고 있다. 사람은 누구나 "현재 자신의 결정이 인생 목표에 통합될 수 있는 것인가", "만약 새로운 변화를 추구한다면 어떤 방향으로 인생 목표를 수정할 것인가", "그것이 자신의 가치관과 일치하는가?" 등의 질문에 대답할 수 있어야 한다. 가치관과 비전의 명료화는 이러한 작업을 도울 수 있는 활동이다. 김창대(1999)는 가치관과 비전의 명료화를 촉진하는 활동으로 비전의 명료화, 현재 가치관의 명료화, 결정 등을 소개하고 있다. 이같이 그는 가치관과 비전의 명료화를 촉진하는 활동을 세 가지로 구분하고 그 목적을 달성하기 위한 다양한 방법을 소개하고 있다. 필자는 그가 소개하고 있는 가치관과 비전의 명료화를 촉진하는 다양한 방법을 다음과 같이 간략하게 제시하고자 한다.

가치관과 비전의 명료화를 촉진하는 활동

구분	방법
비전의 명료화	생애도표, 환상의 타임머신, 나는 이런 사람이 되겠다, FLOW 찾기, 행복한 꿈꾸기, 다시 태어난다면, 나의 5개년 계획, 생애설계
가치관의 명료화	가치관 경매, 가치관 찢기, 사람들은 정말로 다르게 생각하는가, 가치관 표 만들기, 마지막 이름, 2개의 나, 죽음 각성, 누구를 선택할 것인가
결정	과거의 나, 현재의 나

의사소통을 촉진하는 활동

사람은 살아가면서 사람을 만나지 않을 수 없으며, 사람을 만나면 대화를 하지 않을 수 없다. 그래서 의사소통은 사람이 살아가는 데 가장 필요한 필수 조건이다. 의사소통은 자신의 생각, 감정, 정보 등을 다름 사람에게 전달하는 과정으로, 서로 간의 상호작용에 의해 이루어진다. 김창대(1999)는 의사소통을 촉진하는 활동으로 의사소통의 훈련을 소개하고 있다. 그는 의사소통을 촉진하는 활동을 의사소통 훈련(경청, 의사 확인, 지각 확인, 느낌의 확인과 보고)을 소개한다. 그는 이 목적을 달성하기 위해 다양한 방법을 소개하고 있다. 필자는 그가 소개하고 있는 의사소통을 촉진하는 다양한 방법을 다음과 같이 간략한 표로 제시하고자 한다.

의사소통을 촉진하는 활동

구분	방법
의사소통 훈련	방과 방 사이(그림 옮기기), 등 대고 이야기하기, 마주보고 이야기하기, 언어적 표현과 비언어적 표현의 구분

마무리하는 활동

집단상담은 집단의 시작이 중요한 것처럼 집단의 종결도 매우 중요하다. 집단상담의 종결은 참여자들이 프로그램 경험의 의미를 명확히 하고, 자각한 것을 공고히 하는 것이다. 집단의 종결에 접어들면, 참여자들은 자신의 문제를 해결하게 되어 자기노출을 줄이는 반면 이제까지 맺어 온 유대관계로부터 분리되어야 하는 아쉬움을 경험하게 된다. 이 단계가 적절하게 다루어지지 못하면 참여자들은 지금까지 학습한 것을 활용하는 데 지장을 받게 되고, 이것으로 인해 집단상담에 대해 부정적인 감정을 갖고 떠날 가능성이 높다. 따라서 지도자는 참여자에게 학습 결과를 잘 정리함으로써 이를 실천하겠다는 의지와 희망을 갖는 동시에 집단상담에 대한 긍정적인 시각을 가지고 떠나도록 도와야 한다. 이를 위해 프로그램 개발자는 프로그램의 마무리 단계에 해야 할 활동의 구성에 세심한 관심을 기울여야 할 것이다.

김창대(1999)는 마무리하는 활동으로 피드백을 통한 마무리, 갈등의 해소를 통한 마무리 등을 소개하고 있다. 그는 이 목적을 달성하기 위해 다양한 방법을 소개하고 있다. 필자는 그가 소개하고 있는 마무리하는 다양한 방법을 다음과 같이 간략하게 제시하고자 한다.

마무리하는 활동

구분	방법
피드백을 통한 마무리	방과 방 사이(그림 옮기기), 등 대고 이야기하기, 마주보고 이야기하기, 언어적 표현과 비언어적 표현의 구분
갈등의 해소를 통한 마무리	나에게 쓰는 편지, 자서전 쓰기(유언장 쓰기), 유서 쓰기, 이제야 처음으로 당신에게 이야기합니다, 나에게 … (거울 보고 자신에게 말하기), 촛불 의식

프로그램 활동 매뉴얼 제작 방법

활동 매뉴얼 구성 내용

상담 프로그램 활동 매뉴얼은 개관, 준비사항, 진행, 정리 및 기대 효과, 부수 효과, 유의 사항 등으로 구성된다(김창대, 1999).

- **개관** : 개관에서는 활동의 일반적 성격을 설명한다.
- **준비 사항** : 준비 사항에서는 집단 운영, 장소, 소요 시간, 준비물 등을 설명한다.
- **진행 부분** : 진행 부분에서는 구체적인 진행 방법과 지도자의 말 등을 설명한다.
- **정리 및 기대 효과** : 정리 및 기대 효과에서는 활동을 한 후에 지도자가 어떤 식으로 마무리하면 좋을지에 대한 제안을 제시한다.
- **부수 효과** : 부수 효과에서는 일반적으로 활동마다 한 가지 주요 목표가 있지만 그 활동을 실시했을 때 얻을 수 있는 부수적인 효과가 있음을 구분하여 제시한다.
- **유의 사항** : 유의 사항에서는 활동을 하기 전이나 하고 있을 때 지도자가 유념해야 할 점 등을 설명한다.

활동 매뉴얼 구성 견본

아래의 생애도표는 일반적으로 상담 프로그램에서 많이 사용하고 있는 활동이다. 김창대(1999)는 생애도표 활동을 매뉴얼로 만들었다.

활동명 : 생애도표

가. 개관

본 활동은 참여자 자신의 삶을 관조해 볼 수 있는 기회를 가질 수 있도록 돕는다. 참여자는 본 활동을 통해 현재나 또는 과거에 좌절되었던 문제가 차후에는 오히려 새로운 도전의 계기가 되어졌음을 이해하고, 성공을 위해 여러 가지 중요한 선택을 할 수 있게 된다.

나. 준비 사항

- 집단 운영 : 소집단
- 소요 시간 : 60분
- 장소 : 실내
- 준비물 : 필기도구, 활동지, 음악

다. 진행

- 지도자가 전체 활동에 관해 설명을 한다.
- 활동지에 자기의 현재 나이를 표시한다.
- 참여자는 지금까지 살아 온 자신의 생을 회상하며 실선으로 도표를 그린다. 이때 인생의 성공과 실패의 정도에 따라 선이 올라가기도 하고, 그때 함께 했던 사람을 떠올리면서 그때의 상황을 간단하게 기술한다.
- 미래의 삶이 어떠할 것인지 예측하며, 이를 점선으로 표시한다.
- 자기의 수명(사망 시의 나이)에 표시를 하고, 어떤 분위기에서 생을 마감하고 싶은지를 생각해 보게 한다.
- 이렇게 활동지에 표시하거나 간단히 서술한 부분을 다른 참여자에게 보여주면서 서로의 과거와 현재 그리고 미래의 삶을 나누도록 한다.
- 발표가 끝난 후 서로의 느낌을 나눈다.

라. 정리 및 기대 효과

- 참여자에게 “지금까지 당신이 경험한 사랑과 관심은 자신이 누군가에게 베풀었던 사랑과 관심과는 다르다”는 것을 느끼도록 한다.
- 참여자들이 서로의 다른 경험을 통해 결국 각자 다른 오늘의 모습이 되었음을 각성하고, 서로를 이해하고 수용하는 계기가 된다.
- 우리가 살아온 삶에서 경험한 고통이나 좌절 그리고 성공은 모두 나에게 필요한 성숙의 의미가 되었다는 것을 받아들이게 된다.

마. 부수 효과

- 이 활동은 참여자 자신의 과거와 희망에 대해 노출을 하게 함으로, 자기 노출을 위한 활동으로도 사용하기에 좋은 활동이다.
- 자신과 타인의 생애를 비교할 수 있어서 개별화에 도움이 될 수 있다.

바. 유의 사항

- 차분한 분위기 조성으로 참여자들이 활동에 진지하게 임하도록 한다.
- 지도자는 참여자들이 다른 사람의 이야기를 경청할 수 있도록 촉구한다.
- 지도자는 참여자들이 서로 삶을 나누다가, 어떤 참여자가 격정의 순간이 되더라도 피하지 않고 그 상황을 충분히 받아들이도록 돕는다.

생애도표 활동지

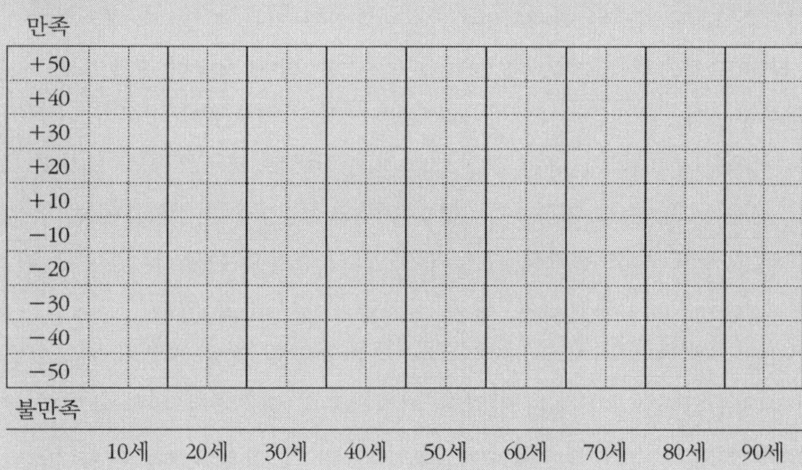

프로그램 지침서 제작

프로그램 지침서는 프로그램 진행자에게 프로그램의 목표에 도달하기 위한 각 활동이 무엇인지에 대해 알게 하며, 프로그램의 전반적인 이해를 통한 프로그램을 시행할 수 있도록 해 준다. 프로그램의 지침서에는 일반적으로 프로그램의 목표, 회기별 목표, 준비물, 활동 내용, 운영 지침, 토의 및 평가 등으로 구성되어 있다. 프로그램 지침서의 내용과 항목은 프로그램마다 차이가 있다. 따라서 프로그램 개발자는 자신의 프로그램에 가장 적합한 형태가 무엇인지 선택할 필요가 있다(김창대 등, 2015).

프로그램의 지침서는 프로그램에 들어갈 중요한 항목은 비슷하지만, 지침서에 들어갈 내용에 따라 간략한 지침서와 구체적인 지침서로 제작할 수 있다. 간략한 지침서는 프로그램의 실시자가 전문가로서 프로그램 진행의 구체적인 내용이 필요하지 않을 경우이다. 구체적인 지침서는 지침서의 내용을 세부적으로 제시하는 것이다. 즉, 프로그램의 강의와 구체적인 활동을 소개할 때 진행자가 해야 할 말과 그 활동의 의도까지 제시하는 것이다. 이는 개발자가 개발한 프로그램의 타당성을 위한 것이다. 진행자가 누구이든지 프로그램 개발자가 이 활동을 넣은 의도를 이해하여야 같은 효과를 얻을 수 있기 때문이다.

상담 프로그램 지침서 예 1은 초등학생을 위해 개발한 프로그램 지침서의 일부분이다. 이 지침서는 간략한 프로그램 지침으로서 전문가를 위한 것이다. 정유순(2010)의 간략한 프로그램 지침서에는 프로그램의 회기명, 하위영역, 활동 목표, 주요 활동, 준비물, 활동 과정, 정리 및 차시 예고, 유의 사항 그리고 소요 시간 등으로 구성되어 있다. 그리고 활동 과정은 그 회기의 진행 순서대로 제시되었으며, 활동 자료들을 제시하고 있다.

상담 프로그램 지침서 예 2는 중·고등학생을 위해 개발된 프로그램 지침서의 일부분이다. 이 표는 간략한 지침으로서 전문가를 위한 것이다. 형남출(2017)의 진로 가치 명료화 프로그램의 간략한 지침서에는 프로그램의 회기, 활동 시간, 활동 목표, 주요 활동 내용, 회기 단계별 활동 내용과 소요 시간, 준비물, 유의 사항 등으로 구성되어 있다.

상담 프로그램 지침서 예 3은 박민수(2016)가 개발한 '하나님 이미지 형성 프로그램' 지침서 중 일부이다. 여기에서는 회기명, 회기별 목표, 준비물, 강의 내용, 활동 내용, 정리하기 등으로 구성되어 있다. 이 프로그램은 구체적인 프로그램 지침서를 제시하고 있다. 박민수가 제작한 프로그램을 살펴보면, 프로그램의 지도자가 강의할 수 있도록 강의 내용을 자세히 제시하고 있다. 그리고 각 활동의 세부 진행 과정에 대해서도 그 순서대로 자세히 제시하고 있다. 지도자가 프로그램의 활동을 진행할 때 활동에 관해 설명할 수 있는 말과 중간에 이끌 수 있는 말까지 자세하게 제시하고 있는 것을 볼 수 있다. 또한 활동을 하는 의도와 진행할 때 유의해야 하는 점 등을 괄호 안에 자세히 설명하고 있다.

상담 프로그램 지침서 예1

<table>
<tr><th>회기</th><th>4</th><th>회기명</th><th colspan="2">작성! 그를 찾아서</th></tr>
<tr><td>하위 영역</td><td colspan="4">자신의 이해 능력과 직업선택 능력</td></tr>
<tr><td>활동 목표</td><td colspan="4">자신의 적성을 파악하고 이에 맞는 진로를 찾을 수 있다.</td></tr>
<tr><td>주요 활동</td><td colspan="4">● 예화자료 읽고, 생각 열기
● 직업적성검사 실시하기
● 적성과 관련된 직업 찾아보기
● 가족 오락관 미니게임 하기-동작으로 설명해요</td></tr>
<tr><td>준비물</td><td colspan="3">활동자료 4-1, 활동자료 4-2, 활동자료 4-3, 활동자료-소감문</td><td>소요 시간</td></tr>
<tr><td>활동 과정</td><td colspan="3">진로 자신감 충전 시간!
1) 예화자료 읽고, 생각 열기
【활동자료 4-1】 '그림으로 성공한 김기창 화백'의 예화를 읽고, 김기창 화백이 성공할 수 있었던 원인에 대하여 이야기해본다.
● 적성이 무엇인지 설명해준다.
2) 적성검사 결과 확인하기
● 미리 작성해온 직업적성검사지 【활동자료 4-2】의 검사 결과를 확인한다.
● 검사 후 【활동자료 4-3】의 직업 유형군에서 자신이 가장 관심 있어 하는 직업을 선택한다.
3) 가족 오락관 미니게임 하기-동작으로 설명해요
자신이 선택한 직업이 하는 일을 대사 없이 몸짓과 표정만으로 표현하여, 다른 참여자들이 추측하여 맞출 수 있도록 한다.</td><td>30분</td></tr>
<tr><td>정리 및
차시 예고</td><td colspan="3">"나는 ○○○이 될 수 있다" 외치기
● 차시 예고 : 와! 정말 많아요(직업세계의 다양성)
● 과제 제시 : TV 프로그램에서 나오는 직업의 이름 적어 오기</td><td>10분</td></tr>
<tr><td>유의 사항</td><td colspan="4">● 적성에 대한 구체적인 설명을 해주어 개념을 명확하게 한다.
● 적성과 흥미가 다름을 인지시키고, 스스로 적성을 발견할 수도 있음을 아이들에게 알려주고, 앞으로도 적성 발견에 대한 지속적인 탐색과 노력이 필요함을 알려준다.
● 다음 회기 과제 안내 : 드라마를 보면서 나오는 직업 이름을 적어 온다.</td></tr>
</table>

출처 : 정유순(2010).

상담 프로그램 지침서 예 2

<table>
<tr><td>회기</td><td>7회기</td><td>활동 시간</td><td>90분</td></tr>
<tr><td>활동 목표</td><td colspan="3">1. 가치 명료화 7단계를 말할 수 있다.
2. 여섯 가지 직업을 가치 명료화하여 발표할 수 있다.</td></tr>
<tr><td>주요
활동 내용</td><td colspan="3">● 가치 명료화 7단계 알기
● 직업 가치 명료화하기</td></tr>
</table>

<table>
<tr><th>단계</th><th>활동내용</th><th>시간</th><th>준비물</th><th>유의 사항</th></tr>
<tr><td>도입</td><td>집단상담 목표 확인
● 자기 이해를 바탕으로 균형 있는 생애목표를 설정하고 실천계획을 세운다.
전시 활동 상기 및 피드백
● 6회기 활동을 발표하여 상기하게 한다.
● 생각과 느낌을 잘 표현한 경험 보고서를 안내한다.
7회기 활동 안내
● 나의 직업가치 명료화하기</td><td>10분</td><td>프리젠테이션, PPT</td><td>자신을 잘 돌아 볼 수 있도록 차분한 분위기를 조성한다.</td></tr>
<tr><td rowspan="2">전개</td><td>가치 명료화
● 가치화 과정을 거쳐서 가치 있는 것이 무엇이며, 어떻게 행동해야 할 것인가에 대하여 명확하게 알게 되었을 때는 자기 결정을 손쉽게 할 수 있게 되며 또한 후회 없는 결정을 하여 실행할 수 있게 된다.</td><td>10분</td><td>자료 : 농부와 사과, 농부와 호박, 돋보기</td><td>사례를 들어 설명한다.</td></tr>
<tr><td>가치 명료화 7단계
1) 어떤 것을 선택할 때 인지적인 사고로서
● 자유롭게 선택하기(자유 선택)
● 여러 방안으로부터 선택하기(대안 선택)
● 결과에 대해 심사숙고한 후에 선택하기(결과 고려)
2) 선택한 것을 자랑스럽게 여기기(정서)
● 선택한 결과에 대한 만족감을 느끼면서 그 선택을 존중하기(긍지 존중)
● 선택한 것을 공적으로 확언하기(외적 공언)</td><td>30분</td><td>프리젠테이션, PPT</td><td>사례를 들어 설명한다. (고등학교 수학교사).</td></tr>
</table>

단계	활동내용	시간	준비물	유의 사항
전개	3) 선택하고 존중된 것을 행동에 옮기려 할 때는 ● 선택한 것을 행동하기(행동 실천) ● 반복해서 하나의 생활양식으로 행동하기(반복 실행) ● 이 과정이 모두 만족 되는 것은 '진정한 나의 가치'			
	나의 진로가치 명료화하기 ● 활동지 7－1 작성 및 발표 : 지난 회기에 선택했던 여섯 가지의 직업을 차례대로 직업란에 적는다. ● 1번에서 7번 칸에 앞의 직업에 대한 응답을 O, X로 기록한다. ● 집단 지도자는 이러한 일곱 가지 가치화 과정의 질문을 집단원에게 읽어주고 기록한 직업과 관련된 일곱 가지 질문에 응답하게 한다. 실행했거나 긍정적이면 ○표를 기입하고 실행하지 않았거나 부정적이면 ×표를 한다. ● 세 명씩 앉아서 일곱 가지 과정을 모두 만족한 자신의 직업을 발표하거나 그렇지 못한 점 등의 이유를 서로 주고받는 토론을 한다.	30분	활동지 7－1	사례를 들어 설명한다.(고등학교 수학교사).
정리	자기 평가 : 활동에 대한 생각과 느낌을 발표한다. 과제 제시 : 경험 보고서 작성 8회기 활동 내용 예고	10분		

출처 : 형남출(2017).

상담 프로그램 지침서 예3

회기	8회기
회기명	마음속에 느끼는 하나님 이미지
목표	자신에게 형성된 하나님 이미지를 통하여 초기 양육자와의 관계에서 가지게 된 자기 표상과 타인 표상을 자각한다.
준비물	A4 용지, 크레파스, 필기도구
강의 내용	우리 모두는 하나님을 바라보는 두 가지 방법을 가지고 있습니다. 하나는 우리가 배운 하나님에 대한 신학적이고 이성적인 개념입니다. 또 다른 하나는 하나님에 대한 정서적 혹은 마음속의 개념입니다. 하나님에 대한 우리 마음속의 개념은 부모나 다른 권위 있는 중요한 타인의 인격을 반영하고 있을 수 있습니다. 토저는 이렇게 말했습니다. "인간은 대개 육신의 어머니와 아버지로부터 받는 느낌을 토대로 하나님 아버지에 대한 느낌과 인식을 발전시킨다. 이러한 느낌은 마음속에서 정리가 되지 않은 채 혼란을 일으킨다. 그러나 모순된 느낌과 죄책감은 절대로 하나님의 목소리가 아니다. 우리에게 부담을 주는 내적인 음성은 과거에 입력된 아버지, 어머니, 형제, 자매 아니면 우리에게 적잖은 영향을 미친 다른 사람의 목소리이다." 기억을 통한 정신치료의 저자인 시맨즈는 이런 하나님에 대한 서로 다른 개념들에 대해 토론하고 있습니다. 여기에서 가장 결정적인 역할을 하는 요소는 하나님이 어떤 분이시며, 그분이 어떤 분이시냐 하는 우리의 '느낌'이라 할 수 있습니다. 순수한 신앙인 가운데 많은 사람들이 하나님에 대한 자신의 생각과 하나님에 대해 느끼는 것 그리고 하나님께서 자신을 어떻게 보시는가 하는 것 사이에서 생겨나는 갈등으로 고민하고 있다는 것은 정말 놀라운 일이 아닐 수 없습니다. 머릿속에 든 신학은 뛰어난 지식이지만 내면에서 느끼는 것(기도할 때 느끼는 것)은 아주 형편없는 경우가 많습니다. 이것이 많은 신앙인들에게 여러 가지 정신적인 문제를 가져오는 근원이 되고 있으며, 기억을 통한 치유가 필요한지를 가르쳐 주는 중요한 지표가 되어 줍니다. 여러 해 동안의 경험을 볼 때 아무리 교리적으로 유식한 사람이라 하더라도 하나님께서 선하시며 은혜로우시다는 것을 느낄 수 없고, 마음속에 영상으로 간직하지 않은 사람이라면 그들의 생활 속에 영적인 승리가 지속되어 갈 수 없다는 것을 알게 됩니다. 리주토는 여러 번 내담자에게 그들의 하나님에 대한 개념을 그려 보도록 하였습니다. 어떤 사람들은 '하나님은 위대한 분이시고 우리를 지켜보시는 분'이라는 의미로 수염이 없는 하나님을 그렸습니다. 다른 환자들은 하나님이 내 안에 계신다는 것은 알겠지만 그것이 어떤 것인지는 모르겠기에 내 안을 살펴보아야

	할 것 같은 분으로 '거울 속의 신'을 그렸습니다. 또 다른 사람은 하나님은 매우 지혜로우며 인간에 대한 인간의 비인간성을 슬퍼하시는 분이라고 하였습니다. 또한 인내심이 많으시고 인류의 고통에 대하여 민감하다는 의미로 '불가사의한 신'을 그렸습니다. 여러분이 마음속에 느끼는 하나님은 어떤 모습입니까? 저는 여기서 이성적으로, 신학적으로 생각하고 있는 하나님에 대해서 말하고 있는 것이 아니라, 여러분의 감정과 마음으로 느끼고 있는 하나님의 모습을 말하고 있는 것입니다. 양육자와의 관계에서 자녀들이 가지고 있는 하나님에 대한 모습은 부모와의 모습과 거의 동등할 수 있습니다. 만약 여러분의 부모가 완벽주의자였고 결코 기쁘게 해 줄 수 없는 사람이었다면 여러분은 하나님도 결코 기쁘게 해 드릴 수 없는 분이라고 생각할지도 모릅니다. 만약 부모님이 가혹한 사람이었다면 여러분은 하나님도 가혹한 분이라고 생각할지도 모릅니다.
활동 내용	1) **심리 게임-명상 시간(명상을 할 수 있는 잔잔한 음악을 준비한다)** "자! 다같이 눈을 감고 온몸에 힘을 빼고 가장 편안한 자세를 취해 봅니다. 편안한 상태에서 천천히 크게 숨을 들이마셨다가, 천천히 내쉽니다. 다시 한 번 천천히 크게 들이마셨다가 천천히 내쉽니다. 그러면서 온몸에 있는 긴장을 하나씩 풀어 줍니다. 머리, 어깨, 그리고 팔, 손, 손가락에 숨을 크게 들이마셔서 숨을 보내 줍니다." 2) **내 마음속에 느끼는 하나님에 대해서 묵상을 한다(이때 잔잔한 음악을 틀어 주고, 그러면서 하나님에 대해서 묵상할 수 있는 충분한 시간을 준다).** "내 마음속에 느끼는 하나님 이미지는 어떤 것입니까? 잠시 동안 내 마음속에 느끼는 하나님에 대해서 느껴 보십시오. 이때 여러분의 마음에 느낀 감동을 감지하십시오. 그 느낌을 잡으려고 하지 마시고 그냥 내버려 두십시오. 지금 우리가 말하는 하나님 이미지는 이성적인 하나님이 아닙니다. 신학적인 하나님의 개념이 아닙니다. 교회에서 목사님이나 선생님들에게 배워온 하나님이 아닙니다. 우리들이 원하는 것은 정서적인 하나님 이미지입니다. 내 마음속에 느끼는 하나님입니다. 내가 직접 체험한 하나님 이미지입니다. 그분을 마음속에 느껴 보십시오." 3) **내 마음속에 느끼는 하나님 이미지를 그림으로 표현하게 한다(지도자가 보기에 어느 정도 명상이 된 것 같으면 A4 용지, 크레파스, 필기도구를 참여자들에게 나누어준다).** "당신의 마음속에 느끼고 있는 하나님은 어떤 분이십니까? 자신이 체험하고 느끼는 하나님에 대한 이미지를 그림으로 그려 보십시오. 그림을 그리고 난 후 빈 여백에는 자신이 느끼는 하나님에 대한 이미지를 기록해 보십시오."

	4) **그림으로 나타낸 자신의 하나님 이미지에 대해서 이야기한다.** 이때 발표하는 참여자는 '내 마음속에 느끼는 하나님 이미지'를 그린 그림을 벽에 붙여 놓은 '내 마음속에 느끼는 나의 이미지' 그림과 '내 마음속에 느끼는 부모님 이미지' 그림을 함께 설명한다. 그리고 이 세 가지 그림을 보면서 이와 관련된 이미지와 자신의 생각과 느낌을 이야기하게 한다(이때 지도자는 이 세 가지의 그림을 보면서 참여자가 이야기하는 것을 잘 경청하고 그 가운데서 일치하는 부분에 대해 잘 감지하여 그 참여자와 함께 이야기하는 시간을 갖는다). 5) **이를 통해 자신이나 참여자에 대해 느낀 점을 이야기한다.**
정리하기	이 회기의 활동이 끝나면 전체 집단으로 모여 앉아 활동 이전과 과정 그리고 끝난 이후와 관련지어 자신의 느낌이나 생각 또는 참여자들에게 하고 싶은 말을 하게 한다. 어느 정도 평가가 이루어졌다고 판단될 때 지도자는 이 회기의 학습 과정을 요약하고 다음 시간을 예고한 후 학습을 마친다.

출처 : 박민수(2016).

CHAPTER

9

프로그램 실행

프로그램의 개발 과정을 통해 프로그램이 구성되었다면 이제 프로그램을 실행하는 시점에 이르렀다. 프로그램은 프로그램화된 대로 작동하는 기계와 컴퓨터처럼 자동적으로 작동하는 것이 아니다. 왜냐하면 상담 프로그램은 일대일의 관계보다는 주로 소수의 사람으로 작은 집단을 만들고, 공동 목표를 가지고 일정 기간 지속해서 모임을 가지면서 자신의 태도와 행동의 변화를 추구하기 때문이다. 이같이 상담 프로그램의 실행은 개발된 프로그램의 의도대로 참여자의 상호작용을 통해 행동의 변화를 일으키도록 도와주는 프로그램의 목표를 실현하는 핵심적인 과정이라고 할 수 있다.

따라서 프로그램의 실행은 프로그램 개발자, 지도자, 참여자 그리고 운영자 및 관리자의 통합적인 상호작용에 의해서 이루어진다. 이같이 프로그램 실행은 프로그램과 관련된 사람들의 인위적인 노력이 필요하다. 이를 위해 프로그램은 프로그램의 목표에 도달하기 위해 현실 여건에 맞게 실행하여야 한다.

프로그램 실행의 개념

프로그램 실행의 개념

프로그램의 실행은 계획된 프로그램이 지향하는 목적과 목표를 이루기 위해 프로그램을 실제 행동으로 옮기는 과정을 의미한다. 프로그램의 실행에는 광의적인 의미와 협의적인 의미가 있다. 광의적인 의미에서의 프로그램 실행은 프로그램을 실제로 실행하기 위해 조직을 운영하고 편성하는 단계에서부터 실제로 활동을 실천하고, 그 활동 내용을 기록·정리하여 평가하는 일련의 과정을 포함한다. 협의적인 의미에서의 프로그램 실행은 조직화한 프로그램을 시작하는 도입 단계에서부터 전개와 정리 단계를 거쳐 프로그램을 끝마치게 되는 과정을 포함한다. 다시 말해, 광의적인 의미에서의 프로그램 실행은 '프로그램의 운영'적인 차원이며, 협의적인 의미에서의 프로그램 실행은 '프로그램의 회기 진행'의 차원이라고 할 수 있다. 따라서 프로그램의 실행에는 프로그램의 운영과 진행의 의미가 포함된다.

프로그램 실행 = 프로그램 운영 + 회기 진행

프로그램의 실행은 개발된 프로그램의 의도대로 참여자들이 집단의 역동적 경험을 통해 행동의 변화를 일으키도록 도와주는 프로그램의 목표를 실현하는 핵심적인 과정이라고 할 수 있다.

프로그램 실행의 전개 요인

프로그램이 정상적으로 실행되기 위해서는 지도자 확보와 관리, 참여자 확보와 관리, 자원 확보와 관리, 프로그램 매체 확보와 관리 등이 필요하다(김진화, 2005). 이것을 바탕으로 상담 프로그램이 성공적으로 실행되기 위해서는 지도자의 지도 활동, 프로그램 참여자의 참여 활동, 관리자의 운영 관리 등이 통합적으로 상호작용되어야 한다(그림 9-1).

[그림 9-1] 프로그램 실행의 전개 요인

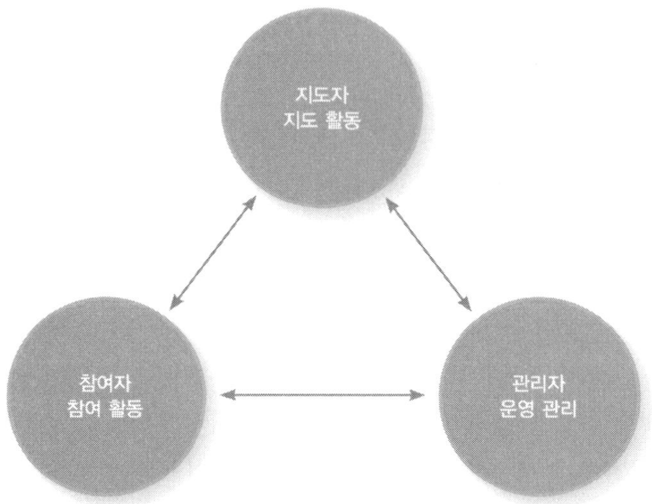

출처 : 김진화(2001) 참조.

프로그램 실행의 원리

분(Boone, 1985)은 프로그램을 실행하는 과정에서 반드시 이해하고 실천해야 할 원리를 다음과 같이 제시하고 있다(김진화, 2001 재인용). 필자는 분의 프로그램 실행의 원리를 중심으로 상담 프로그램의 실행 원리를 제시하고자 한다. 상담 프로그램이 잘 실행되기 위해서는 다음과 같은 기본 원리가 준수되어야 한다.

첫째, 프로그램 지도자는 프로그램을 실행하는 데 필요한 여러 가지 여건을 확보하고 마련하면서 다양한 기법과 전략을 활용하여야 한다. 프로그램 지도자는 프로그램 운영을 위해 제반 환경을 조성하는 일 등 모든 면에서 가용할 수 있는 자원을 적극적으로 활용할 수 있는 관리자와 긴밀한 관계를 구축하여야 한다. 그리고 프로그램 지도자는 프로그램의 참여자를 프로그램에 적극적으로 참여하도록 친밀한 관계를 유지하여야 한다.

둘째, 프로그램 지도자는 프로그램을 효과적으로 실행하기 위해 인적·물적 자원을 확인하고 이를 발전적으로 이용하여 협조적인 환경을 조성할 수 있어야 한다. 그리고 지도자는 관련된 인적 조직의 정비를 통해 역할 분담을 분명히 함과 동시에 그 역할을 활성화하기 위해 상호 긴밀한 의사소통을 하여야 한다.

셋째, 프로그램 지도자는 프로그램의 진행 과정을 조정할 수 있는 융통성이 있어야 한다. 상담 프로그램을 진행하다 보면 참여자 개인에 의해, 집단의 역동에 의해, 외부 환경에 의해 영향을 받는 경우가 있다. 상담 프로그램은 고정된 것이 아니라 생물체와 같이 참여자들의 상호작용을 통해 변화할 수 있는 다양한 변수들이 있다. 따라서 프로그램 지도자는 프로그램 진행 과정을 주의 깊게 관찰하고 탐색하여, 더 나은 프로그램을 위해 활동들을 수정·보완할 수 있어야 한다.

넷째, 프로그램 지도자는 참여자에게 지속적인 관심과 강화 요인을 제공하여야 한다. 상담 프로그램은 프로그램의 내용적인 측면이 중요하지만, 그보다 더 중요한 것은 참여자들 간의 상호 촉진적인 분위기를 통해 변화를 경험하는 것이다. 따라서 지도자는 참여자의 성장과 변화를 위해 다양한 전략과 기법을 구사할 수 있어야 한다.

다섯째, 프로그램 지도자는 프로그램의 활동이 효과적이 되기 위해서 참여자의 변화 상태를 감지하고 이해할 수 있는 감수성과 이해력을 갖추고 있어야 한다. 이 바탕 위에 프로그램 과정을 조정하는 것과 관련하여 긍정적으로 반응할 수 있어야 한다.

프로그램 운영

프로그램 운영의 고려 사항

프로그램 지도자가 프로그램을 효과적으로 운영하기 위해서는 고려해야 할 몇 가지 점이 있다. 프로그램 참여자는 어떻게 선정하는가, 집단의 크기는 어느 정도가 적당할까, 참여자의 구성은 어떻게 하여야 효과적일까, 프로그램의 횟수와 시간은 얼마로 할 것인가 등의 문제는 프로그램의 성패에 큰 영향을 미칠 것이다.

효과적인 프로그램이 되려면 프로그램 실행 이전에 미리 준비하고 또한 분명히 해 두어야 할 몇 가지 사항들이 있다. 이와 같은 요소들이 분명히 이해되고 합의된 후에야 비로소 개발된 상담 프로그램이 지도자와 참여자들에게 의미가 있을 것이다.

프로그램 실행 장소와 분위기

장소는 참여자의 수, 연령, 그리고 주된 활동 프로그램에 따라 다를 수 있으나 대체로 심리적인 안정감을 줄 수 있는 곳이어야 한다. 장소의 분위기는 아늑하고 쉽게 프로그램에 몰입할 수 있는 곳이어야 한다. 장소의 크기는 산만하지 않으면서 참여자들이 자유롭게 신체적 활동도 할 수 있는 적당한 곳이어야 한다. 특히 장소 선정에서 유의해야 할 것은 참여자들의 사생활이 보호되어야 한다는 점이다.

좌석 배열은 심리적인 안정을 위해 원형으로 배치하는 것이 좋다. 왜냐하면 원형은 참여자 간의 상호작용을 활발하게 하기 때문이다. 프로그램 초기에는 가운데 탁자를 두고 둥글게 둘러앉는 것도 참여자들의 심리적인 어색함과 불안감을 덜어주는 데 도움이 될 것이다. 그러나 상담에는 비언어적인 커뮤니케이션이 중요하기 때문에 어느 정도 익숙해지게 되면 탁자를 치우고 참여자들이 전체적으로 볼 수 있도록 하는 것이 바람직하다.

프로그램 참여자의 크기

상담 프로그램은 참여자 간의 친밀하고 수용적인 대인 간의 상호작용이 가장 중요한 요소이다. 따라서 상담 프로그램에서는 참여자의 크기가 매우 중요하다.

프로그램 참여자의 크기는 참여자의 연령, 지도자의 경험, 집단에서 탐색할 문제, 구성원의 성숙도, 관심의 범위, 그리고 타인에 대하여 알고자 하는 참여자의 요구 등 여러 요인에 따라 다르다. 집단의 크기는 모든 참여자가 원만한 상호작용을 할 수 있을 정도로 커야 하고, 동시에 모든 참여자가 정서적으로 집단활동에 관여하여 감정을 느낄 수 있을 정도로 작아야 한다. 일반적으로 집단 구성은 나이가 어릴수록 적은 수로 구성하는 것이 바람직하고, 성인이 될수록 다소 많은 수로 이루어질 수도 있다고 한다. 그러나 대부분의 전문가는 5~15명이 가장 적당하다고 한다. 대체로 초등학생은 3~4명, 청소년은 6~8명, 성인은 8명이 가장 적당하고 한다. 그리고 두 사람의 지도자가 함께 집단을 지도할 때는 15명도 무방할 것이다. 그리고 상담 프로그램 실행 중에 한두 사람이 집단을 탈퇴할 가능성도 있기 때문에 이를 고려하여 약간 많은 수로 시작하는 것도 좋다.

프로그램 참여자의 구성

이것은 상담 집단을 동질적으로 구성하는 것이 좋으냐, 아니면 이질적인 구성이 좋으냐 하는 문제에 해당한다.

동질 집단(homogeneous group)은 어떤 욕구와 특별한 표적 집단의 경우이다. 이 집단은 출석률이 높고, 더욱 쉽게 공감이 이루어지고, 상호 간에 즉각적인 지지가 가능하고, 갈등이 적고, 응집성이 빨리 발달하고, 집단 소속감의 발달이 쉽게 이루어질 수 있다고 볼 수 있다. 이들은 자기 삶의 위기에 대해 개방적이고 깊숙한 탐색을 할 수 있게 한다. 이질 집단(heterogeneous group)은 현실 사회와 같은 환경에서 다양한 사람들로부터 주어지는 피드백을 통해 새로운 행동을 실험하거나, 대인관계의 기술을 개발할 수 있다.

경험이 적은 지도자는 가능하면 연령, 성, 지능 등에 있어서 비슷한 집단의 구성이 도움이 될 것이다. 상담 프로그램은 강한 동기와 참여 의식을 가지고 자발적으로 참여하는 참여자로 구성되느냐, 그렇지 못하냐가 프로그램의 성공 여부에 크게 작용하는 것으로 보인다.

프로그램 회기의 빈도와 기간

프로그램 모임의 시간은 30~120분까지 여러 가지 형태로 정할 수 있으나, 보통 90~120분이 가장 적당하다. 모임의 길이는 프로그램의 목적과 참여자들의 성숙도, 그리고 외적 조건에 따라 조정될 수 있다. 어린이와 청소년을 대상으로 하는 경우 모임 시간은 짧게 하되, 자주 만나도록 하는 것이 주의력 집중에 더 좋다. 대학생과 성인의 경우는 매주 1회기 2시간 정도가 적정하다. 마라톤 집단의 경우는 12시간, 24시간, 48시간(잠시 자고, 쉬고, 밥 먹는 시간을 제외하고)으로 이루어진다. 마라톤 집단은 계속적인 상호작용과 수면부족에서 오는 피로 현상을 참여자 간에 통상적 가면을 벗어버리고 있는 그대로의 자기를 노출하고, 강력한 정서적 몰입과 대인 간의 맞닥뜨림의 촉진 자료로 활용하려고 하기 때문에 좋을 수도 있다.

지도자는 프로그램을 시작할 때, 미리 그 기간을 분명히 하고 종결의 시일도 정해 두어야 한다. 그렇게 할 때 프로그램 참여자들이 시간의 제약을 의식하고 활동하게 된다. 특히 프로그램 지도자는 종료 일시를 명시하여야 하며, 참여자들에게 그들이 개인적인 목표를 달성할 수 있는 시간이 영원하지 않다는 것을 깨닫게 하여야 한다. 대학생, 고등학생의 경우는 주로 한 학기의 15주간을 집단의 기간으로 정할 수 있다. 신뢰관계의 형성과 성장 및 변화를 위해서는 상당한 기간을 필요로 하지만 그렇다고 해서 장기간을 하는 것은 비효과적이다. 따라서 청소년과 성인의 경우 10~12주 정도가 가장 적당하다. 10~12주의 기간은 참여자 서로 간의 신뢰감을 쌓고 행동적인 변화를 일으키기에 충분하다. 어떤 집단은 집중적으로 일주일에 2~5회를 모이기도 하나 보통 주 1회에 90~120분 정도가 적당하고 본다.

프로그램의 홍보

프로그램의 홍보는 잠재적 대상자의 참여를 유도하고 촉진하는 것으로서 프로그램 개발의 중요한 구성 요소로 두드러지고 있다. 프로그램 개발자에게 정부 기관, 교육 기관, 기업체, 상담센터 등 다양한 차원에서 체계적이고 과학적인 프로그램 홍보 전략과 기법을 적용할 수 있는 능력까지도 요청된다.

프로그램 홍보의 개념

프로그램 홍보는 상담의 비영리성이라는 관점에서 보면 수용하기 어려운 용어이다. 그러나 프로그램 홍보는 프로그램 개발의 필수적인 요소이다. 프로그램 홍보의 의도는 프로그램에 대한 자세한 정보를 잠재적 대상자에게 알리고, 그들을 프로그램에 참여하도록 유도하기 위한 것이다. 상담 프로그램에서 홍보란 상담 기관이나 센터에서 개발한 상담 프로그램을 잠재적 대상자들에게 널리 알려 프로그램에 참여하도록 촉진하는 활동을 의미한다.

프로그램 홍보의 원칙

프로그램의 홍보는 아이드마(AIDMA) 모델을 기본 원칙으로 삼을 수 있다(그림 9-2). 아이드마 모델은 미국의 경제학자 홀(Hall, 1920)에 의해서 만들어진 것이다. 그에 의하면 홍보에는 아이드마(Attention Interest Desire Memory Action: AIDMA)라는 원칙이 있다. 아이드마는 사람이 행동하기까지 주의(attention), 흥미(interest), 욕구(desire), 기억(memory), 행동(action)의 순위가 있다는 법칙이다. 프로그램 홍보에 있어 잠재적 대상자들로부터 관심과 흥미를 촉발하고 욕구를 불러일으켜야 하며 강렬한 기억을 남겨 결국은 행동(또는 프로그램에 참여)하게 한다는 것이다(김재휘 등, 2009).

인지적 단계는 홍보 후에 프로그램에 대한 지식이나 그들의 설득 메시지의 수용 등을 의미한다. 인지적 단계는 홍보를 통해 프로그램에 대한 인지도를 의미한다. 정서적 단계는 프로그램에 대한 사고와 신념을 넘어 홍보 자체에 대한 태도, 홍보에 대한 감정적 반응을 포함한다. 행동적 단계는 프로그

[그림 9-2] 홍보의 AIDMA 모델

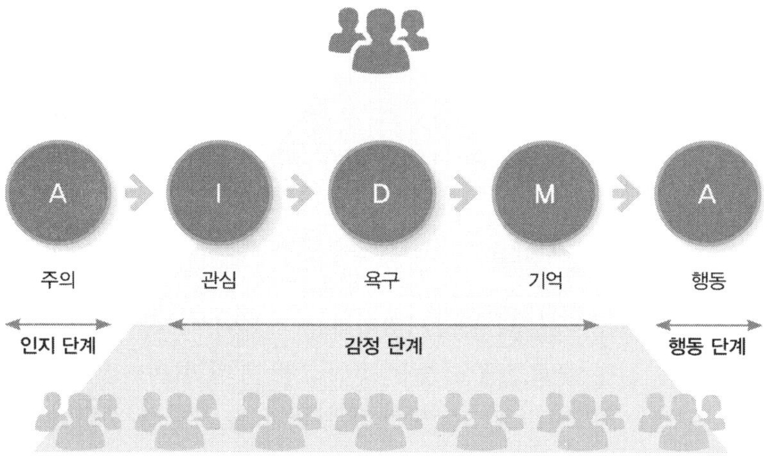

출처 : http://cafe.naver.com/nintendo/778 참조.

램 홍보물을 본 후, 홍보가 직접 잠재적 대상자에게 영향을 미치는 것을 포함한다. 주로 프로그램의 참여를 의미한다(김재휘 등, 2009).

프로그램을 홍보할 때에는 몇 가지 원칙에 따라야 한다. 첫째, 진실성의 원칙이다. 진실성은 프로그램의 내용을 있는 그대로 담고 있어야 한다는 것이다. 홍보의 내용이 과장되거나 허위 사실이 기재되어서는 안 된다. 특히 상담 프로그램의 홍보는 전시 효과를 노리는 것을 삼가야 한다.

둘째, 상호성의 원칙이다. 상호성은 프로그램 개발자와 잠재적 대상자 사이의 상호작용을 바탕으로 이루어져야 한다. 프로그램 개발에 요구 분석을 통해 잠재적 대상자의 요구가 프로그램에 반영되었을 때 프로그램 참여 동기를 유발할 수 있다.

셋째, 합치성의 원칙이다. 합치성의 원칙은 프로그램이 개인과 공공의 이익을 실현할 수 있는 모습을 담아야 한다. 단순히 프로그램을 알리는 데 한정될 것이 아니라 삶의 질을 개선하는 데 기여 하여야 한다.

넷째, 인간성의 원칙이다. 상담 프로그램의 홍보는 사람을 대상으로 하므로 인간적인 관계가 중요하다. 그러므로 상담 프로그램의 홍보는 복잡한 정보 매체들을 활용하여 비인간화를 초래하지 않도록 유의해야 한다(최은수 등, 2008).

프로그램 홍보 전략

프로그램 홍보는 매우 현실적인 과제이다. 그러므로 프로그램을 홍보하기 위해서는 전략을 수립하여야 한다. 프로그램 홍보를 위한 구체적인 전략은 세 가지이다(양병찬, 2001).

전략 1	눈길을 끄는 홍보 내용 구성
전략 2	효과적인 홍보 문안 작성
전략 3	적절한 홍보 매체 선정

전략 1 : 눈길을 끄는 홍보 내용 구성

프로그램을 홍보하기 위해서는 자료를 제작하여야 한다. 홍보 내용에는 상담센터 소개와 함께 상담 프로그램과 관련하여 프로그램 내용, 프로그램 과정, 프로그램 방법, 프로그램 시행 기간 및 일시, 장소 및 교육비 등이 포함된다. 프로그램의 홍보 내용을 구성할 때에는 네 가지 지침에 따라 이루어져야 한다(양병찬, 2001).

- **정확하고 명확한 내용이 전달되어야 한다** 잠재적 대상자에게 프로그램에 대한 정확한 정보가 육하원칙에 의해 전달되어야 한다.
- **최소한의 내용만을 전달하여야 한다** 잠재적 대상자의 요구를 자극하고 참여 동기를 유발할 수 있는 최소한의 내용만을 전달해야 한다.
- **쉬운 표현을 사용하여야 한다** 홍보에는 되도록 짧은 문장으로 진술하되 주어를 분명히 하고, 한자와 외국어를 피해야 한다.

- **친숙한 내용으로 구성해야 한다** 홍보 내용은 잠재적 대상자의 입장에서 그들의 관심사와 관련된 친숙한 내용으로 구성해야 한다.

전략 2 : 효과적인 홍보 문안 작성

홍보 문안(copy)은 여덟 가지 원칙에 따라 작성해야 한다(Simerly, 1989).

- **홍보 문안을 작성하기 전에 목표 대상을 명확하게 정의하여야 한다** 홍보 문안 작성에서 가장 흔히 실수하는 것은 홍보 목표로 삼는 대상을 명확하게 규정하지 못하는 데에서 온다. 홍보 문안은 모든 사람을 대상으로 하는 것이 아니라 목표 대상이 분명하여야 하며, 그 목표 대상에게 맞는 문안을 작성하여야 한다. 따라서 홍보 대상자의 교육 수준, 직업과 생활 스타일, 가계 수입, 앞으로 활용할 홍보물 전달 방법 등을 분명히 하는 것이 필요하다.
- **잠재적 대상자들의 요구를 충족할 수 있는 목표로 작성하여야 한다** 홍보 문안은 프로그램에 참여한 잠재적 대상자들이 그들의 요구가 어떻게 충족되는지를 정확하게 명시하여야 한다.
- **프로그램에 참여하면서 얻을 수 있는 혜택을 강조하여야 한다** 사람들이 프로그램에 참여하여 받을 수 있는 혜택을 적어도 10개 정도 홍보 문구에 포함하고 그 혜택을 따로 강조한다.
- **홍보 문안은 처음 3~4초 이내에 관심을 끌어야 한다** 행동 관련 연구에 의하면, 홍보 메시지로 사람의 관심을 끌기 위해서는 대략 3~4초가 걸린다고 한다. 따라서 홍보 문안은 사람의 관심을 포착하고, 그들의 자극이 빠르게 반응할 수 있도록 디자인되어야 한다.
- **홍보 문안은 독자가 즉각 참여하도록 하여야 한다** 사람들이 프로그램에 관한 더 많은 정보를 얻기 위해 쿠폰을 회송하거나 연락하도록 만들어야 한다. 따라서 홍보 문안은 완성된 내용을 전달하고 논리적 순서에 의해 제시되어야 한다. 특히 홍보 문안은 등록을 활동적으로 권고하고 있어야 한다.
- **홍보 문안은 독자의 참여를 독려하는 강력한 단어와 메시지를 담고 있어야 한다** 독자들이 활동적이고 행동적으로 반응하기를 원하면 행

동적인 언어를 사용해야 한다. 독자들에게 그들이 하기를 원하는 것이 무엇인지를 분명히 제시하고, 프로그램에 참여함으로써 얻게 될 유익을 강력한 메시지로 전달해야 한다.

- **메시지를 통해 당신이 원하는 행동을 취하도록 자신이 만든 홍보 문안을 배열하여야 한다** 독자들은 매우 바쁘다. 그러므로 독자들이 홍보 자료를 읽고 빨리 프로그램에 참여하도록 독려하려면, 프로그램 내용은 명확하고, 구체적으로 제시되어야 한다.
- **시험하라! 시험하라! 시험하라!** 홍보 문안이 원하는 결과를 만들어 냈는지를 평가하기 위해 홍보 문안 전체를 시험할 필요가 있다.

전략 3 : 적절한 홍보 매체 선정

홍보 문안을 구성하고 작성하는 것과 함께 중요한 것이 홍보 매체의 선정이다. 매체의 종류에는 구두 방식을 비롯하여 광고, 인쇄물, 우편물, 전화, 개인적 접촉, 인터넷, 현수막 등 다양한 방법들이 있다. 각 홍보 매체마다 장·단점을 가지고 있기 때문에 홍보 매체 선정을 위해 다음과 같은 지침을 활용하는 것이 바람직하다(김진화, 2001).

- 홍보 매체의 특성을 고려하여 주 매체를 선정하고 그 매체의 단점을 보완할 수 있는 보조 매체를 다각적으로 활용한다.
- 무료 홍보 수단을 보조 매체로 최대한 활용한다. 보조 매체로는 지역 신문, 소셜네트워크(SNS), 인터넷 등 다양한 방법을 활용한다.
- 홍보 내용이 간단한 것은 '눈보다는 귀', 복잡한 내용은 '귀보다는 눈'을 활용하는 홍보 매체를 선택한다.
- 상담 프로그램의 내용을 고려하여 그 대상의 지적 수준이 낮은 사람일 경우는 청각 매체를 활용한다. 반면에 교육 수준이 높을수록 시각 매체를 활용하는 것이 바람직하다.
- 광범위하게 홍보할 수 있는 매체를 선택한다.
- 내용을 정확하게 전달할 수 있는 매체를 선택한다.
- 빠르게 정보 전달이 가능한 동시성 있는 매체를 선택한다.
- 학습 요구를 촉발할 수 있을 정도로 내용 전달이 가능한 매체를 선택

한다.

- 적은 비용으로 최대의 홍보 효과를 얻을 수 있는 매체를 선택한다.

참여자 모집과 선정

참여자 선정

프로그램은 홍보를 통해 참여자를 모집하게 된다. 참여자의 모집은 프로그램의 성격에 따라 참여자의 선정 기준이 달라진다. 만약 참여자의 선발 기준이 있다면 프로그램을 홍보할 때 명확히 제시해 두어야 한다. 프로그램 참여자의 별도 선발 기준이 없더라도, 지도자는 프로그램 실행 이전에 사전 면담을 통해 참여자의 참여 동기와 제반 특성을 미리 파악하는 것이 좋다.

프로그램의 참여자는 자발적 참여자도 있지만 비자발적 참여자도 있다. 자발적 참여자는 자기 스스로 원하여서 프로그램에 참여하는 사람이고, 비자발적 참여자는 자신의 의도와는 상관없이 타인에 의해 참여하는 사람이다. 비자발적인 참여자는 징계의 대안으로 강제로 프로그램에 참여하거나 학교, 직장 등 자신이 속해 있는 단체에 의해 의무적으로 프로그램에 참여하는 경우도 있다.

프로그램을 시작하기 전에 적합한 참여자를 선정하고 그들에게 사전에 필요한 준비를 하도록 돕는 작업이 필요하다. 사전 준비에는 대체로 상담 프로그램에 대한 사전 교육, 선발을 위한 면접, 그리고 개인의 행동 목표와 설정 등이 포함될 수 있다.

참여자 사전 면담

상담 프로그램은 첫 회기 이전에 참여자 모집과 선정이 이루어지는데, 이때 여러 형태의 사전 면담을 하게 된다. 사전 면담의 목적은 참여 동기를 확인하고, 참여자의 제반 특성을 탐색하고, 지도자와 참여자 간의 신뢰감을 형성하기 위해서이다. 사전 면담의 방식은 대면 면담, 전화, 인터넷 게시판 글쓰기, 이메일 혹은 서면 등 다양한 방법이 있다(김창대 등, 2015).

프로그램 진행

프로그램 지도자의 역할과 자세

지도자의 역할

프로그램이 성공적으로 이루어지기 위해서는 프로그램 지도자의 역할이 중요하다. 프로그램이 효과를 발휘하느냐 하는 것은 지도자가 어느 정도로 그의 역할을 효과적으로 수행하느냐에 달려 있다. 따라서 여러 집단상담 모형들에 가장 기본적이고 공통으로 적용되는 지도자의 역할을 제시하면 다음과 같다.

집단 활동의 시작을 돕는다

프로그램을 시작할 때, 참여자는 서먹함을 느끼고 어떻게 할 바를 모른다. 이때 지도자는 참여자로 하여금 상호작용을 시작하도록 이끌어 주어야 한다.

집단의 방향을 제시하고 집단 규준의 발달을 돕는다

지도자는 프로그램의 초기 단계에 집단이 나아갈 방향을 제시하고, 일반적인 오리엔테이션을 제공해 주어야 한다. 또한 지도자는 집단규준 발달과 유지에 도움을 주기 위해 솔선해야 한다.

집단의 분위기 조성을 돕는다

상담 프로그램의 주된 목적은 참여자에게 자신의 문제를 자신의 힘으로 해결함으로써 더욱 생산적인 인간으로 성장·발달하게 하는 데 있다. 이를 위해 지도자의 과업은 참여자의 성장과 발달을 이룩하는 데 도움이 될 만한 집단의 분위기를 조성해 주는 것이다.

참여자가 자신의 느낌이나 생각을 말하기 두려운 집단의 분위기 속에서는 효과적인 상담 프로그램이 진행될 수 없다. 따라서 지도자는 프로그램 실행 초기 단계에서 허용적인 집단 분위기와 심리적으로 안정감을 가질 수 있는 장면을 조성하여야 한다. 이러한 분위기를 위해 지도자는 스스로 권위주의적 태도를 버려야 한다. 지도자는 항상 참여자들의 느낌이나 생각을 이해하려는 진정한 태도를 보여야 한다. 그리고 참여자들이 다른 의견을 가질 권리가 있다는 것을 인정하고, 다른 의견을 존중해 주며, 격려해 줌으로써 바람직한 집단 분위기를 조성하여야 한다.

행동의 모범을 보인다

지도자가 바람직한 행동의 모범을 보이는 것은 지도자의 가장 중요한 기능 중의 하나이다. 지도자 자신이 참여자에게 바라는 행동을 먼저 시범을 보임으로써 참여자도 그렇게 하도록 돕는다. 어떤 경우에는 스스로 본을 보이는 대신에 다른 모델들을 활용할 수 있다. 예를 들면, 녹음이나 녹화된 모델 또는 동료 모델(peer model) 등이 있다.

의사소통 및 상호작용을 촉진한다

지도자는 항상 주의 깊은 관찰로서 참여자의 비언어적 커뮤니케이션을 정확히 파악해야 하고 말의 참뜻을 정확히 포착하여 참여자의 말의 내용이나 느낌을 새로운 말로 반영시켜 주어야 한다. 또한 지도자는 한 참여자의 말과 다른 참여자의 말을 상호 연결지워 줌으로써 참여자 간의 의사소통을 방해하는 요인을 극복하고 원활한 상호관계를 발달시키도록 도와주어야 한다.

참여자를 보호한다

지도자의 역할 중 하나는 참여자의 몸과 마음을 위험으로부터 보호하기 위하여 보살피는 것이다. 어떤 참여자가 특정한 활동에 참여하기를 원치 않거나 또한 특별한 개인적인 문제를 깊이 파헤치는 일을 꺼린다면, 지도자는 참여자의 거절 권리를 인정해 주어야 한다. 참여자 중 몇 사람 혹은 전원이 특정한 참여자에게 부당하게 압력을 가하거나 소외시킬 때, 지도자는 즉시 개입하여 부당하게 희생의 제물이 되는 것을 막아야 한다. 지도자는 참여자들이 신체적인 활동에서 상처를 입지 않도록 유의해야 한다.

집단활동의 종결을 돕는다

프로그램은 제시간에 시작하여 약속한 시간에 마쳐야 한다. 이를 통해 참여자는 정해진 사실을 지킬 줄 알게 된다. 만약 지도자가 이 정해진 한계를 벗어나서 약속된 시간에 종결하지 않으면 참여자에게 신뢰성이 결여된 사람으로 인식되게 된다. 같은 원리가 정해진 모임의 횟수에도 적용된다. 프로그램 모임 횟수를 12회로 한정했으면 12회에서 종결해야 한다. 따라서 지도자는 프로그램의 시작과 종결을 분명히 하는 것의 중요성을 인식하여야 한다.

지도자의 자세

상담 프로그램 지도자가 프로그램 실행의 역량을 갖추었다 할지라도, 그의 인간성이 바람직하지 못하면 그 집단은 파괴적으로 될 것이다. 따라서 상담 프로그램 지도자가 되려는 사람은 바람직한 인간이 되기 위하여 노력하여야 한다(이형득, 1992).

지도자가 상담 프로그램을 효과적으로 진행하기 위해 갖추어야 할 자세는 다음과 같다(김영숙 등, 2002).

- 지도자는 참여자의 활동을 촉진하고 격려하는 역할을 수행하여야 한다.
- 지도자는 참여자의 눈높이에 맞추어야 하고, 참여자를 독특성을 지닌 인격체로 인정해 주어야 한다.
- 지도자는 참만남이 지니는 의미를 깊이 깨닫고, 이를 바탕으로 최선을 다하는 지도 활동을 구사하여야 한다.
- 지도자는 진솔하고 자연스러운 행동을 통하여 자신이 한 인간으로서 어떤 식으로 삶을 살아가는지를 참여자에게 보여 주어야 한다.

이형득(1992)은 집단 지도와 관련하여 지도자가 갖추어야 할 자세로 인간에 대한 선의와 관심, 자신에 대한 각성, 용기, 창도적 태도, 끈기, 유머 등을 든다.

- **인간에 대한 선의와 관심** 지도자는 사람을 존경하고 신뢰하고 그 나름의 가치를 인정해 주기를 배워야 한다.
- **자신에 대한 각성** 지도자는 자기 자신의 목표, 정체, 동기, 요구, 한계, 장점, 가치관, 느낌, 기타 여러 가지 문제들에 대하여 자각하고 있어야 한다.
- **용기** 지도자의 가장 중요한 개인적 특성 중의 하나가 용기이다. 용기는 실수나 실패의 가능성에도 불구하고 새로운 행동을 모범적으로 시도해 볼 수 있는 사람을 의미한다. 또한 지도자는 자신의 지각이나 육감이 부정확하다고 판명되었을 때 그것을 스스로 인정할 수 있는 용기가 있어야 한다.
- **창도적 태도** 창도적(創導的) 태도는 창의적이면서 모든 일에 주도적인 태도를 보이는 것을 의미한다. 지도자는 항상 참신한 정신과 태도로 또는 새로운 아이디어를 가지고 프로그램에 임해야 한다. 지도자는 가능한 한 자신과 타인 그리고 새로운 경험에 개방적이 되도록 힘써야 할 것이다.
- **끈기** 프로그램을 지도하는 일은 보람되고 즐거울 수도 있으나 때로는 힘이 들고 고달프기도 하다. 그렇기 때문에 지도자는 어떠한 압력에도 버티어 나갈 끈기를 가져야 한다. 지도자는 프로그램 시행에서 맛볼 수 있는 어려움을 극복할 수 있는 심신의 힘을 길러야 한다.
- **유머** 상담 프로그램은 엄숙하고 힘이 들지만 다른 한편으로는 즐거운 순간도 있다. 집단은 고조된 긴장을 해소하기 위해서도 가끔 유머와 웃음이 필요하다. 따라서 효과적인 지도자는 유머 감각의 소유자로서 이를 집단 과정에 적절히 활용할 수 있어야 한다.

집단상담의 발달 단계

과정의 개념은 운동, 변화, 발달 등의 의미가 포함되어 있다. 그러므로 과정은 연속적·역동적·목표 지향적 움직임의 현상을 말한다. 따라서 집단의 과정은 두 사람 혹은 그 이상의 사람들이 상호 간에 영향을 미치면서 어떤 공동 목표를 향하여 함께 움직여 나아가고 있는 변화와 발달의 현상을 의미하는 것이다.

상담 프로그램은 그 나름의 목적이 있다. 따라서 프로그램 참여자도 각자의 기대와 목표를 갖고 참여하였다면, 프로그램 지도자의 도움을 받아 프로그램의 목적과 목표를 성취하기 위하여 함께 힘써야 한다. 물론 집단 역동의 흐름을 무시하는 시도는 지양해야 하지만 지도자와 참여자는 각기 수행해야 할 역할을 감당할 필요가 있다. 이와 같은 관점에서 이형득(2003)은 다음과 같이 집단상담의 발달 단계를 구분하여 설명하고 있다.

도입 단계

특 징

도입 단계는 프로그램 활동이 처음 출발하는 시기로서 참여자들은 조심스럽게 상호 간에 눈치를 보며 탐색하기 시작한다. 참여자들은 아직 집단의 구조와 분위기 등이 아직 불확실하기 때문에 집단의 기본 규칙과 규준을 알려고 애쓰며, 집단 내에서의 자신의 역할과 위치를 파악하고 설정하려고 나름대로 노력한다. 참여자들은 행동에 대한 불안감과 집단 구조에 대한 불확실성, 그리고 지도자에 대하여 보다 의존적인 경향을 띠게 된다.

과 업

지도자는 이 단계에서 상담 프로그램에 대한 충분한 오리엔테이션을 함으로써 참여자들로 하여금 처음부터 방향성을 갖고 프로그램에 적극적으로 참여할 수 있도록 동기 부여를 할 필요가 있다. 이 단계에서는 대체로 참여자 소개와 예기불안을 다루고, 상담을 구조화하고, 행동 목표 설정의 과정을 거친다.

준비 단계

특 징

준비 단계는 참여자들이 집단 장면과 다른 참여자들에 대하여 부정적인 정서적 반응을 나타내는 것을 특징으로 한다. 이때쯤 참여자들은 집단의 상호작용에 대하여 불만을 표시하게 되며, 일이 기대했던 대로 진행되지 않을 때 욕구 불만에 사로잡혀 지도자를 공격하고 나중에는 참여자 상호 간에도 갈등 상태에 놓이게 된다. 이와 같은 현상은 상담 집단의 성격상 필연적인 것이라고 할 수 있다.

일반적으로 사람은 지도자가 처음과 끝까지 집단을 조직적으로 지도하리라는 기대를 갖고 프로그램에 참여한다. 그러나 지도자가 책임을 지지 않고 모든 것을 참여자에게 맡겨졌을 때 그들은 당황하게 되고 불안을 느끼게 된다. 이때 참여자들이 불안을 해소하는 방법으로 처음에는 지도자를 원망하고, 저항하며 공격하게 된다. 그리고 참여자 간에는 여러 가지 의견 충돌로 말미암아 상호 간에 갈등 또는 책임 전가의 현상이 나타난다.

과 업

이 단계에서 성취해야 할 기본적 과업은 안정되고 신뢰로운 집단 분위기를 조성함으로써 다음에 이어질 작업 단계를 준비하는 일이다. 그 이유는 작업 단계에서 행동 변화를 촉진시키려면 먼저 집단의 분위기가 안정되고 신뢰로워야 하기 때문이다. 집단의 안정감과 신뢰감이 결여될 때, 참여자 간의 상호작용은 피상적일 수밖에 없고 깊이 있는 자기 개방, 진솔한 상호 맞닥뜨림도 불가능하다. 그러므로 이 단계에서 참여자들은 집단이 있는 그대로의 느낌과 생각을 공유하고 새로운 행동을 실험할 수 있는 안전하고 신뢰로운 곳이라는 믿음을 가질 수 있어야 한다.

이것을 위해 지도자의 역할은 가면을 쓰거나 역할 놀이를 하는 대신, 자신의 느낌과 말에 일치되는 행동을 하여야 한다. 지도자는 참여자들에게 바라는 행동을 솔선수범하는 동시에, 온정적·긍정적·수용적 태도로서 집단 활동에 임하여야 한다. 지도자는 먼저 자신을 신뢰할 뿐만 아니라, 집단을 신뢰하는 마음을 지니고 참여자들로 하여금 신뢰감 형성을 방해하는 요소에 대해서도 솔직하게 이야기하도록 격려할 필요가 있다. 그러므로 지도자는 신뢰감 형성을 위한 의도적인 활동을 도입할 수 있다. 그러나 신뢰감은 인위적으로 형성되는 것이 아니라, 흐름에 따라 자연스럽게 형성되는 것임을 명심하고,

지도자는 여유 또는 인내심을 가지고 집단에 임하여야 한다.

작업 단계

특 징

집단은 갈등의 단계를 넘어서면 점차 응집성을 발달시키게 된다. 이제는 부정적인 감정이 극복되고 협력적인 집단 분위기가 발전된다. 참여자는 집단에 대하여 좋은 느낌을 갖게 되고 지도자와 집단과 자신을 동일시하게 된다. 그 결과 상호 간에 신뢰도가 증가되고 집단의 사기가 높아진다. 이제 참여자는 집단에서 각자의 문제를 진솔하게 내어놓고 상호 간에 도움을 주고받을 준비가 된 셈이다. 집단은 본격적으로 참여자들의 행동 변화를 촉진하는 단계에 도달하였다.

과 업

상담 프로그램의 궁극적 목적은 참여자들의 성장과 변화를 촉진시키는 데 있다. 성장과 행동의 변화는 상담 프로그램 진행 장면에서는 물론이려니와 일상생활에서도 가시적으로 나타나야 한다. 이렇게 볼 때 작업 단계의 주된 과업은 참여자 상호 간에 도움을 주고받음으로 성장과 행동 변화를 촉진시키는 일이다. 이 단계에서는 실제로 상호 간의 신뢰를 바탕으로 집단 밖에서는 말하기 어려운 개인적인 문제까지도 집단에서 노출하기 시작한다. 그러므로 이 단계에서 지도자는 참여자들로 하여금 각자의 문제를 노출하고 탐색하며 이해하고 수용하는 과정을 통해 바람직하지 못한 행동 패턴을 버리고, 보다 생산적인 대안 행동을 학습하도록 돕는 데 힘써야 한다.

종결 단계

특 징

종결 단계에 도달하면 참여자들은 자신의 문제를 해결하게 되어 자기노출을 줄이는 반면, 이제까지 맺어 온 관계로부터 분리되어야 하는 아쉬움을 경험하게 된다. 집단상담에서 도입 단계가 중요한 것처럼 종결 단계도 프로그램 진행 과정에 매우 중요한 위치를 갖는다. 이 단계를 적절하게 다루지 못하면, 참여자는 학습한 것을 활용하는 데 지장을 받게 되고, 상담 프로그램 자체에 대한 부정적 감정을 지니고 떠날 가능성이 높다.

과 업

종결 단계에서 지도자는 참여자와 함께 진행되어 온 상담 프로그램 과정을 반성해 보는 한편, 일상생활 장면에서의 적용에 대해서도 토의하므로 프로그램의 전 과정을 마무리하게 한다. 특히 지도자는 참여자에게 학습 결과를 잘 정리함으로써 앞으로 이를 실천하겠다는 의지와 희망을 갖는 동시에 프로그램에 대한 긍정적 시각을 가지고 떠나도록 도와야 한다. 따라서 지도자가 종결 단계를 생산적으로 이끌기 위하여 해야 할 일들은 집단 경험의 개관과 요약, 참여자의 성장 및 변화에 대한 평가, 이별 감정 및 미해결 과제 취급, 피드백 주고 받기, 최종 마무리와 작별 인사 등 다양하다.

CHAPTER

10

프로그램 평가

프로그램 개발자는 프로그램이 좀 더 나아진 것으로 변화하기를 바란다. 인간의 창조물은 항상 완벽할 수 없기 때문에 인간은 항상 개선을 추구한다. 평가는 개선의 필요성을 추구하고, 개선에 영향을 주기 위해 기초를 제공하는 수단이 된다(Peter F. Olivia, 2014). 따라서 프로그램 개발자에게 프로그램 개발과 함께 중요한 책무 중 하나는 그 프로그램을 평가하는 것이다. 개발된 프로그램을 진행한 후에 반드시 평가 과정을 거쳐 프로그램의 가치와 효과를 판단하고 프로그램을 개선하는 것은 프로그램 개발자의 중요한 책무이다. 프로그램 개발자는 설계된 프로그램이 사전에 의도대로 진행되고 운영되었는지를 과학적이고 체계적으로 평가할 수 있는 능력을 갖추고 있어야 한다. 이 장에서는 상담 장면에서 프로그램 평가가 어떻게 사용되는지에 대해서 설명하고자 한다.

프로그램 평가의 개념

프로그램 평가의 개념

프로그램 평가의 비밀은 다음과 같다(Olivia, 2014).

1	질문을 하는 것
2	적절한 질문을 하는 것
3	적절한 사람에게 적절한 질문을 하는 것

일반적인 평가의 개념

평가의 개념을 이해하기에 앞서 평가와 유사한 단어인 검사와 측정의 의미를 이해하는 것이 좋겠다. 검사는 평가에 필요한 근거 자료를 수집하기 위하여 제시되는 방법적 활동으로 프로그램 참여자의 반응을 살피기 위해 제시되는 일련의 전문적 활동을 의미한다. 측정은 대상의 특성을 검사 도구를 활용하여 기술해 내는 활동을 의미한다. 측정은 통상적으로 수량화된 결과로 제시된다. 검사와 측정은 가치 판단이 포함되지 않는다. 그러나 평가는 가치 판단이 포함된다(김용헌 등, 2010). 평가는 판단하는 하나의 과정이다.

평가의 일반적인 개념은 어떤 대상의 가치를 판단하거나 비평하는 것을 의미한다. 평가는 일상적으로 점검이나 검토 등의 간단한 의미로 규정할 수 있다. 또한 평가는 평가 대상의 각 부분의 과거나 현재 상황이나 변화와 진행 과정 및 변화 결과 등을 심층적으로 분석하는 종합적인 평가의 의미를 담고 있다. 다시 말해 평가는 어떤 대상에 대해 가치를 부여하거나 목표 달성의 정도나 계획 수행의 효과나 효율성 수준을 검사, 조사, 시험, 점검, 심사, 판단, 측정, 평정, 우선순위를 결정하는 모든 과정과 방향 수정, 내용 및 방법의 개선 작용 등을 총칭하는 말이다(김진화, 2001).

상담 분야 평가의 개념

상담은 사람들의 광범위하고 다양한 개인적인 문제, 교육과 진로와 관련된 문제들을 돕는다. 겔소와 프레츠(Gelso & Fretz, 2001)에 의하면, 상담 분야에서의 평가는 검사, 도구, 측정 및 체크리스트 등의 용어로 사용되고 있다. 검사(test)는 문항 내용에 대한 응답이 옳고 그름을 판정할 수 있는 성취도나 능력 측정 영역에 사용하는 용어이다. 도구(inventory)는 흥미나 성격 등을 측정하여 피검자의 응답을 비교하고자 하는 경우에 사용하는 용어이다. 측정(scale)과 체크리스트(checklist)는 진단이나 치료적 과정 연구에서 빈번하게 사용되는 행동, 증상, 문제 등의 목록에 대한 측정에 사용하는 용어이다(김창대 등, 2015 재인용). 최근 들어 상담 분야에서의 평가는 구체적인 검사나 도구 등을 활용하여 서비스 수혜자에게 전달된 서비스의 효과를 파악하는 과정 전체를 의미하는 데 사용하는 용어이다(김창대 등, 2015).

프로그램 평가의 개념

프로그램의 평가와 연구는 유사하지만 동시에 중요한 차이가 있다. 연구자는 일반적으로 두 가지 특정한 처치의 효과성을 비교하는 것과 같이 해당 분야의 지식 기반을 증진하는 데 관심이 있다. 이에 비해, 프로그램의 평가자는 특정 집단의 사람들에 대한 특정한 프로그램의 효과성에 관심이 있다(Heppner et al., 2017). 다시 말해 연구의 목표는 해당 분야의 지식 기반을 증진하는 것이지만, 프로그램 평가의 목표는 프로그램 참여자를 대상으로 특정 집단의 효과성을 평가하는 것이다. 그러므로 프로그램의 평가는 설계된 프로그램을 실행한 후에 프로그램의 성과, 가치, 효과를 판단하는 것을 의미한다. 즉, 프로그램의 평가는 프로그램과 관련된 제반 요소에 대한 판단이다. 제반 요소는 프로그램에 투입된 제반 요소와 프로그램의 진행 과정을 의미한다. 프로그램의 진행 과정의 평가는 프로그램의 목적과 목표, 프로그램의 내용,

프로그램의 참여자, 프로그램의 운영을 평가의 대상으로 프로그램의 가치를 판단하는 것이다. 프로그램 투입의 평가는 프로그램의 운영과 관련된 물적·인적 자원의 요소를 판단하는 것이다.

실제 현장에서의 프로그램의 평가는 네 가지 의도에 의해 이루어진다. 첫째, 프로그램의 가치나 장점을 판단하거나 결정하는 것이다. 둘째, 프로그램의 효과나 영향을 파악하고 판단하는 것이다. 셋째, 프로그램의 목적 달성 정도를 확인하는 것이다. 넷째, 프로그램에 대한 의사결정을 보조하는 것이다(김진화, 2001).

상담 프로그램의 평가는 프로그램을 대상으로 이루어지는 판단 활동이다. 상담 프로그램에서의 평가는 집단활동을 통해 어느 정도의 목표가 달성되었으며, 얼마만큼의 진전이 이루어졌는가에 대하여 알아보는 과정이다(이형득, 1992). 따라서 상담 프로그램의 평가는 계획된 프로그램이 성취하려는 목적의 성취 여부와 프로그램의 활동이 계획대로 진행되었는지 여부, 그리고 참여자들의 변화와 성장의 여부를 확인하고 가치를 판단하는 과정이다.

프로그램 평가의 필요성

프로그램 평가의 필요성

우리는 일반적으로 상담 현장에서 프로그램에 대한 평가가 꼼꼼히 이루어지지 않고 그것은 큰 도움이 되지 않는다고 말한다. 스터플빔(Stufflebeam, 1971)은 프로그램의 평가가 다음과 같은 증상으로 인해 어렵고 힘들게 나타난다고 하였다(Olivia, 2014 재인용).

- **기피 증상** 평가는 고통스러운 과정이기 때문에 모든 사람은 절대적으로 필요한 것이 아니면 회피하고자 한다.
- **걱정 증상** 걱정은 평가 과정에 대한 모호함에서 온다.
- **고정 증상** 학교는 의미 있는 방법으로 평가에 반응하지 않는다.

- **회의 증상** 많은 사람은 "어쨌든 그건 실행될 수 없다"는 이유로 평가를 위한 계획에 중요성을 두지 않으려 한다.
- **지침 부족 증상** 전문적인 평가자 사이에서도 의미 있고 실용적인 지침의 체계가 없다.
- **잘못된 충고 증상** 교육 연구에서 방법론적으로 전문가인 많은 평가 상담자가 계속해서 실행자(평가를 받는 사람)에게 나쁜 충고를 한다.
- **중요함과 다름없는 증상** 평가는 종종 중요한 정보를 주지 못한다.
- **부족한 요소 증상** 평가가 발전을 위해 중요해지려면 필요한 결정적인 요소가 부족하다. 가장 명백하고 부족한 요소는 적절한 이론의 결여이다.

이러한 프로그램 평가의 기피 증상에도 불구하고 우리는 "왜 프로그램 평가를 수행하여야 하는가?"의 질문에 대답할 수 있어야 한다.

로시, 프리맨, 립시(Rossi, Freeman, & Lipsey, 1999)는 프로그램 평가의 필요성에 대해 다음과 같이 말하였다. 첫째, 평가는 프로그램이 계속 진행되어야 하는지, 개선되어야 하는지, 확대되어야 하는지 또는 축소되어야 하는지 그 여부를 결정하기 위해 필요하다. 둘째, 평가는 개발된 프로그램의 만족도를 판단하기 위해 필요하다. 셋째, 평가는 프로그램의 운영과 관리의 효과성을 높이기 위해 필요하다. 넷째, 평가는 프로그램 참여자들의 요구에 대한 책임성을 만족시키기 위해 필요하다(지은구, 2006 재인용).

스미스(Smith, 1990)는 프로그램을 평가해야 하는 이유로 신념 체계를 고취하기 위해서, 책임성을 증진하기 위해서, 지식 건설을 위해서, 소비자 주의를 증진하기 위해서 필요하다고 하였다(지은구, 2006 재인용).

첫째, 프로그램 평가는 신념 체계를 고취하기 위해서 필요하다. 프로그램 지도자는 막연한 사명감보다는 실천을 통해서 결과를 개선할 수 있다는 신념 체계가 더욱 중요하다. 프로그램 지도자는 사명감이나 상담 기술과 함께 프로그램이 어떻게 작동하는가?, 그리고 프로그램이 결과를 성취할 수 있을 것인가 등에 관한 종합적 사고가 필요하게 된다.

둘째, 프로그램 평가는 책임성을 증진하기 위해서 필요하다. 프로그램 개발자, 관리자 그리고 지도자들은 그들이 제공하는 프로그램에 관한 만족할 만한 정당성을 제공해야 할 책임성을 가지고 있다. 프로그램의 결과를 중요하게 생각한다는 것은 곧 평가를 중요하게 생각한다는 것을 의미한다.

셋째, 프로그램의 평가는 지식 건설을 증진하기 위해서 필요하다. 프로그램의 평가는 참여자의 문제가 잘 해결되었는가에 관한 지식과 프로그램을 구체화하는 노력에 관한 지식을 제공해 주기 때문에 필요하다. 그리고 프로그램이 실행되어 나타나는 긍정적인 결과와 부정적인 결과들을 문서화하게 한다. 평가를 문서화하는 것은 더 좋은 프로그램을 만들기 위한 하나의 과정으로 볼 수 있다.

넷째, 프로그램의 평가는 소비자 주의를 증진하기 위해서 필요하다. 프로그램의 평가는 프로그램 참여자들이 프로그램의 유용성에 대해 직접적으로 언급한다는 점에서 소비자 주의를 개선하는 역할을 담당한다. 소비자 주의는 프로그램에 참여하는 참여자의 입장에서 프로그램을 평가하는 것을 의미한다.

실제로 상담 활동은 프로그램에 의해 수행되는 체계적이고 조직적인 활동으로 과학적인 평가가 필요하다. 그러므로 상담 프로그램 개발자가 프로그램을 실행한 후에 그 가치와 효과를 체계적이고 과학적으로 평가하는 것은 매우 중요하다.

집단상담 평가의 필요성

집단상담은 상담의 전 과정이나 한 번의 모임이 끝나기 전에 그 결과에 대하여 평가하는 것은 중요하다. 집단상담에서의 평가는 집단 활동을 통해 어느 정도의 목표가 성취되었으며, 어느 정도의 진전이 있었는지를 알아보는 과정이다. 집단상담의 평가를 통해, 참여자는 집단상담의 모든 과정이나 한 번의 모임에 대해 자신의 느낌이나 생각을 솔직하게 서로 교환하게 될 때 지금까지 인식하지 못했던 자신의 강점이나 문제점들을 발견하게 된다. 그리고 그 과정을 통해 참여자는 보다 효과적인 방법의 개선에도 많은 도움을 얻게 된다(이형득, 1992).

이형득(1992)에 의하면, 평가를 집단상담 활동의 일부분으로 포함할 때 다음과 같은 효과가 있다. ① 집단기술의 발달이나 개인 행동의 변화에 도움을 줄 뿐만 아니라, ② 집단의 분위기를 살리고, ③ 집단의 응집성을 높이며 참여자 상호 간에 신뢰 관계를 발전시킬 수 있게 된다. ④ 평가 그 자체가 일종의 자기 개선의 방안이 된다. 집단상담은 평가를 통해 자체의 문제점을 발견하게 되고, 필요한 개선 방안에 대해 학습하게 된다. 따라서 평가의 내용 자체가 집단활동의 풍부한 자료가 될 수 있다.

프로그램 평가의 유형

프로그램의 평가는 평가가 목적하는 바를 성취하기 위해 무엇을 강조하느냐에 따라 다양한 유형으로 분류된다. 김용현 등(2010)은 프로그램 평가 유형을 평가 범위, 평가 목적, 평가 시기에 따라 분류하고 있다. 김창대 등(2015)은 프로그램 평가 유형을 고전적 평가 모형과 대안적 평가 모형으로 분류하고 있다. 고전적 평가 모형에는 실험평가, 목표 중심 평가, 인증 평가 등이 포함된다. 대안적 평가 모형에는 의사결정 중심평가, 반론 중심 평가, 전문성 중심 평가, 이용자 중심 평가, 반응 중심 평가 등이 포함된다. 이들의 프로그램 평가 유형 분류를 토대로 상담 프로그램 평가에 필요한 유형을 설명하고자 한다.

평가 범위에 따른 분류

상담 기관 평가

상담 기관 전체의 시설 여건이나 운영 상태 등을 평가하는 것으로 프로그램 평가와 구별하여 사용하고 있다.

프로그램 평가

상담 기관에서 개설된 프로그램을 평가하는 것으로, 상담이나 상담 목표 성취 여부, 프로그램이나 결과 등을 평가한다.

평가 목적에 따른 분류

실험 중심 평가

실험 중심 평가는 실험 방법을 적용하여 프로그램의 효과성을 밝히는 것이다. 이 평가는 실험집단과 통제집단을 두어, 프로그램 실시 전후와 과정에 대해 평가하고 그 결과에 대해 서로 비교함으로써 프로그램의 인지적 효과를 밝히는 것이다. 실험집단은 프로그램에 참여한 집단을 의미하며, 통제집단은 프로그램에 참여하지 않은 집단을 의미한다.

목표 중심 평가

프로그램 참여자들이 프로그램이 설정한 목표를 성취하였는지를 확인하는 것이다. 목표 중심 평가는 프로그램의 목표가 분명할수록 그 적용이 유리해진다. 그러나 프로그램의 목표가 질적인 경우나 광범위하게 설정된 경우 적용하기 어려워질 수 있다.

의사결정 중심 평가

의사결정 중심 평가는 의사결정자가 의사결정을 하는 데 필요한 정보를 제공하여 정책 판단이나 의사결정을 돕는 목적으로 실시하는 것이다. 이 유형은 평가자 자신의 가치보다는 의사결정자에게 필요한 정보를 제공하여 의사결정을 보조하는 데 우선하고 있다.

가치판단 중심 평가

가치판단 중심 평가는 프로그램 참여자의 목표 성취를 평가하는 것보다 프로그램의 가치나 장점을 판단하는 데 초점을 두고 있다. 따라서 이 평가는 이용자 중심 평가, 소비자 중심 평가 유형으로도 불린다. 가치판단 중심 평가는 프로그램의 참여자 입장에서 판단하는 프로그램의 유용성을 판단하는 데 초점을 두고 있다. 이 모형은 프로그램에 대한 사용자의 가치 판단이 중요하다. 따라서 프로그램 평가자는 프로그램 참여자의 입장에서 프로그램의 실제적인 결과와 가치를 평가하게 된다.

평가 시기에 따른 분류

진단 평가

진단 평가는 프로그램을 수행하기 전에 실시하는 것이다. 이때 진단 평가에서는 프로그램 참여자의 특성과 상태를 판단하는 것이다. 참여자에게 적합한 참여자 편성과 문제의 원인을 발견하여 대책을 마련하는 데 목적이 있다.

형성 평가

형성 평가는 프로그램을 수행하는 도중에 이루어지는 것으로, 프로그램이 의도된 방식으로 실제 수행되고 있는지를 살피고 평가하는 것이다. 만약 프로그램이 의도된 방향으로 진행되고 있지 않다면 그 문제점을 파악하여 일정을 조정하거나 참여자의 상태를 수시로 평가하여 프로그램의 속도 조절과 기회를 제공하는 데 목적이 있다. 형성 평가는 프로그램 지도자가 프로그램의 실행 동안에 프로그램에 대한 수정이나 조정을 제시하는 것을 허락하는 데 도움을 준다. 따라서 형성 평가는 프로그램의 발전을 위한 것이다.

총괄 평가

총괄 평가는 프로그램의 종결과 더불어 최종적으로 이루어지는 것으로 프로그램의 효과를 종합적으로 평가하는 것이다. 총괄 평가는 프로그램 지도자가 프로그램을 계속하여야 하는지 또는 종결되어야 하는지를 결정하는 것을 도와준다. 따라서 총괄 평가는 프로그램의 책임성을 위한 것이다.

프로그램 형성 평가 체크리스트 : 프로그램 타당도 체크리스트

회기	평가 내용	내용 타당도 평가				
		전혀 아니다	아니다	보통이다	그렇다	매우 그렇다
1	프로그램의 활동 내용은 목표를 달성하는데 적절하게 구성되었는가?					
	수정 및 보완사항					
2	프로그램의 활동 내용은 목표를 달성하는데 적절하게 구성되었는가?					
	수정 및 보완사항					
3	프로그램의 활동 내용은 목표를 달성하는데 적절하게 구성되었는가?					
	수정 및 보완사항					
4	프로그램의 활동 내용은 목표를 달성하는데 적절하게 구성되었는가?					
	수정 및 보완사항					
5	프로그램의 활동 내용은 목표를 달성하는데 적절하게 구성되었는가?					
	수정 및 보완사항					
6	프로그램의 활동 내용은 목표를 달성하는데 적절하게 구성되었는가?					
	수정 및 보완사항					
7	프로그램의 활동 내용은 목표를 달성하는데 적절하게 구성되었는가?					
	수정 및 보완사항					
8	프로그램의 활동 내용은 목표를 달성하는데 적절하게 구성되었는가?					
	수정 및 보완사항					

9	프로그램의 활동 내용은 목표를 달성하는데 적절하게 구성되었는가?					
	수정 및 보완사항					
10	프로그램의 활동 내용은 목표를 달성하는데 적절하게 구성되었는가?					
	수정 및 보완사항					
11	프로그램의 활동 내용은 목표를 달성하는데 적절하게 구성되었는가?					
	수정 및 보완사항					
12	프로그램의 활동 내용은 목표를 달성하는데 적절하게 구성되었는가?					
	수정 및 보완사항					
13	프로그램의 활동 내용은 목표를 달성하는데 적절하게 구성되었는가?					
	수정 및 보완사항					

출처 : 형남출(2017).

프로그램 효과성에 따른 분류

김창대 등(2015)은 프로그램의 효과성에 대한 평가를 객관적 효과 평가와 주관적 효과 평가로 구분하여 설명하고 있다. 객관적 효과 평가는 연구설계 방법을 평가 설계에 활용하는 경우가 많다. 그들은 객관적 효과 평가로 비교 평가, 단일체계 연구설계, 메타 분석 등 세 가지를 제시하고 있다. 주관적 효과 평가는 프로그램 참여자가 개개인의 주관적인 관점에서 이루어지는 만족도 평가와 목표 달성 척도를 의미한다. 만족도 평가는 제공된 프로그램이 참여자의 기대를 어느 정도 충족시켰는지를 참여자의 입장에서 확인하는 방법이다. 목표 달성 척도는 프로그램 활용에 따른 효과를 좀 더 구체적으로 평가하고 그 결과를 유사한 프로그램의 효과 비교에서 활용할 수 있는 방법이다.

헤프너 등(Heppner et al., 2017)은 프로그램의 효과성에 대한 평가를 양적 연구와 질적 연구 그리고 혼합 연구 방식으로 구분하여 설명하고 있다. 상담 프로그램 평가에서의 양적 연구와 질적 연구 그리고 혼합 연구에 대해 간략하게 소개하고자 한다.

양적 연구

양적 연구는 논리 실증주의에 근거하여 객관적인 실재를 가정하고 있다. 양적 연구는 외부자적 관점에서 사전에 미시적으로 설계된 절차에 따라 연역적으로 프로그램의 효과성을 검증하는 데 초점을 두고 있다. 이때 프로그램 평가자는 프로그램 참여자와 분리되어 객관적 입장에서 측정 도구를 활용함으로써 통계적 방법으로 프로그램의 효과성을 평가하게 된다.

양적 연구는 비실험 연구와 실험 연구로 구분된다. 비실험 연구에는 기술, 상관, 인과-비교 연구가 있다. 비실험 연구에 해당하는 것은 조사 연구와 발달 연구이다. 실험 연구에는 진실험과 준실험 그리고 단일 피험자 연구로 구분된다. 양적 연구에서의 자료 수집은 주로 측정을 통해 이루어진다. 측정은 검사, 관찰, 면접 등의 다양한 방법을 통해 이루어지며 그 결과 수치, 등급 등이 매겨지게 된다.

질적 연구

질적 연구는 현상학과 해석학 그리고 포스트모더니즘에 근거하여 객관적 진실에 대한 믿음이 거대담론이 아닌 개인의 목소리가 상호 존중되는 개별 담론을 전제로 한다. 질적 연구는 내부자적 관점으로 인간의 의도를 중시하며 거시적 측면에서 귀납적으로 참여자의 관점을 이해하는 데 초점을 둔다. 이때 프로그램 평가자는 프로그램 참여자를 대상으로 면담과 참여 관찰을 통해 자료를 수집, 분석하고 결과를 해석하여 이야기 형식으로 프로그램의 효과성을 평가한다.

질적 연구의 유형 간의 구분은 명확하지 않으나 대체로 생애사, 현상학, 문화 기술지, 근거이론, 사례 연구, 합의적 질적 연구(consensual qualitative research: CQR)로 구분된다. 질적 연구에서 자료 수집은 주로 참여 관찰과 면접을 통해 이뤄지고 자료 분석의 핵심은 코딩(coding), 즉 수집된 자료를 유의미하게 유목화하는 과정에 있다.

혼합 연구

혼합 연구는 양적 연구와 질적 연구의 만남으로 이루어진다. 혼합 연구는 명칭에서 알 수 있듯이, 단일 연구에 양적 연구와 질적 연구 모두를 사용한다. 혼합 연구는 양적 연구와 질적 연구의 강점을 활용하고 각 접근과 관련된 약점을 최소화한다. 따라서 평가자가 혼합 연구를 활용하기 위해서는 양적 및 질적 연구에 대한 전문적인 지식을 가지고 있어야 한다.

프로그램 평가의 영역

프로그램 평가의 영역

올리버(Oliver)는 평가를 위한 다섯 가지 영역을 정했다. 그가 언급한 다섯 가지 영역은 영어 철자 'P'로 시작한다. 평가의 다섯 가지 영역은 프로그램(program), 준비(provision), 절차(procedures), 산출(products), 과정(process)이다(Olivia, 2014 재인용).

이를 종합한 프로그램 평가의 핵심 영역은 프로그램의 목적, 프로그램의 내용, 프로그램 참여자, 프로그램 운영 등이다(김진화, 2001; 그림 10-1).

- 프로그램 목적에 대한 평가는 "프로그램의 목적이 기대된 수준에서 성취되었는가?"에 초점이 맞추어진다.
- 프로그램 내용에 대한 평가는 프로그램의 질적인 측면에 관심을 가지고 프로그램의 내용에 초점이 맞추어진다.
- 참여자 반응에 대한 평가는 프로그램에 참여했던 사람들의 프로그램에 대한 인식, 태도, 느낌, 만족도 등을 파악하는 데 초점이 맞추어진다.

[그림 10-1] 프로그램 평가의 영역

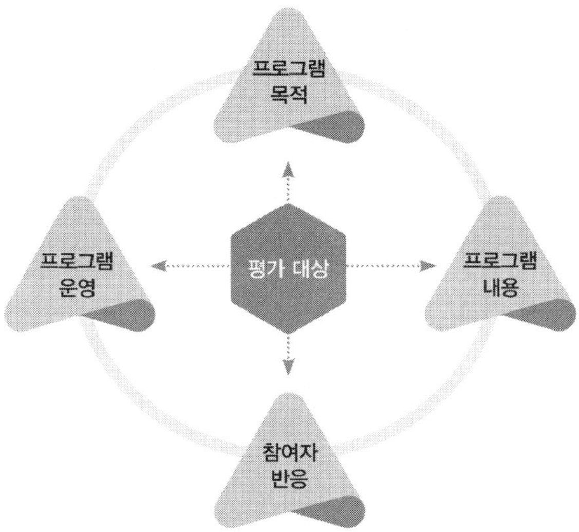

출처 : 김진화(2001).

- 프로그램 운영에 대한 평가는 "프로그램은 원활하게 진행되었는가?", "프로그램 운영과 관련된 제반 요소들은 잘 수행되었는가?"에 초점이 맞추어진다.

사실 프로그램의 평가는 프로그램을 평가하는 동안 프로그램이 의도하는 결과보다 훨씬 더 많은 것이 측정되어야 한다. 프로그램이 실행되는 지역사회의 환경, 정치적인 분위기, 지역사회 사람들, 지역사회에서 필요로 하는 것, 목표 모집단의 필요성에 대한 관리자의 신념, 그리고 다른 많은 요인이 프로그램을 정의하는 데 핵심적인 역할을 하며 프로그램의 평가에 포함되어야 한다(Heppner et al., 2017). 특히, 최근 상담과 상담심리 분야에의 프로그램 평가는 예방을 증진하는 기제로 개념화되었다. 따라서 연구자들은 위험 감소, 복지, 사회 정의에 대한 강조를 포함하는 것으로 예방을 폭넓게 정의하였다. 따라서 프로그램 평가는 사회 정의, 다문화주의, 전반적인 발달에 대한 상담 분야와 방향을 같이 한다(Heppner et al., 2017).

집단상담 평가의 영역

집단상담 평가에서 중요한 것은 타당한 평가의 내용을 선정하는 것이다. 집단상담의 평가 내용 범주에 대해 살펴보기로 하자. 리프톤(Lifton, 1972)은 집단상담 평가 내용의 범주를 세 가지로 구분하여 설명하고 있다. 집단상담의 평가 내용의 범주는 첫째, 집단 자체의 성장에 관한 평가, 둘째, 참여자 개인의 성장에 관한 평가, 셋째, 사회에서 기대하는 규준에 개인의 현재 기능을 비교하기 등이 있다. 그러나 집단상담 평가의 영역에서는 앞의 두 가지 평가 내용에 관해서만 설명하기로 한다(이형득, 1992 재인용).

집단 자체에 관계되는 평가 내용

집단 자체의 평가를 위한 내용은 집단의 발달 단계, 프로그램의 목적, 프로그램의 이론적 배경, 프로그램에서 다루고자 하는 문제와 관심의 초점 등에 따라서 달라질 수 있다. 그러나 대부분의 경우 집단 자체에 대한 평가 내용은 집단의 분위기, 응집도, 지도자의 행동, 참여자의 역할, 집단이 채택하는 방법 및 절차, 의사소통이나 인간관계의 형태 등이 여기에 포함된다.

젠킨스(Jenkins, 1961)에 의하면, 집단 자체의 평가 내용은 첫째, 목표 지향적 방향성, 둘째, 집단토의나 활동의 성취도, 셋째, 성취 혹은 진전의 속도, 넷째, 집단자원의 활용도, 다섯째, 집단활동의 개선책 등이다.

- **목표 지향적 방향성** 집단이 어느 정도로 목표를 향하여 나아가고 있는가를 평가하는 것이다.
- **집단토의나 활동의 성취도** 집단은 문제를 진단하는 단계에 있는가 아니면 해결책을 모색하거나 최종 결정을 내릴 단계에 있는가를 평가하는 것이다.
- **성취 혹은 진전의 속도** 집단이 적절한 속도로 효율적인 토의나 활동을 해나가고 있는가에 대해 평가하는 것이다.
- **집단자원의 활용도** 모든 참여자의 창의적인 능력을 문제 해결에 충분히 활용하고 있는가를 평가하는 것이다.

- **집단활동의 개선책** 보다 생산적인 집단활동이 되기 위해서 개선되어야 할 것을 평가하는 것이다.

잭슨(Jackson, 1969)은 집단과정에 대한 평가 내용으로 다음과 같은 문항을 제시하고 있다.

- 의사소통은 자유롭고 자발적이었는가?
- 집단의 목적이 자체의 기능화에 있었는가?
- 집단과정을 위하여 참여자들은 책임을 분담하였는가?
- 집단은 응집성이 있었는가?
- 집단은 어느 정도로 명백하게 사고했고 정보를 흔쾌히 수용하였는가?
- 집단은 피로와 긴장감으로 종결하였는가?, 아니면 이완과 수용의 느낌으로 마쳤는가?
- 집단은 어느 정도로 자기 평가를 위한 책임을 받아들였는가?
- 지도자에 대한 참여자의 태도는 어떠했는가?
- 참여자들은 어느 정도로 상호 간의 역할 행동을 지각하고 이에 반응하는 능력을 발전시켰는가?
- 집단은 어느 정도로 통찰력을 발달시켜 창조적인 활동을 할 수 있었는가?

참여자의 성장에 관한 평가 내용

집단원 개인의 행동 변화를 평가하는 범주는 참여자의 역할 행동에 관한 내용과 개인이 만든 행동 목표에 포함된 내용이다. 참여자의 역할 행동 평가의 내용으로는 개인적인 성취, 집단목표 달성의 촉진, 집단 사회성의 증진이 있다. 그리고 참여자의 행동 변화를 측정하는 평가 내용의 출처는 집단상담이 시작되기 전에 각 개인이 만들었던 행동 목표이다.

집단상담 평가 도구

이형득(1992)은 집단 지도자에게 참고가 될 만한 집단상담 평가 도구를 지도성에 대한 참여자의 평가, 참여자의 집단 활동에 대한 평가, 집단 과정에 대한 평가의 세 범주로 구분하여 설명하고 있다. 집단상담 평가 도구는 주로 집단상담 지도자와 참여자의 개인적인 관점에서 상담 프로그램을 평가하는 것이다.

지도성 평가 도구

다음은 모리스와 헤크먼(Morris & Hackman, 1969)이 만든 지도성에 관한 평가 도구이다. 이 도구는 지도성에 관한 집단원의 행동을 평가하기 위하여 사용하였다.

행동 서술 체크리스트

다음의 각 진술문을 읽고 집단활동 시 각 집단원의 행동 특성이 나타난 정도에 따라 1~5 사이의 적당한 번호에 ○표를 해 주세요.

	전혀 그렇지 않다				아주 그렇다
문항	1	2	3	4	5
1. 그는 집단이 과업을 완수하도록 자극했다.					
2. 그는 집단 문제들을 처리하는 새로운 아이디어들을 제시하는 사람이었다.					
3. 그는 창의적인 사람이다.					
4. 그는 단지 그 자신의 아이디어와 견해에만 관심이 있었다.					
5. 그는 다른 사람의 의견을 바꾸게 했다.					
6. 그는 다른 사람이 이야기하고 있을 때 끼어들어 방해했다.					
7. 그는 그와 의견을 달리하는 사람들을 헐뜯었다.					

8. 그는 냉담한 사람이었다.					
9. 그는 집단의 진정한 지도자였다.					
10. 그는 집단에서 다른 사람들과 협력해서 일했다.					
11. 그는 집단을 분열시키는 사람이었다.					
12. 그는 집단토의에 중심이 되었다.					
13. 그는 집단이 주제에서 이탈하지 않도록 힘썼다.					
14. 그는 종종 집단이 성공하는 기회를 빼앗았다.					
15. 그는 긴장하고 신경질적인 사람이었다.					

출처 : 이형득(1992) 참조.

집단활동 평가 도구

다음은 앤더슨(Anderson, 1965)의 집단활동 평가 도구이다. 이 검사지는 집단활동을 평가하고 집단상담에서의 관계 형성에 대한 감성을 증가시키는 데 도움을 주기 위한 검사지이다.

집단활동 체크리스트

이것은 집단활동을 평가하고 집단생활에서의 관계 형성에 대한 감성을 증가시키는 데 도움을 주기 위한 체크리스트입니다. 적당한 곳에 ○표를 해 주세요.

	1	2	3	4	5	6	7	
우리는 일종의 방관자로서 집단활동에 적극 참여하지 않았고 우리 자신의 요구에 집착했다.								우리는 집단활동에 적극 참여하였으며 집단 요구에 민감하게 반응했다.
한두 사람이 집단을 이끌었다.								각자의 능력과 통찰력에 따라 모두 골고루 집단을 이끌었다.

	1	2	3	4	5	6	7	
우리는 서로 경청하거나 이해하려 하지 않고 아이디어를 묵살했다.								우리는 서로의 생각을 경청하고 활발하게 아이디어들을 주고받았다.
우리는 서로의 느낌을 이야기하지 않았으며 누구도 느낌에 관해서는 관심이 없었다.								우리는 각자의 느낌을 나누고 서로 공감하며 수용했다.
우리는 진정한 자신을 숨겼다. 모두 가면을 쓰고 가짜 행세를 했다.								우리는 각자의 참된 모습을 보이려고 노력하였다.
우리는 서로 거부하고 비판했다.								우리는 각자의 개성을 존중하고 받아들였다.
자유가 억압되고 복종이 강요되었다.								자유가 보장되고 창의성과 개성이 존중되었다.
분위기가 다소 적대적이며 불신, 공포 그리고 불안이 감돌고 피상적이었다.								이완된 분위기 속에 사랑, 신뢰 그리고 우호가 가득 차 있었다.
우리는 모두 잘난 체하고 재미 위주로 시간을 소비했으며 과업에 열중하지 않았다.								우리는 문제를 열심히 파헤치고 과업에 열중하며 창조적인 일을 많이 했다.

출처 : 이형득(1992)에서 도표 수정.

집단활동 참여태도 평가 도구

리버만, 얄롬 그리고 마일즈(Lieberman, Yalom, & Miles, 1973)가 만든 집단활동 참여태도 평가 도구는 다음과 같다.

집단활동 참여태도 체크리스트

다음 문항들을 읽고 이번 집단활동에서 자신의 참여 태도에 대하여 솔직하게 대답해 주세요. 당신에게 가장 적당한 것 하나를 골라서 표시해 주세요.

1. 나는 집단 내의 다른 사람이 이야기할 때 ________________________________

   ① 열심히 들었다.
   ② 관심이 있을 때는 듣고 그 외에는 다른 생각을 했다.
   ③ 전혀 듣지 않았다.

2. 다른 사람이 이야기하는 내용은 ________________________________

   ① 전반적으로 이해하였다.
   ② 부분적으로 이해하였다.
   ③ 전혀 이해하지 못하였다.

3. 다른 사람의 이야기가 ________________________________

   ① 내 일처럼 느껴졌다.
   ② 가끔 내 일처럼 느껴졌다.
   ③ 나와는 무관하게 느껴졌다.

4. 나는 다른 사람과 관계를 갖는 데 있어서 ________________________________

   ① 내가 원하는 만큼 솔직하고 정직하였다.
   ② 어느 정도 솔직하고 정직하였다.
   ③ 전혀 솔직하고 정직하지 않았다.

5. 나는 집단에서 내 생활의 감정(흥분, 괴로움, 슬픔, 따뜻한 감정 등)을 ________

   ① 상당히 많이 이야기했다.
   ② 약간 했다.
   ③ 전혀 하지 않았다.

6. 진실한 감정을 표현할 때 나는 ________________________________

   ① 상당히 노력하였다.
   ② 약간 편치 않게 느껴졌다.
   ③ 대단히 불편하게 느꼈다.

7. 나는 나의 행동에 대한 다른 사람의 반응을 참고하려고 ________________

   ① 상당히 노력하였다.
   ② 약간 노력하였다.
   ③ 전혀 노력하지 않았다.

8. 나는 집단에서 ________________________
   ① 말할 수 있는 한 언제나 이야기했다.
   ② 가끔 말을 했다.
   ③ 주로 말없이 듣기만 했다.

9. 집단에서 이야기되는 내용에서 해결의 실마리를 찾아보려고 ____________
   ① 많이 노력했다.
   ② 어느 정도 노력했다.
   ③ 전혀 노력하지 않았다.

10. 다른 사람의 문제를 해결하도록 도와 주어야 한다는 책임을 ____________
   ① 항상 느꼈다.
   ② 느낄 때도 있었다.
   ③ 전혀 느끼지 않았다.

11. 집단 내의 다른 사람들은 자기의 감정을 ________________________
   ① 솔직하게 표현하는 것 같았다.
   ② 어느 정도는 솔직하게 표현하는 것 같았다.
   ③ 솔직하게 표현하는 것 같지 않았다.

12. 지난 번 모임 후에 집단에 대해서 ________________________
   ① 여러 번 생각했다.
   ② 한두 번 생각했다.
   ③ 전혀 생각하지 않았다.

13. 나는 나의 집단을 ________________________
   ① 매우 좋아한다.
   ② 그저 그렇다.
   ③ 매우 싫어한다.

14. 집단상담에서 만났던 사람들과는 ________________________
   ① 앞으로도 계속 친하게 지내고 싶다.
   ② 인사나 하고 지내겠다.
   ③ 집단상담이 끝나면 만날 필요 없다.

집단과정 평가 도구

다음은 잭슨(Jackson, 1969)이 만든 집단상담 과정에 관한 평가 도구이다. 이 도구는 집단 자체의 발달과정과 그 정도를 평가하기 위한 검사지이다.

집단과정 체크리스트

아래의 적절한 곳에 ○표 하세요.

상호 간의 신뢰도	상호 간에 전혀 신뢰하지 못하고 있다.	1	2	3	4	5	6	7	상호 간에 깊이 신뢰하고 있다.
상호 간의 지지도	각 집단원은 자기 중심적이다.	1	2	3	4	5	6	7	서로서로 진정한 관심을 가지고 있다.
의사소통	서로 경계하고 있다.	1	2	3	4	5	6	7	서로 마음의 문을 활짝 열고 있다.
갈등 해소 방법	갈등을 억압하거나 부인하고 있다.	1	2	3	4	5	6	7	갈등에 직면하여 해결하려고 힘쓴다.
집단원들의 자원 활용도	집단원들의 지식과 능력을 충분히 활용하지 않는다.	1	2	3	4	5	6	7	집단원들의 지식과 능력을 충분히 활용한다.
목적의 명료도	집단활동의 목표가 무엇인지 분명하지 않다.	1	2	3	4	5	6	7	집단활동의 목표를 분명히 이해하고 있다.
목적 달성을 위한 참여도	목적(목표) 달성을 위해 노력하지 않는다.	1	2	3	4	5	6	7	목적(목표) 달성을 위해 관심을 가지고 힘쓰고 있다.

출처 : 이형득(1992) 참조.

프로그램 평가의 단계

프로그램 평가의 단계는 항상 일정한 절차를 따르지 않는다. 본질적으로 프로그램 평가는 어떤 모습을 띠는지, 프로그램의 어떤 측면을 검토하는지, 어떤 자료를 수집하는지, 평가 결과를 어떻게 사용하는지는 프로그램의 어느 단계에서 평가가 일어나는지에 달려 있다. 일반적으로는 프로그램이 끝나는 시점에 평가하는 것으로 생각한다. 그러나 평가는 프로그램의 네 가지 단계인 개념화, 설계, 실행, 종결의 어느 한 단계 또는 이 단계들의 조합에서 일어날 수 있고, 또 그래야 한다(Rossi, Lipsey, & Freeman, 2004).

허먼, 모리스와 피츠-기븐(Herman, Morris, & Fitz-Gibbon, 1987)이 제안한 프로그램 평가의 단계는 평가의 경계 세우기, 평가 방법 선정하기, 자료를 수집하고 분석하기, 평가 결과 보고하기로 이루어진다(Heppner et al., 2017 재인용).

1단계 : 평가의 경계 세우기

프로그램 평가의 경계 세우기는 다음 요소로 구성된다.

- 프로그램 평가의 목적을 결정
- 프로그램 평가의 배경 정보를 수집
- 프로그램에 대한 설명을 작성하고 평가자가 이해한 것이 평가와 관련된 다른 사람들이 이해한 바와 부합하는지를 확인
- 프로그램 평가에 무엇이 포함되어야 하는지에 대한 예비 합의서를 작성
- 프로그램 평가자의 역할, 구체적인 서비스, 평가자가 제공하는 최종 산출물에 대한 합의에 도달. 이때 최종 합의서에는 평가자가 사용할 수 있는 자원과 평가와 관련된 비용에 대한 예비 추정치를 기술한다.

프로그램 평가의 경계를 세우기 위해서는 이해, 직관, 기록의 과정을 거쳐야 한다.

이 해

평가의 경계 세우기 단계에서는 평가자가 프로그램, 프로그램의 미션, 범위, 크기를 이해하는 것이 매우 중요하다. 평가자는 프로그램이 무엇을 위해 설계되었는지를 명확하게 이해하는 것이 중요하다. 프로그램 평가자는 가

장 먼저 프로그램이 무엇을 하고자 설계되었고, 프로그램과 관련된 사람이 무엇을 성취하고자 기대하며, 어떤 성과나 결과가 예상되는지 이해하고 있어야 한다. 다시 말해 평가자는 프로그램의 목적, 프로그램의 예상되는 결과, 프로그램의 예상되는 성과를 이해하고자 노력해야 한다.

직 관

프로그램 평가자는 초기 평가 과정을 통해서 자신의 직관, 직감, 내면의 목소리에 귀 기울이는 능력을 개발하여야 한다. 프로그램 평가는 4분의 3의 과학과 4분의 1의 예술로 구성된다. 프로그램 평가의 예술적 측면은 자신의 직관에 귀를 기울이고 이를 신뢰하게 되는 것을 의미한다.

기 록

프로그램 평가자는 프로그램의 전반적으로 이해한 것을 명확하게 하기 위해 프로그램에 관해 기술하는 것이 필요하다. 여기에는 세 가지 목적이 있다. 첫째, 평가자가 프로그램에 대해 이해한 것을 문서화함으로써 명확하지 않은 개념이나 답하지 못한 질문을 확인할 수 있다. 둘째, 평가자는 현실 검증으로 작성된 문서를 프로그램과 관련된 사람들과 공유해야 한다. 이러한 공유를 통해, 프로그램 개발자가 프로그램의 모호한 측면을 확인하고 분명하게 하도록 돕는다. 셋째, 작성된 문서는 프로그램 보고서의 첫 번째 부분인 프로그램 기술로 사용될 수 있다. 평가자는 자신이 평가를 진행하기로 동의했음을 진술하는 짤막한 메모를 프로그램 기술에 포함해야 한다.

2단계 : 평가 방법 선정하기

프로그램의 평가자가 프로그램의 목적에 대한 초점을 계속 유지하는 것은 중요하지만 때로는 잊기 쉬운 과제이다. 다음 [표 10-1]에 제시된 7단계가 초점이 분명한 평가를 만드는 데 필요한 핵심 과제이다.

표 10-1 초점을 유지하는 평가로 이끄는 단계

1단계	이해 관계자로부터 정보를 구하고 프로그램의 목표를 확인한다.
2단계	프로그램 목표를 달성하기 위해 프로그램 실행을 검토하는 계획을 세운다.
3단계	프로그램 목표에 도달하는 프로그램 과정을 평가하는 계획을 설계한다.
4단계	프로그램 목표에 대한 진행 상황을 평가하기 위해 구체적인 자료 수집 계획을 세운다.
5단계	프로그램 목표를 검토하는 자료 분석을 계획한다.
6단계	프로그램 목표 달성에 필요한 평가 비용과 시간을 추산한다.
7단계	관련되는 이해 관계자와 함께 프로그램 목표 달성에 필요한 서비스, 비용, 책임에 대한 최종 합의에 도달한다.

출처 : 박현주 외(2017).

이해 관계자로부터 정보를 구하고 프로그램의 목표를 확인한다

이 단계는 프로그램을 더 명확하게 하는 것을 돕기 위한 것이다. 평가의 초점을 형성하는 과정은 프로그램의 개발자, 관리자, 지도자, 프로그램에 관심이 있는 다른 사람들과의 대면 만남에서 시작한다. 프로그램 평가자가 만나야 하는 사람은 프로그램을 수행할 사람만을 포함하는 것이 아님을 주의해야 한다.

프로그램 목표를 달성하기 위해 프로그램 실행을 검토하는 계획을 세운다

프로그램의 실행을 검토할 때 평가자는 프로그램이 실제로 수행한 것과 프로그램이 어떻게 실행되었는지를 주의 깊게 고려할 필요가 있다. 이 단계는 두 가지 계획으로 이루어진다. 첫 번째 계획은 프로그램이 실제로 한 것 또는 프로그램이 어떻게 실행되었는지에 대한 근거를 수집하는 것이다. 두 번째 계획은 프로그램의 효과성을 측정하는 자료 수집 방법을 선정하는 것이다. 이 과정을 시작하는 가장 효과적인 방법은 다음의 다섯 가지 분야를 검토하는 것이다: 정보의 출처, 필요한 자원, 정보 수집 방법, 시간, 자료 분석(표 10-2).

표 10-2 워크숍 평가 계획표의 예

평가 질문	정보의 출처	필요한 자원	정보 수집 방법	시간	자료 분석
워크숍에서 정보가 어떻게 제시되는가?	워크숍 : 워크숍 발표자	계획서	구조화된 관찰 : 워크숍 계획 자료	워크숍이 진행 되는 동안	기술 통계
워크숍이 참석자의 요구를 만족시키는가?	워크숍 참석자들의 기록 : 참석자를 대상으로 한 설문지	일부 참석자들을 위한 기록 : 기록의 대가로 지불되는 수당, 질문지	기록지 : 설문지	마지막 워크숍에 돌려받은 기록지 : 워크숍이 끝난 뒤에 실시된 설문지	질적 자료

출처 : 박현주 외(2017).

프로그램 목표에 도달하는 프로그램 과정을 평가하는 계획을 설계한다

프로그램의 평가는 프로그램이 기대하는 효과가 분명하게 나왔는지를 평가해야 한다. 만약 프로그램이 종료되지 않았다면 프로그램이 목표를 이루는 방향으로 나아가고 있는지를 확인해야 한다. 프로그램 목표에 도달하는 프로그램 과정을 측정하는 데에는 만족도 설문지, 초점 집단, 자기보고 기록이나 일지, 내용 검증 등을 사용할 수 있다.

설문지는 프로그램이 참여자에게 미친 효과에 대한 정보를 수집하는 데 상대적으로 쉽고 저렴한 방법이다.

초점집단은 면접과 같은 다른 방법들을 사용해서 프로그램이 의도하는 결과에 대해 참여자들로부터 깊이 있는 자료를 수집할 수 있다.

자기보고 기록이나 일지는 프로그램에 대한 참여자와 관리자의 반응을 평가하거나 구체적인 행동의 빈도를 기록하기 위해 사용하는 방법이다. 자기보고 기록은 일반적으로 체크리스트 형식을 취한다. 연구의 대상이 되는 응답자가 자신의 행동을 주기적으로 기록한다. 자기보고 일지는 응답자가 자신의 행동을 이야기식으로 기술한다.

내용 검증은 주제에 대한 프로그램 참여자의 지식을 평가하는 것이다. 내용 검증의 형태로 시험을 생각해 볼 수 있다. 프로그램을 통해서 명확한 자료나 정보가 전달될 때 이러한 유형의 자료가 유용하다.

프로그램 목표에 대한 진행 상황을 평가하기 위해 구체적인 자료 수집 계획을 세운다

프로그램의 평가는 자료의 숲에 빠지는 경향이 있다. 평가자가 너무 많은 평가 자료를 갖고 있을 때 혼란에 빠지기 쉽다. 따라서 프로그램 평가자는 프로그램의 목표에 적절한 평가 자료를 수집하는 것이 중요하다. 프로그램의 평가는 프로그램 목표를 달성하기 위한 내용을 적절한 방법으로 측정할 수 있는 평가 도구를 선정하거나 개발하는 계획을 세워야 한다.

프로그램 평가의 결정적인 특징은 삼각화된 자료의 사용과 해석이다. 삼각화된 자료란, 하나 이상의 자료원으로부터 여러 가지 장면에서 여러 가지 자료 수집 방법론을 사용해서 평가 결과의 타당도를 높이는 것이다.

프로그램 목표를 검토하는 자료 분석을 계획한다

자료 분석 방법은 매우 다양하다. 그러므로 평가자는 수집된 자료에 기초해서 자료 분석 방법의 적절성에 대해 명확하게 인식해야 한다. 자료가 문헌 자료인가, 양적 자료인가 또는 질적 자료인가에 따라 그 자료를 분석하는 방법은 달라진다. 따라서 평가자는 자료를 수집해서 분석하는 방법에 대한 계획을 세워야 한다. 평가자가 자료를 분석하는 계획에 시간을 많이 투자하면 실제로 자료를 분석할 때 시간을 절약할 수 있다.

프로그램 목표 달성에 필요한 평가 비용과 시간을 추산한다

이 단계는 매우 어렵지만, 프로그램 평가자가 프로그램 평가의 모든 요소를 고려해야 한다. 평가자는 이 단계에 주의를 기울이는 것이 필요하다. 프로그램을 평가하는 데에 많은 요인이 평가에 영향을 미친다. 따라서 평가자는 프로그램을 평가하는 데 많은 요인이 있음을 생각하여야 한다. 평가를 위한 적절한 예산을 세우는 방법은 다음과 같다. 첫째, 고정 비용을 결정한다. 둘째, 세

부적인 예산을 세운다. 셋째, 각각의 요소에 대한 일정을 세운다. 요소에 대한 일정은 프로그램을 마치는 데 필요한 시간과 비용의 추정이 포함된다.

관련되는 이해 관계자와 함께 프로그램 목표 달성에 필요한 서비스, 비용, 책임에 대한 최종 합의에 도달한다

프로그램 평가자는 자료 수집 과정을 세우고, 자료 수집 활동에 필요한 일정과 예산을 세운 뒤 프로그램 평가를 의뢰한 기관의 최종 승인을 받기 위한 자료를 제출한다.

3단계 : 자료를 수집하고 분석하기

프로그램 평가의 1단계와 2단계는 자료를 수집하면서 평가를 순조롭게 진행하기 위해 사용될 지도를 만드는 과정이라고 할 수 있다. 이 지도는 자료 분석이 끝난 뒤에 평가 보고서의 형식, 내용, 스타일에 대한 결정의 방향을 안내할 것이다. 평가 수집의 책임은 평가자에게 있다. 자료 수집의 여부가 평가자에게 있든 없든 상관없이, 자료 수집의 책임은 평가자에게 있다. 수집된 자료의 질, 자료의 시의 적절성, 자료의 타당성 등의 책임은 평가자에게 있다. 따라서 평가자는 효과적인 자료 수집을 위한 단계를 거쳐야 한다.

첫째, 모든 자료 수집 과정에서는 예비 검사를 거쳐야 한다. 이를 위해 자료 수집자에 대한 철저한 훈련이 필요하다. 자료 수집을 위한 훈련은 여러 번의 역할 연습과 면대 면의 훈련을 하는 것이 효과적이다. 예를 들어, 설문지로 자료를 수집한다면 자료 수집자는 설문지 실시를 연습해야 한다. 관찰을 통해 자료를 수집한다면, 모든 자료 수집자들은 동일한 상황을 관찰하고 90~95% 수준으로 정확하게 동일한 자료를 수집할 때까지 연습하여야 한다.

둘째, 평가자가 주요 자료 수집자가 아닌 경우, 수집되는 자료를 평가하기 위한 확인체계를 구축하고 실시하여야 한다. 평가자는 지시대로 자료가 수집되고 있다고 가정해서는 안 된다. 평가자는 자료 수집에 대한 체계적이고 정기적인 점검을 하여야 한다. 평가자는 다음과 같은 질문에 대해 대답할

1. 설문지가 정확하고 완전하게 기재되었는가?
2. 참여자가 첫 번째 상담 회기 이전에 사전 검사를 작성했는가?
3. 참여자가 6개월 뒤에 추수 면접을 하는 것이 가능할 정도로 그들의 정보 파일이 완성되었는가?

준비를 하고 있어야 한다.

평가자가 정기적으로 프로그램을 실시하는 현장을 방문하여 프로그램을 점검하고 자료를 모으는 것은 필수적이다.

셋째, 평가자는 수집된 자료를 절차에 따라서 확인해야 한다. 수집된 자료는 자료 입력의 정확성을 확인해야 하고, 정리 작업이 구체적으로 이루어졌는지 확인해야 한다. 모든 자료가 수집되고 분석을 위한 준비가 되었다면, 이제 평가자는 자료를 분석할 준비가 되었다. 여러 가지 자료를 사용하면 이를 통합하기 위한 방법이 요구된다. 자료 분석은 일차 자료 분석과 이차 자료 분석으로 이루어진다.

일차 자료 분석은 평가의 각 요소에 대한 자료들을 다른 자료와 분리해서 분석하는 것이다. 이차 자료 분석은 프로그램의 요소를 설명하기 위해 일차 분석들을 서로 연결하는 것이다. 일차 자료 분석은 각각의 수집된 자료 요소들의 결과가 프로그램의 목적 달성 여부를 파악한다. 그러고 나서 평가자는 각각의 요소로부터 나온 자료들을 통합된 전체로 연결한다. 이것이 이차 자료 분석이다. 프로그램의 목표와 근거를 번갈아 가면서 검토하고 개별 자료를 전체 그림으로 연결해서 통합하는 이차 분석이 프로그램 평가이다. 따라서 평가자가 정기적으로 프로그램을 실시하는 현장을 방문하여 프로그램을 점검하고 자료를 모으는 것은 필수적이다.

넷째, 평가자는 수집된 자료를 절차에 따라서 확인해야 한다. 수집된 자료는 자료 입력의 정확성을 확인해야 하고, 정리 작업이 구체적으로 이루어졌는지 확인해야 한다. 모든 자료가 수집되고 분석을 위한 준비가 되었다면, 이제 평가자는 자료를 분석할 준비가 되었다. 여러 가지 자료를 사용하면 이를 통합하기 위한 방법이 요구된다.

다섯째, 평가자는 이차 자료 분석을 통해 프로그램을 해석하여야 한다. 프로그램 평가자는 프로그램의 해석을 이해 관계자에게 맡겨서는 절대로 안 된다. 왜냐하면 프로그램 평가자의 역할은 여러 자료의 조각들을 모아서 프로그램의 시행, 예상 결과, 해당 프로그램 또는 향후 프로그램의 성공적인 수행에 대한 함의, 한계점에 대해서 자신이 말하고자 하는 것을 명확하게 기술하여야 한다.

4단계 : 평가 결과 보고하기

프로그램 평가의 마지막 단계는 최종 보고서를 작성하고 배부하는 것이다. 피츠패트릭, 샌더스, 오턴(Fitzparteick, Sanders, & Worthen, 2004)은 좋은 프로그램 평가 보고서의 구성 요소를 제시하였다.

- 사업 개요
- 보고서 서론 : 평가의 목적, 보고서의 대상이 되는 주체, 보고서의 한계에 대한 유의 사항, 보고서 내용에 대한 개요를 기술
- 평가의 초점과 평가되는 프로그램을 설명하는 점
- 평가 절차의 개요
- 평가 결과 제시(일차 분석과 이차 분석)
- 결론
- 권고 사항
- 보고서에 대한 반응
- 부록 : 상세한 평가 계획, 평가 도구, 상세한 분석 결과(일차 분석 포함)

프로그램 평가 최종 보고서는 출판을 목적으로 하는 연구보고서와는 달리 이해 관계자, 투자자, 기관 직원, 지역사회 구성원들이 볼 것으로 간주하고 작성해야 한다. 따라서 보고서는 간략하고 연구 설계나 심리학 또는 상담 문헌을 잘 모르는 사람이 이해할 수 있는 수준에서 작성되어야 한다. 그리고

프로그램 평가의 최종 보고서에는 사업 개요와 권고 사항을 기술하는 것은 매우 중요하다. 왜냐하면 이 두 부분은 보고서를 접하게 되는 사람들이 읽을 가능성이 가장 높은 부분이기 때문이다. 그러므로 프로그램의 보고서에는 프로그램의 긍정적인 측면과 아울러 향상이 필요한 영역을 포함한 권고 사항 목록을 포함해야 한다.

프로그램 평가의 종결

프로그램의 평가자의 최종적인 과업은 평가 기록을 만드는 것과 평가자 자신의 성찰이다.

프로그램 평가자는 평가에 대한 기록 파일을 만드는 것이 중요하다. 평가의 기록은 평가 단계의 개요를 그린 파일과 합의서의 복사본에서 시작된다. 평가 기록에 들어갈 목록은 작성된 설문지, 현장 기록, 녹음된 파일, 녹취록, 자료 파일을 포함한 원자료들이다. 그리고 내부 검토 위원회 자료, 서명된 동의서, 예산 기록 등이 필요하다. 마지막으로 최종 보고서의 복사본이 부록과 함께 파일에 포함되어야 한다.

평가 과정에서 마지막 단계는 평가자의 성찰이다. 프로그램 평가자는 평가가 끝난 뒤에 시간을 두고 평가 과정에 대해 숙고해야 한다. 이 과정에서 어떤 점이 잘 진행되었고, 평가자가 어떤 평가의 측면에서 엄정하게 실행할 수 있었는지를 기록한다. 평가자가 평가에 대한 성찰 일지를 기록한다면, 평가자가 다루어야 하는 반복적인 주제를 확인하는 데 도움이 될 뿐만 아니라 평가자의 성장과 경험의 축적에 대한 개인의 기록이 될 수 있다(Heppner et al., 2017).

CHAPTER

11

집단상담 프로그램 개발의 실제

집단상담은 상담 장면을 비롯한 여러 분야에서 활용되고 있다. 집단상담은 상담 분야에서뿐만 아니라 교육, 기업, 종교 등 각 분야에 적용되어 삶의 질 개선과 개인적인 성장에 크게 기여하여 왔다. 왜냐하면 집단상담은 상담과 아무런 관계없는 분야의 사람들에게 집단상담을 통하여 자기성장과 대인관계 향상 그리고 문제 해결에 도움을 주고 있기 때문이다. 이러한 것이 가능했던 것은 다양한 집단상담 프로그램이 개발되어 왔기 때문이다.

이 장의 주된 목적은 집단상담 프로그램 개발자들로 하여금 이 장에 소개된 실제 집단상담 프로그램을 통해 프로그램 개발을 보다 의미 있게 학습할 수 있을 뿐 아니라, 더 나아가 자신의 프로그램을 개발 할 수 있도록 도우려는 데 있다. 이 장에 소개된 집단상담 프로그램은 필자가 개발한 프로그램이다. 이 프로그램은 지도자 지침용이다. 이 프로그램은 각 활동 요소에 개발자의 의도까지 기술하고 있다. 각 활동 요소에 대한 개발자의 의도는 괄호 안에 제시하였다. 이렇게 프로그램의 각 활동 요소에 개발자의 의도를 기술한 이유는 프로그램의 신뢰성 확보를 위해서이다. 이 프로그램의 지도자가 다양하더라도 개발자의 의도에 따라 프로그램을 진행하여 동일한 효과를 기대하기 위해서이다.

프로그램 명 : 하나님 이미지 형성 프로그램[1]

프로그램의 목적과 성격

이 프로그램의 목적은 양육자와의 관계에서 형성된 이미지가 자기를 바라보는 틀이 되며, 타인을 바라보는 틀이 되고 또한 하나님을 바라보는 틀이 됨을 자각하고자 한다. 더 구체적으로 말하면 프로그램 참여자가 자기 이미지와 부모 이미지 그리고 하나님 이미지가 상호 연결되어 있음을 자각하게 하고자 한다. 프로그램 참여자는 현재 자신의 이미지 형성에 중요한 영향을 주었던 부모를 새롭게 이해하고. 더 나아가 기독교인들에게 중요한 타자인 하나님에 대한 성경적 이미지를 형성하도록 한다.

이 프로그램은 초기 양육자와의 관계에서 형성된 이미지를 자각하는 방법의 유형으로, 객관적인 지식이 아니라 주관적인 경험을 중심으로 사용한다. 그러므로 참여자가 집단상담 과정 중에 초기 양육자와의 관계에서 형성된 자기 이미지를 돌아보게 하고 또한 자기 마음속에 있는 부모 이미지를 자각하게 한다. 이렇게 자기 마음속에 있는 자기 이미지와 부모 이미지를 참여자들에게 이야기하여 그 의미를 자각하게 한다. 이런 과정을 통하여 참여자들 간에 충분히 안아 주고, 있는 그대로 수용함을 받는 경험을 하게 한다.

이론적 배경

대상관계 이론에서는 개인의 현재 생활이나 사고방식들이 과거의 중요한 양육자와의 관계에서 형성된 축적물이라고 한다. 개인이 맺고 있는 현재의 인간관계는 그 사람의 과거 중요한 타자와의 관계와 관련이 있다는 것으로 보고 있다.

---

1 하나님 이미지 형성 프로그램은 저자가 개발한 집단상담 프로그램이다.

이 프로그램의 원리는 자기 이미지, 부모 이미지, 하나님 이미지로 나눌 수 있다. 세부적으로 하면 '자기 이미지'는 현재 자신이 맺고 있는 인간관계의 패턴을 중심으로 다루며, '부모 이미지'에서는 초기 양육자와의 관계를 중심으로 다루며, '하나님 이미지'에서는 하나님과의 관계를 중심으로 다룬다. 하나님 이미지 형성 프로그램의 기본 구성 요소인 자기 이미지, 부모 이미지, 하나님 이미지들은 서로 독립적인 것이 아니라 서로 연결되어 있다.

자기 이미지

대상관계 이론은 개인이 초기 양육자와의 관계 경험을 통하여 내면화된 작용모델이 형성되며, 이 경험을 통하여 자신과 다른 사람들에 대한 이미지를 형성하게 된다고 할 수 있다. 따라서 이 내면화된 작용모델이 자기 자신과 주변 사람들에 대한 지각과 경험 그리고 관계 양식과 문제에 대해 어떤 영향을 주는가를 이해하는 데 유용한 이론적 틀을 제공한다. 대상관계 이론에 의하면 유아들의 삶에 있어서 양육자는 최초의 중요한 타자들이다. 유아가 양육자에 의해 기본적으로 안아 주고 수용하는 환경을 제공받을 수도 있지만, 반대로 유아가 양육자에 의해 나쁜 경험을 받을 수도 있다. 이때 전자의 경우는 유아에게 이미지 형성에 긍정적으로 작용하지만, 후자의 경우에는 부정적인 영향을 미친다. 이처럼 유아가 맺는 초기의 양육자와의 관계를 통해 형성된 이미지는 성인이 되어 다른 사람을 이해하는데까지 영향을 미친다. 내면화된 작용모델에 대하여 벤자민(L. S. Benjamin)은 다음과 같이 말하였다.

> *내면화된 작용모델은 의식 밖에서 기능하면서 잘 변화되지는 않지만 변화 가능성이 전혀 없는 것은 아니다. 이전 관계는 한 개인의 관계에 대한 내면화된 작용모델을 형성하고 그 성격에 영향을 끼치지만, 현재의 관계는 한 개인의 내면화된 작용모델의 성격을 수정하기도 한다.*

스웬센(C. H. Swensen)에 의하면, 사람은 한 인간으로 생존하기 위하여, 정체감 확립을 위하여, 그리고 건전한 성격을 발달시키기 위하여 상호작용을 할 수 있는 다른 사람과의 관계를 필요로 한다. 인간은 타인과의 관계 경험을 통해 자신을 잘 이해할 수 있다. 따라서 부적응적으로 내면화된 작용모델은 현재의 관계에 의해서 적응적인 형태의 작용모델로 변화되어 갈 수 있다. 인간은 적응적인 관계 모델을 통하여 자기 자신에게 형성된 이미지를 자각할 수 있을 뿐만 아니라 타인을 이해할 수 있다. 사람은 자기를 있는 그대로 이해해 주는 타인과의 관계를 통해 적응적인 작용모델을 형성할 수 있다.

초기 양육자와의 관계에서 형성된 자기 이미지 자각은 개인이 타인에 대해서 알게 되는 것과 마찬가지로 자기를 대상으로 삼을 수 있게 되는 것을 의미한다. 인간이 자기 자신을 대상으로 삼아 지각한 모습이, 타인이 자신을 보는 모습과 일치할 때 조화로운 대인관계를 갖게 된다. 그 반대는 부정적으로 작용할 가능성이 있다. 이처럼 개인이 맺고 있는 현재의 인간관계는 초기 양육자와의 관계에서 형성된 관계의 연장이다. 그러므로 자기에게 형성된 자기 이미지를 자각한다는 것은 대인관계 패턴을 통하여서도 자기 자신을 자각할 수 있다는 것이다.

부모 이미지

대상관계 이론에서 인간은 관계를 추구하는 존재이다. 즉, 자신과 타인이라고 하는 관계는 자기와 타인과의 관계 속에서 자기를 자각할 수 있을 뿐만 아니라 자기와 관계를 맺는 타인을 이해할 수 있다.

유아는 양육자와의 관계를 통해 자기 이미지와 부모 이미지를 내면화하게 된다. 개인이 초기 양육자와의 관계에서 형성된 내면화된 작용모델을 이해하는 것은 곧 효과적인 인간관계를 유지하기 위해 가장 기본이 되는 것이다. 개인이 현재 맺고 있는 인간관계에서 자신의 내면적인 상태 및 타인에 반영되어진 자기를 이해한다는 것은 인간관계에 있어서 자기 통제의 가능성을 높여 주고 자기를 긍정적으로 이해할 수 있도록 도와준다고 할 수 있다. 다시 말하면 자신이 자기의 현재의 삶에 영향을 미치고 있는 과거의 부분을 이해하게 됨으로써 고통스러운 현재로부터 벗어나 새롭고 건전한 현재의 장을 정립하고 더 나아가 효율적이고 보람있는 미래의 장을 설계하는 데 도움을 주는 것이라고 할 수 있다.

하나님 이미지

부모와의 관계 경험은 하나님 이미지에 대한 기초를 제공한다. 내면화된 작용모델은 자기 자신과 타인에 대한 이해의 관점과 신관(神觀)에까지도 영향을 미친다. 이런 관점으로 볼 때 한 개인의 변화는 관계에 대해 내면화한 작용모델 및 이미지의 변화를 통해서 이루어진다. 이러한 변화는 타인과 자신 그리고 대상에 대한 인지적·정서적·행동적 틀을 변화시킬 수 있다. 이에 대하여 리주토는 전 생애를 통해 하나님은 중간대상으로 남아 있으면서 자기 자신, 타인들과의 관계에서 유용한 수단으로 사용된다고 하였다. 이와 같이 중간대상으로서 하나님은 태어나면서부터 죽을 때까지 전 생애 동안 계속되는 발달 과정이라고 할 수 있다. 이에 대하여 위니컷은 말한다.

> *현실을 수용하는 과제는 끝이 없으며 … 어떤 사람도 내적인 현실에서뿐만 아니라 내적인 현실에서 오는 긴장으로부터 자유로울 수 없고, 이 긴장으로부터의 해방은 결코 도전 받지 아니하는 중간경험의 영역에서 제공된다.*

리주토에 의하면, 자기 이미지는 하나님 이미지 형성에 영향을 받는다고 하였다. 그는 하나님 이미지는 외로움과 격리감에 대한 조정자로서 자아의 개인적 자유를 조용히 지켜보는 잠재적인 동반자가 될 수 있다고 한다. 리주토는 그의 사례 연구에서 하나님 이미지는 어머니에 대한 분노를 하나님에게 투사하게 함으로써 환자는 어머니에 대한 고통을 덜 느낄 수 있고 어머니에 대한 좋은 관계를 유지할 수 있다고 하였다. 이처럼 하나님 이미지는 심리적 안정을 유지하기 위해서 사용한다고 할 수 있다.

개인이 하나님은 안아 주고 수용하는 분이라는 것에 대하여 새로운 경험을 하는 것이 중요하다고 할 수 있다. 하나님에 대한 개념은 신학에서뿐만 아니라 하나님을 중요한 타자로 알고 있는 사람들의 생활에도 기본이 된다. 그러므로 개인이 내면화된 작용모델을 새롭게 형성함에 있어서 하나님에 대한 바른 이미지 형성은 중요하다. 왜냐하면 개인에 형성된 하나님 이미지는 개인의 삶에 영향을 미치기 때문이다. 하나님 이미지는 개인에게 자존감의 원천, 사랑 그리고 안전감을 제공해 줄 수 있다.

프로그램의 구성 요소

본 프로그램은 대상관계 이론을 중심으로 크게 자기 이미지, 부모 이미지, 하나님 이미지 등 세 영역으로 개발하였다. '자기 이미지'는 현재 자신이 맺고 있는 인간관계를 중심으로 프로그램을 구성하였고, '부모 이미지'는 초기 양육자와의 관계를 중심으로 프로그램을 구성하였고, '하나님 이미지'에서는 하나님과의 관계를 중심으로 프로그램을 구성하였다. 하위 프로그램의 구성 요소는 아래 그림과 같이 나타낼 수 있다.

[그림 11-1] 하나님 이미지 형성 프로그램 구성 요소

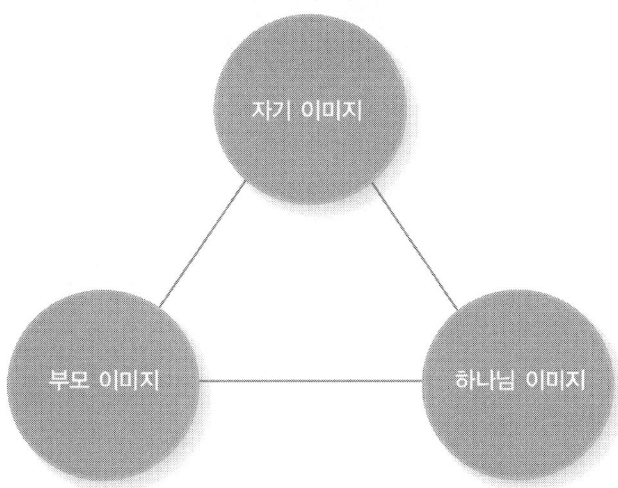

하나님 이미지 형성 프로그램의 하위 구성 요소는 독립적인 것이 아니라 서로 연결되어 있다.

본 프로그램의 1단계는 자기 이미지이다. 1단계에서의 각 회기별 주제는 마음속에 느끼는 자기 이미지, 나의 대인관계 패턴, 중요한 파트너와의 관계이다.

2단계는 부모 이미지이다. 2단계에서의 각 회기별 주제는 마음속에 느끼는 부모 이미지, 초기 양육자와의 관계, 어린 시절 감정이다.

3단계는 하나님 이미지이다. 3단계에서의 각 회기별 주제는 마음속에 느끼는 하나님 이미지, 왜곡된 하나님 이미지, 새로운 하나님 이미지 형성 등을 세부 내용으로 하였다.

회기별 목표 및 내용

본 프로그램은 모두 11회로 구성하였고, 크게 보면 세 가지 하위 프로그램, 즉 자기 이미지, 부모 이미지, 하나님 이미지로 이루어져 있다. 1회기와 11회기는 각각 시작과 종결 단계이다. 프로그램의 회기별 목표 및 내용은 [표 11-1]에 정리하였다.

표 11-1 하나님 이미지 형성 프로그램의 회기별 목표 및 내용

회기	단계	주제	목표	시간
1	도입	프로그램 안내 및 자기소개	▸ 목표 : 본 프로그램의 이해를 돕고 자기 소개를 통하여 참여자간의 이해 및 신뢰감의 발달을 돕는다. ▸ 프로그램 소개 및 자기 소개하기	100분
2	자기 이미지	마음속에 느끼는 자기 이미지	▸ 목표 : 자신에게 내면화된 자기 이미지를 이해하고 자각한다. 1) 마음속에 느끼는 자신의 이미지를 그린다. 2) 그림을 설명한다.	100분
3		나의 대인관계 패턴	▸ 목표 : 대인관계를 맺어 가는 자신의 행동 패턴에 대해서 이해한다. ▸ 친구와의 관계 패턴에 관한 활동지를 작성한다.	100분
4		중요한 파트너와의 관계	▸ 목표 : 이성관계에 중요한 영향을 미치는 자신의 대상관계를 이해하고 이성관계에 대한 깊은 동기와 태도에 따른 바른 통찰과 이해를 갖는다. ▸ 애착유형 검사지를 실시한다.	100분

회기	단계	주제	목표	시간
5	부모 이미지	마음속에 느끼는 부모 이미지	▸ 목표 : 유아기 때 자신을 돌보아 주던 부모님에 대한 이미지가 무엇인지를 자각한다. 1) 마음속에 느끼는 부모님의 이미지를 그린다. 2) 그림을 설명한다.	100분
6		초기 양육자와의 관계	▸ 목표 : 3세까지의 자신의 성장 과정과 환경이 자신에게 미친 영향에 대해서 자각한다. ▸ 초기 양육자와 관련된 활동지를 기록한다.	100분
7		어린 시절의 감정	▸ 목표 : 어린 시절에 자신에게 가장 중요했던 억압된 감정이 무엇인지를 자각한다. ▸ 가정에서 허용된 감정과 허용되지 않은 감정에 대해 기록한다.	100분
8	하나님 이미지	마음속에 느끼는 하나님 이미지	▸ 목표 : 초기 양육자와의 관계에서 형성된 하나님 이미지를 자각한다. 1) 마음속에 느끼는 하나님 이미지를 그린다. 2) 자기 이미지와 부모 이미지를 함께 설명한다.	100분
9		왜곡된 하나님 이미지	▸ 목표 : 역할극을 통해서 하나님에 대한 왜곡들을 검토한다. 1) 부모님에 대한 역할극을 한다. 2) 하나님의 왜곡된 이미지를 극복할 수 있는 방법에 대해서 이야기를 한다.	100분
10		새로운 하나님 이미지 형성	▸ 목표 : 중요한 타자로서 하나님의 사랑과 수용하심의 경험을 통하여 새로이 내면화된 작용모델을 형성한다. 1) 왜곡된 하나님 이미지가 주는 부담감과 두려움에 대해서 이야기한다. 2) 성경에서 말하는 하나님의 성품에 대해서 묵상한다.	100분
11	마무리	마음 전하기	▸ 목표 : 집단상담 과정에서 자신의 변화된 모습을 바라보고, 학습 경험을 나눈다. 1) 경험보고서를 작성하여 이야기를 나눈다. 2) 자신이 성숙하도록 도와준 참여자들에게 감사의 마음을 전한다.	100분

프로그램의 실제

본 프로그램은 1주 1회 모임 정도로 생각하여 11주분의 활동 요소로 구성되어 있다. 매회 모임은 1회 50분에서 120분까지 형편에 따라서 갖되 가능한 한 1회에 90분에서 120분 정도로 하는 것이 적당할 것이다.

프로그램의 진행은 목적 제시, 강의, 활동, 토의 및 평가의 다섯 가지 순서를 거친다. 먼저 지도자는 그 회기의 주제와 목적을 제시한 후, 이에 관계되는 개념 또는 필요성에 대한 강의를 10분에서 15분 정도로 한다. 지도자가 그 회기에 대한 강의를 함으로써 참여자들에게 학습활동의 중요성을 인식시키고, 동기유발을 자극한다.

강의가 끝나면 활동에 대한 자세한 지시를 해 주고 곧 활동에 들어가게 된다. 집단의 크기나 시간의 길이에 따라 활동의 내용이나 방법을 적절하게 조절 또는 변용해서 실시하면 보다 더 효과적인 학습을 할 수 있을 것이다.

그리고 각 회기 활동 종료 전 20여분 동안 회기 활동 경험에 대한 소감을 나눈다. 지도자는 참여자들에게 활동을 통해 자기 자신이나 다른 참여자들에 대해 깨달은 점과 배우게 된 점을 돌아가면서 간단하게 한 마디씩 하게 한다. 이 경우 지도자가 먼저 자기 자신이 배우고 깨달은 점을 간략하게 이야기함으로써 모범을 보이면 효과적이다. 참여자들이 돌아가면서 소감과 학습하게 된 것을 이야기한 후, 마지막에 지도자는 오늘 회기의 목표와 내용을 요약하고 마친다.

제1회 프로그램 안내 및 자기 소개

1. 목 표

이 프로그램의 이해를 돕고 자기 소개를 통하여 참여자 간의 이해 및 신뢰감의 발달을 돕는다.

2. 준비물

명찰, 크레파스, 매직, 핀

3. 강 의

안녕하세요? 반갑습니다. 오늘부터 우리는 보다 생산적인 삶을 위하여 11회에 걸쳐 여러 가지 삶의 이야기를 나누며 함께하는 시간을 갖게 되었습니다.

아마 여러분은 이러한 집단상담에 대하여 생소하고 어색하게 생각하고 계실 것입니다. 그 이유는 지금까지 우리가 경험한 교육은 교사에 의하여 일방적으로 지식을 전수받는 방식이었기 때문입니다. 그러나 이 시간부터 우리는 매 회마다 프로그램을 위한 약간의 강의가 있은 후 함께 활동에 참여하게 될 것입니다. 그리고 마지막으로 자기가 경험한 느낌과 소감을 나누고 그날의 활동에 대한 평가 시간을 갖도록 하겠습니다. 상담 장면에서의 지도자나 참여자들과의 관계는 일상생활에서의 대인관계 양상과 크게 다르지 않고, 이것은 결국 원천적으로 자신의 과거사와 관련이 있습니다. 따라서 지금-여기에서 일어나는 현상들은 결국 자신의 과거사의 축적된 결과라고 말할 수 있을 것입니다.

그러므로 이 프로그램에서 자기를 지각한다는 것은 어린 시절의 중요한 대상인 양육자와의 관계를 통해 현재 자기에게 형성되어 있는 이미지를 지각하는 것이라고 할 수 있습니다. 다시 말해 자신 안에 함유되어 있는 과거의 역사를 찾아보고, 이것을 토대로 현재의 자기 이미지를 이해하고 재조명하는 것입니다. 이는 더 나아가서 자신의 현재 삶에 영향을 미치고 있는 과거의 부분을 자각하게 됨으로써 고통스러운 현재로부터 벗어나고자 하는 것입니다. 이것을 위하여 그리스도인들이 중요한 타자로 삼고 있는 하나님을 사랑과 수용하시는 분으로 새롭게 내면화된 작용모델로 가짐으로써 자기 자신을 이해하는 데 도움을 받을 수 있습니다. 우리는 이 프로그램을 통하여 현재의 장을 정립하고 더 나아가 효율적이고 보람 있는 미래의 장을 설계하는 데 도움을 받을 수 있을 것입니다.

이런 관점을 기초로 하여 이 프로그램은 대상관계 이론을 중심으로 하여 자기 마음에 있는 이미지를 자각하는 방법으로, 객관적인 지식이 아니라 주관적인 경험을 중심으로 사용합니다. 지도자의 강의가 중요한 것이 아니라 참여자들이 스스로 자신의 관계 유형을 탐색하고, 긍정적인 관계를 저해하는 걸림돌을 파악하고, 자기 자신을 이해하고 그 집단상담 과정을 통하여 사랑과 수용함을 받는 경험이 핵심입니다. 그러므로 이 집단상담에서 사랑과 수용함의 경험을 통하여 자기 자신이 느끼고 있는 자신의 이미지를 자각하고자 합니다. 그리고 그 경험을 효과적으로 수행하기 위해서 예수님을 구세주로 믿고 있는 그리스도인들에게 있어서 중요한 타자인 하나님에 대한 올바른 이해를 경험하도록 하였습니다.

이 프로그램은 주로 경험 중심의 활동과 이를 근거로 한 '여기-지금', '나-너'의 느낌과 생각을 다루는 형식으로 진행되기 때문에 각자는 몸과 마음을 투입하여 적극적으로 참여해야 합니다. 이 과정을 통하여 강의를 이해하고 활동에 적극적으로 참여하여 자기이해를 생활 속에서 실현한다면 더욱 건강하고 정진하는 인생을 살 수 있을 것입니다.

이를 위하여 이 프로그램은 전체 11회로 구성되어 있으며 매 회기는 100분으로 진행됩니다. 그리고 각 회기마다 정해진 주제에 따라 강의를 듣고, 우리들의 생각이나 느낌들을 함께 나누는 활동이 포함됩니다. 이때 강의 시간에는 해당 회기의 목적 달성을 위한 주제 또는 개념 설명을 하게 되며, 활동 시간에는 참여자 스스로 체험과 연습을 통해 자기 자신에 대해서 자각하고 참여자 간에 신뢰감을 익히고, 나눔의 시간에는 참여자 개인의 경험을 나눕니다.

이 프로그램은 자기 이미지, 부모 이미지, 하나님 이미지로 구성되어 있고, 좀 더 구체적으로는 현재의 인간관계, 초기 양육자와의 관계, 하나님과의 관계라는 세 가지 하위 프로그램으로 이루어져 있습니다.

먼저, 프로그램의 1단계인 '자기 이미지'에서는 현재 자신이 맺고 있는 인간관계를 중심으로 내 마음속에 느끼는 나의 이미지, 친구와의 관계, 중요한 파트너와의 관계로 본 현재 자신이 맺고 있는 인간관계를 통하여 현재 자신의 이미지를 자각하는 프로그램으로 구성하였습니다. 프로그램의 2단계인 '부모 이미지'에서는 초기 양육자와 맺은 관계를 통하여 자기 이미지를 자각하는 프로그램을 구성하였습니다. 2단계에서는 내 마음속에 느끼는 부모 이미지, 3세까지의 성장 과정, 부모와의 관계를 통하여 현재 자신이 맺고 있는 인간관계에 영향을 끼치고 있는 초기 양육자와의 관계를 살펴봅니다. 프로그램의 3단계인 '하나님 이미지'는 하나님과 관련된 프로그램 영역으로서 내 마음에 느끼는 하나님 이미지, 하나님의 성품 이해하기, 사랑과 수용하심의 하나님 체험하기로 구성하여 중요한 타자로서의 하나님을 바르게 이해하고자 합니다.

우리는 처음 만났기 때문에 서로 잘 모를 것입니다. 따라서 집단의 분위기도 어색할 수밖에 없습니다. 그러므로 우리들 상호 간에 자기에 관한 이야기를 교환한다면 상대를 이해하는 데 도움이 될 뿐만 아니라 그러한 과정에서 자신을 다시 생각해 보고 정리해 봄으로써 자기 자신을 바라보는 데 많은 도움을 얻게 될 것입니다.

자신을 소개할 때는 부담감 없이 편한 마음으로 자신이 할 수 있는 내용을 선택하는 것이 바람직합니다. 왜냐하면 처음 만난 자리에서 사적인 깊은 차원의 자신의 고민이나 갈등에 관계되는 이야기를 하면 오히려 상대방이 당황할 우려가 있기 때문입니다. 자기 소개 내용과 방법은 다양하겠으나 오늘 우리들은 다음과 같은 내용과 방법으로 자기 소개의 활동을 진행하기로 해 보겠습니다.

아울러 프로그램에 참여할 때 마음에 새겨 두어야 할 사항이 있습니다.

1) 비밀 지키기

집단 안에서 거론된 모든 이야기는 다른 사람이나 모임 밖의 사람들에게 이야기하지 않아야 합니다. 이 원칙을 철저히 지켜서 모든 참여자의 사적 비밀이 보장되어야 합니다. 이것은 반드시 지켜져야 합니다. 당신이 이곳을 떠나도 듣고 본 것들은 여기에 남아야 합니다. 이는 필수적입니다.

2) 개근상 타기

모임이 진행되는 동안 결석하지 않도록 합니다.

3) 자발적이고 개방적이고 적극적으로 참여하기

자신에 관한 것들만을 이야기합니다. 다른 사람의 이야기를 하지 말아야 합니다. 그리고 자신에 대해 다른 참여자에게 솔직하게 알리고 적극적으로 임하도록 합니다.

4) 참여자들에 대해 성급하게 판단하거나 평가하지 않기

참여자들이 이야기하는 내용에 대하여 자기 자신의 생각대로 성급하게 판단하지 않도록 합니다.

5) 자신의 감정에 정직하면서 배우고자 하는 자세로 임하기

4. 활 동

1) 워밍업으로 '심리 놀이'를 한다-손수건을 이용한 놀이

① 두 사람이 짝이 되어 손수건을 하나 준비한다. ② 서로의 손을 잡는다(두 사람 가운데 손이 따뜻한 사람이 있고 차가운 사람이 있다). ③ 먼저 손이 따뜻한 사람이 손수건을 말아서 손이 차가운 사람의 손목을 묶을 수 있을 정도로 준비를 한다. ④ 손이 따뜻한 사람이 지도자의 '시작'이라는 신호와 함께 상대방의 손목을 손수건으로 빠르게 묶도록 한다. 이때 상대방은 손목이 손수건에 묶이지 않도록 재빠르게 손을 뺀다. 이 놀이를 통하여 어색한 분위기와 함께 서로의 마음의 문을 열도록 한다.

2) 모두 잘 보이도록 둥글게 앉는다.

3) 집단에서 불렸으면 하는 자신의 별칭을 짓는다(이때 잔잔한 명상 음악을 준비한다). 여기서는 지위나 학벌, 성별, 나이에 관심을 두지 않고 동등한 인격체로서의 만남을 위해 새로운 모습의 자기로 불리고 싶은 별칭을 선택하도록 한다. 별칭을 짓기 전에 지도자는 참여자들 앞에서 다음과 같은 말을 통하여 참여자들이 명상을 통하여 편안한 마음을 갖도록 도와준다.

> "자! 다 같이 눈을 감고 편안한 자세를 취해 봅니다. 눈 감는 것이 불편한 사람은 감지 않아도 좋습니다. 편안해질 때 천천히 감으셔도 좋습니다. 편안한 상태에서 천천히 크게 숨을 들이마셨다가 천천히 내쉽니다. 다시 한 번 천천히 크게 들이마셨다가 천천히 내쉽니다. 그러면서 온몸에 있는 긴장을 하나씩 풀어 줍니다. 머리, 어깨, 그리고 팔, 손, 손가락으로 숨을 크게 들이마셔서 이곳에 숨을 보내 줍니다. 다시 숨을 크게 들이마셔서 등, 허리, 다리, 무릎, 그리고 발, 발가락까지 천천히 숨을 보내 줍니다. 나는 점차로 편안한 사람이 되어 가고 있습니다. 내 몸 어느 곳에 긴장이 풀리지 않은 부분이 있습니까? 숨을 크게 들이마셔서 그곳으로 호흡을 보내 주십시오. 다시 한 번 숨을 크게 들이마셔서 따뜻한 호흡을 보내 주십시오. 긴장이 풀릴 때까지 반복해 주십시오. 이제 나는 편안한 사람이 되어 있습니다. 세상에서 가장 편안한

사람이 되어 있습니다. 내 머릿속에 떠오르는 생각이 있습니까? 생각을 붙잡지 말고 그냥 흘러왔다 흘러가게 두십시오. 생각을 붙잡지 말고 그냥 바라보십시오. 내 마음속에 차오르는 느낌이 있습니다. 느낌을 붙잡지 말고 흘러왔다 흘러가게 그대로 두십시오. 느낌을 붙잡지 말고 그냥 바라보십시오. 그대로 그 상태에 머물러 주십시오. 이제부터 여러분은 자신의 새로운 이름을 하나씩 정하게 됩니다. 현재 가지고 있는 이름과 그 이름들이 주는 역할들을 떠나서 자신의 새로운 이름을 하나씩 만들어 보십시오. 무엇이든 좋습니다. 지금 자신이 되고 싶은 것을 생각하십시오. 나는 이번 집단상담을 통해서 무엇이 되고자 하는지에 대해서 목표를 삼으십시오. 집단상담을 통해서 자기 자신에 대한 어떤 점을 이해하고 싶은지에 대해서 생각해 보십시오. 그 목표를 가장 잘 나타낼 수 있는 것을 생각해 보십시오. 무엇이든 좋습니다. 구름이나 강물과 같이 자연의 이름을 따오셔도 좋습니다. 아니면 평소 자신이 생각해 왔던 단어여도 좋습니다. 또한 자신이 감명 깊게 읽었던 책이나 영화 속에 나오는 인물이나 사물이어도 괜찮습니다. 그것을 본 느낌을 한 단어로 표현하셔도 괜찮습니다. 어느 것이든 상관없습니다. 오늘 이 시간에는 누군가가 지어 주어서 지금까지 누군가에게 불린 이름이 아니라, 내가 내 이름을 새로이 짓는 것입니다. 나를 표현하고 나를 나타낼 수 있는 이름을 내가 지어 보는 시간입니다. 그리고 우리는 집단에서 이 이름을 부르게 될 것입니다. 오늘 이 시간부터 우리끼리는 '홍길동'이 아닌 내가 지은 이름으로 불리게 될 것입니다. 자, 시간은 충분히 드릴 것입니다. 천천히 생각해 주십시오."

(이렇게 참여자들에게 별칭을 짓게 하는 것은 평소에 불리는 이름을 사용하지 않음으로써 현재 자신의 역할이 가지고 있는 방어의 옷을 벗고 자신의 진정한 욕구를 자각할 수 있는 계기를 마련하고자 하는 의미가 있다. 참여자의 구성은 동질적일 수도 있지만 대개는 다양한 사회 구성원들이 하나의 집단을 이루게 되는데, 별칭을 지으면 사회·경제적인 역할과 그것의 차이에서 오는 이질감을 배제하는 데 매우 유용하다. 특히 집단 안에서는 동등한

인격을 가진 존재로 인식하고 집단 활동에 참여하자는 의도가 내포되어 있다. 따라서 집단이 시작되기 전에 집단 밖에서의 상하 관계를 벗어나게 하고, 한결 평등한 관계로 상호작용하게 된다. 또한 이름과는 달리 별칭이 불리게 됨으로써 있는 그대로의 나의 모습으로 다가갈 수 있다. 그러므로 집단상담이 진행되는 동안 있는 그대로의 모습으로 다가갈 때 수용되고 안아 주는 것을 경험할 수 있게 하고자 하는 의도가 있다.)

4) 지도자가 볼 때 참여자들이 어느 정도 별칭을 다 지은 것 같으면 각 참여자에게 나누어준 이름표에 별칭을 크고 진하게 써서 모든 참여자들이 볼 수 있도록 가슴에 달도록 한다. 지도자도 별칭을 기록해서 단다.

5) 각자 자신이 선택한 별칭에 대하여 그 연유를 설명하도록 한다. 그리고 이 집단상담 프로그램에 참여하게 동기에 대해서도 말하게 한다.

> "이 시간을 통해서 자신이 별칭을 짓게 된 연유와 왜 자신이 이 프로그램에 참여하게 되었는지 그 동기와 프로그램에 대해 가지는 두려움이나 불안감이 있으면 이야기하도록 합니다."

(이때 지도자는 참여자들이 돌아가면서 발표하는 별칭에 대해서 많은 관심을 가져야 한다. 지금－여기에서의 별칭이 그 사람의 역동을 읽을 수 있는 자료가 될 수 있기 때문이다. 별칭은 그 사람의 많은 부분을 이미지로 말해준다. 이를 통해서 가설을 세우고 내담자의 역동을 이해할 때 치료 중기 이후의 좀 더 적절한 언급을 해 줄 수 있다.)

6) 별칭으로 이야기 만들어 가기

한 참여자가 자신의 별칭을 사용하여 하나의 이야기를 만들면, 그 옆에 있는 참여자가 연이어 앞의 이야기에 맞게 자신의 별칭을 넣어 이야기를 만들어 간다. 그 참여자가 끝나면 계속하여 옆의 참여자가 같은 방법으로 이야기를 만들어 간다(이 놀이에서는 낯선 사람들이 놀이를 통해 서로의 별칭을 익혀 가면서 친밀감을 형성하도록 하고자 한다).

5. 토의 및 평가

이 회기의 활동이 끝나면 전체 집단으로 모여 앉아 활동 이전과 과정 그리고 끝난 후와 관련지어 자신의 느낌이나 생각 또는 참여자들에게 하고 싶은 말을 하게 한다. 어느 정도 평가가 이루어졌다고 판단될 때 지도자는 이 회기의 학습 과정을 요약하고 다음 시간을 예고한 후 학습을 마친다.

제2회 마음속에 느끼는 자기 이미지

1. 목 표

자신에게 내면화된 자기 이미지를 이해하고 자각한다.

2. 준비물

크레파스, 필기도구, A4 용지, 활동지, 풀

3. 강 의

미국의 유명한 외과 의사인 몰츠(Maxwell Maltz) 박사는 그의 책 『성공의 법칙』(Psycho-Cybernetics)에서 턱뼈를 깎고 흉터를 고치는 등의 방법이 아닌, 각자의 마음속에 그리고 있는 자신의 이미지를 바꾸는 방법을 통한 인간 개조의 가능성을 모색하였습니다.

몰츠 박사는 모든 인격도 육체처럼 얼굴을 가지고 있다고 말합니다. 바로 인격의 감정적인 얼굴이 변화의 열쇠를 쥐고 있다고 말합니다. 자신의 내면화된 이미지가 상처 나고 일그러진 채로 남아 있으면, 외모가 아무리 변한다 해도 여전히 탈선을 계속합니다. 그러나 인격의 얼굴이 재구성되고 감정의 상처가 제거되면 그는 변화할 수 있습니다.

내면화된 이미지란 무엇일까요? 자신에 대한 내면화된 이미지는 자신에 대한 스스로의 느낌과 이미지에 기초합니다. 이미지와 감정의 조화를 설명하기 위해서, '느낌-개념', '개념-느낌'이라는 복합어를 생각해 봅니다. 자기 이미지란 정신적인 자화상과 감정적인 느낌을 모두 포함합니다. 여러분은 여러분 자신에 대한 '개념-느낌', '느낌-개념'의 전반적인 체계를 가지고 있습니다. 이것이 인격의 핵심입니다.

자신에 대한 이미지와 느낌이 여러분 인격의 깊은 곳에 담겨 잠재해 있습니다. 결국, 여러분의 실제가 그와 같이 변화되고 그런 느낌으로 바뀝니다. 여러분이 자신에 대해서 보고 느낀 바는 대인관계와 하나님과의 관계를 결정하는 중요한 요소가 됩니다.

대인관계가 원만하지 못한 사람은 어떤 사람일까요? 스스로를 사랑하지 못하는 사람들이라고 할 수 있습니다. 자신을 사랑하지 못하므로 자연히 다른 사람을 사랑할 수 없고, 대인관계도 원만할 수 없게 됩니다. 이처럼 자신을 사랑하지 못하는 것이 대인관계를 심각하게 손상시키고 무너뜨리는 것입니다. 그러나 만일 우리가 자기 자신에 관한 여러 가지 사실에 대하여 정확하게 이해할 수 있다면 우리는 보다 바람직한 삶을 꾸려 갈 수 있을 것입니다. 이렇듯 내가 누구인지를 아는 것은 대단히 중요합니다. 자기를 이해한다는 것은 어떤 일을 행함에 있어 중요한 영향을 미칩니다. 우리는 언제나 현재의 나의 모습을 발견하면서 나는 어디까지 와 있으며, 현재의 모습에서 더 발전시켜야 할 부분은 어떤 것이고, 또 버려야 할 것은 무엇인가 하는 검토가 늘 있어야 합니다.

그러므로 자신이 누구인지를 아는 것은 다른 사람과의 관계를 향상시키는 데 있어서 대단히 중요합니다. 특별히 자기 자신이 가지고 있는 자신의 이미지에 대해서 안다는 것은 더욱 자기 자신의 건강에 도움이 된다고 할 수 있습니다. 자기 자신이 누구인지를 안다는 것은 자기가 자신에 대해서 어떻게 생각하고, 느끼고, 원하고, 믿고, 가치를 두고, 경험한 것을 함께 나눈다는 의미가 포함되어 있습니다.

자기 자신의 모습을 이해하고, 타인과 함께 자신의 과거 경험을 나눌 때 그 개인에 대해 좀 더 깊이 이해하게 됩니다. 이와 같이 자기 이미지는 자신과 타인의 관계에 영향을 주는 중요한 요소 가운데 하나입니다. 이 자기 이미지는 과거 양육자와의 관계에서 형성되며 자기 자신이 어떤 존재인지에 대한 자각으로 이것은 여러 생활에서 나 자신의 반응을 결정합니다. 이 자기 이미지는 자기 자신을 보는 이미지일 뿐만 아니라 다른 사람을 보게 되는 하나의 거울 역할을 하는 것이 됩니다. 다시 말하면 우리는 모두 자신이 어떤 종류의 능력을 가진 사람인지에 대한 위치를 택한 다음 이에 대한 결론을 내립니다. 우리가 내리게 되는 우리들 자신에 대한 결론은 어머니가 우리를 어떤 사람으로 생각하면서 우리를 키웠느냐와 밀접한 관계가 있습니다. 이는 곧 우리의 능력과 관련된 어떤 말을 어머니로부터 가장 많이 들었느냐가 결국 우리가 우리들 자신을 어떻게 생각하고 느끼느냐의 기본적인 틀이 된다는 것입니다. 그래서 이번 회기에서 우리가 할 주된 일은 자기 자신과 참 만남을 가지는 것입니다.

4. 활 동

1) 워밍업으로 심리 놀이를 한다—별칭 이어가기

참여자들이 '별칭 이어가기' 놀이를 한다(이 놀이는 참여자 안의 낯선 사람들이 놀이를 통해 서로의 별칭을 익혀 가면서 친밀감을 형성하는 것이 목적이다.)

> "지금부터 오른쪽부터 돌아가면서 우리 모든 참여자의 이름 이어가기 게임을 하겠습니다. '○○ 옆에 있는 ○○입니다', 그 옆에 앉은 사람은 '○○ 옆에, ○○ 옆에 있는 ○○입니다'라는 방법으로 모든 참여자들이 참여자의 별칭을 불러 주고 기억합니다."

2) 잠시 둘러앉아 조용한 가운데 눈을 감게 한다. 그리고 '나는 누구인가?' 명상을 하게 한다. 이때 잔잔한 음악을 틀어 준 후 지도자는 아래의 글을 읽는다.

> "이번 회기에서 우리가 할 주된 일은 자기 자신과 참 만남을 가지는 것입니다. 스스로에게 물어보십시오. 나는 누구인가? 나는 나를 누구라고 생각하는가? 나는 어떤 사람이라고 생각하는가? 나는 내 마음속에 간직하고 있는 나의 이미지를 그림으로 나타낸다면 어떻게 나타낼 것인가? 이 몸뚱이 안에 살고 있는 사람은 누구인가? 나에게 중요한 것은 무엇인가? 나는 누구를 사랑하는가? 나는 삶에서 진정 무엇을 원하는가? 우

리가 너무나 자주 그 뒤에 숨곤 하는 가면을 벗고, 우리의 가장 깊은 곳, 가장 진실한 마음 안에서 어떠한 일이 일어나고 있는지 발견하도록 노력해야 합니다."

조용히 자신을 돌아볼 수 있는 충분한 시간을 준다. 이때 계속 잔잔한 음악을 틀어 준다.

3) '진정한 나'라는 시를 읽어 준다.

진정한 나를 알고 싶지 않으세요.
한번 내 마음을 털어놓고 싶어요.
더 이상 내게 속지 마세요.
내가 쓰고 있는 가면 때문에 말이에요.
나는 벗기 두려운 가면을 쓰고 있어요.
참된 나란 존재는 찾아보기 힘들어요.
내가 행복하고 평화스럽게만 보이죠?
겉과 속이 흔들리지 않는 것처럼 보이죠? 실은 그렇지 않아요.
나는 어두운 암흑 속에서 생활하는 시간이 더 많지요.
겉보기에 매끈하고 평온하며 자신만만해 보이는
태도 속에는 만족도 참 평화도 없어요.
껍데기 속에 가려진 진짜 나는 혼란, 공포, 외로움을 겪고 있어요.
그러나 난 이것을 애써 감추곤 하지요.
아무에게도 알려주고 싶지 않기 때문이지요.
나의 허약함이 누구에게 드러날 것이란 생각만 해도 겁이 나요.
그렇기 때문에 어쩔 수 없이 나는
이 마음을 숨기기 위해 가면을 만들어야 했지요.
나는 그 가면 마스크 뒤에 숨어 있어요.

4) 내 마음속에 느끼는 자신의 이미지를 그림으로 표현하게 한다(잔잔한 음악을 준비한다. 이때 지도자는 A4 용지와 크레파스를 참여자들에게 나누어 준다).

5) 그림 그리기가 어느 정도 되었을 때 지도자는 그림 그리기가 끝난 참여자들에게 활동지❶을 나누어 준 후 기록하게 한다(이때도 역시 잔잔한 음악을 준비한다).

"자신이 생각하는 자신의 이미지에 대해서 간단히 써 보세요. 여러분 스스로 자기가 본 자기 이미지, 여러분은 자기 자신을 어떤 사람이라고 생각하십니까? 특히 자신의 성격이나 대인관계가 어떻다고 생각하십니까? 자신에 대해 말을 많이 하지만 막상 글로 쓴다든지 자신의 생각을 정리해 볼 기회가 적음을 인식하고 자신에 대해서 멋진 강의를 한다는 마음으로 간단하게 자신이 생각하는 자신의 이미지에 대한 중요한 측면을 적도록 하여 이를 발표합니다."

[활동지❶] 내 마음속에 느끼는 나의 이미지

▶ 당신은 자신을 어떤 느낌으로 바라보나요? 자신에 대해서 어떤 이미지를 받나요? 이 두 질문에 답하기 위해 아래 공간을 이용하십시오.

"당신이 스스로를 생각할 때, 자신은 어떠한 사람이라고 생각하나요? 자신이 생각하는 자신의 이미지에 대해서 간단히 써 보십시오. 이는 자기 자신이 마음속에 느끼는 자기가 본 자기 이미지를 말합니다. 당신이 스스로를 생각할 때 자기 자신은 어떠한 사람이라고 생각하십니까? 특히 자신의 성격이나 대인관계가 어떻다고 생각하십니까? 자신에 대해 말을 많이 하지만 막상 글로 쓴다든지 자신의 생각을 정리해 볼 기회가 적음을 인식하고 자신에 대해서 멋진 강의를 한다는 마음으로 자신이 생각하는 자신의 이미지에 대한 중요한 측면을 적어 보십시오."

....

....

....

....

……………………………………………………………………………………………

……………………………………………………………………………………………

……………………………………………………………………………………………

……………………………………………………………………………………………

……………………………………………………………………………………………

6) 내가 나의 모습을 발표하게 한다 – 자기가 그린 자기 이미지 그림과 글을 함께 발표하게 한다. 지도자가 판단할 때에 기록이 다 되었다고 생각하면 다음과 같이 말한다.

> "여러분이 이 시간을 통하여 특별히 자기 자신에 대해서 고민하고 많이 생각했을 것이라 생각합니다. 이제 내가 본 나의 모습을 다른 사람과 함께 나누는 시간을 가지겠습니다. 내가 나를 어떻게 생각하고 있는지를 알림으로써 다른 사람들이 나를 이해하는 데 많은 도움이 될 것입니다. 또한 다른 사람들은 자기 자신을 어떻게 생각하고 있는지 들을 때에 그 사람에 대해서 좀 더 알 수 있는 시간이 될 것입니다."

이때 지도자는 참여자들이 모두 참여할 수 있도록 배려한다. 자유롭게 이야기할 수 있도록 한다.

7) 활동을 다 마친 후 활동지와 그림을 벽에 붙여 놓는다(이렇게 자신이 그린 그림을 벽에 붙여 놓는 이유는 5회기와 8회기 때 부모 이미지와 하나님 이미지를 함께 보면서 이야기하게 하기 위해서이다. 이렇게 3개의 이미지 그림을 참여자 자신들이 보면서 이야기를 하면 쉽게 연결점을 찾을 수 있다).

5. 토의 및 평가

이 회기의 활동이 끝나면 전체 집단이 모여 앉아 활동 이전과 과정 그리고 끝난 후와 관련지어 자신의 느낌이나 생각 또는 참여자들에게 하고 싶은 말을 하게 한다.

어느 정도 평가가 이루어졌다고 판단될 때 지도자는 이 회기의 학습 과정을 요약하고 다음 시간을 예고한 후 학습을 마친다.

제3회 나의 대인관계 패턴

1. 목 표

대인관계를 맺어 가는 자신의 행동 패턴에 대해서 이해한다.

2. 준비물

필기도구, 활동지

3. 강 의

오래 사귄 친구는 본래 나를 아끼고 소중히 할 수 있도록 도와주고, 새로운 친구는 지금까지 몰랐던 나의 새로운 면을 발견할 수 있도록 도와줍니다. 그러므로 오랜 친구와 새로운 친구 모두 다 소중합니다.

'왜 나는 친구가 없을까?' 하고 고민하는 사람들이 있습니다. 그 이유는 간단합니다. 친구를 사귀는 방법을 모르기 때문입니다. 자기 마음에만 들면 친구가 되는 게 아닙니다. 친구가 없는 사람은 친구와 관계를 맺어 가는 자신의 행동 패턴에 대해서 뒤돌아볼 필요가 있습니다.

사람은 친구와 관계를 맺어 가는 특별한 패턴이 있습니다. 그 사람은 어떤 특별한 친구와 관계를 맺어 갈 때 힘들어하는 모습을 발견합니다. 그 사람의 친구관계 패턴은 여러 사람과 두루두루 사귀는 스타일입니다. 많은 사람들과 원만한 관계를 맺고는 있지만 특별히 어떤 한 사람과 깊이 있는 사귐을 가지지는 못합니다. 그 사람은 어린 시절부터 이 집 저 집으로 떠돌이 생활을 하였다고 합니다. 그는 초등학교를 4번이나 전학을 하였다고 합니다. 그러므로 어린 시절부터 친구와 친하게 지내려고 하면 이사를 가야 하고, 그 친구와 오래 사귀지 못하고 헤어져야 하는 아픔을 겪었다고 합니다. 그러므로 친구를 깊이 있게 사귀는 것이 오히려 그에게는 어색하고 힘이 들었다고 합니다. 그는 그 자신이 친구를 깊이 있게 사귀는 것이 오히려 부담스럽고 힘이 들었다고 고백하였습니다.

이처럼 인간관계를 맺는 패턴이 학습된 능력이라고 할 때, 그 기초는 초기 양육자와의 관계로부터 시작된다고 할 수 있습니다. 우리들이 지금 하고 있는 대상관계 이론에서 말하는 대상관계란 한 사람이 다른 사람과 특수하며 긍정적인 정서적 유대를 형성하는 과정을 말합니다. 생애 초기의 대상관계가 성장 후의 사회적 상호작용 능력과 성인기의 친밀한 인간관계 형성 능력을 가능하게 해 준다고 할 수 있습니다. 이처럼 일생 동안의 대인관계 패턴은 원가족 간의 상호작용을 재연하는 경향이 있습니다. 여기서 원가족이라고 하는 것은 부모와의 관계 속에서 맺어진 가족을 의미합니다.

4. 활 동

1) 워밍업으로 심리 놀이를 한다-손바닥 여행

① 두 사람이 짝이 되어 마주 앉는다(2인 1조). ② 두 사람이 먼저 서로의 눈을 보면서 인사를 나눈다. 눈을 통하여 서로의 느낌을 교환한다. ③ 눈을 감고 서로 손바닥을 댄다. ④ 신체 감각으로 상대방이 어떤 사람인지 느껴 본다. 손바닥을 통해서 전해져 오는 상대방의 체온과 감정을 느껴 본다. 우리는 일상적으로는 어떤 사람의 여러 가지 사회적 여건이나 사회적인 정보 그리고 시각적으로 비추어지는 것으로 상대방을 평가하는데, 이 심리 놀이를 통해서 신체 감각으로 사람을 느껴 보는 훈련을 하게 한다. 자신의 신체 감각도 자각하지만 동시에 타인의 신체 감각도 있는 그대로 느껴 보도록 한다. 다시 말하면 이 놀이를 통해서 신체 감각으로 사람을 있는 그대로 느껴 보는 연습을 하게 한다. ⑤ 이제 두 사람이 서로 맞닿은 상태에서 손바닥 춤을 추게 한다. 서로 기분이 나는 대로 적절하게 춤을 추면서 리듬감을 느껴 보도록 한다. 이때 약간의 대화도 가능하므로 대화를 하면서 손바닥 춤을 추게 한다.

2) 활동지❷를 나누어 준다.

[활동지❷] 친구와의 관계

1. 당신은 친구들(또래들)과 잘 어울리고 사귀었습니까?

2. 어떤 사람과 친해집니까?

3. 한 번 친해지면 얼마나 지속됩니까?
어떤 반복되는 패턴이 있습니까?

4. 현재 가장 친한(가까운) 사람은 누구입니까?
그 사람과의 최근에 있었던 가장 기억나는 사건은 무엇입니까?

5. 가장 문제가 되는 관계는 어떤 것입니까?
그 사람과의 최근에 있었던 가장 기억나는 사건은 무엇입니까?

[보충 질문]
Q : 당신의 인간관계에서 개선하고 싶은 점이 있다면 무엇입니까?

Q : 가까운 사람들과의 사이에서 어떤 감정을 많이 경험합니까? (해당되는 단어에 체크하십시오.)

□ 살인적 분노 □ 굴욕감 □ 공허감 □ 창피함 □ 심한 불안
□ 소멸 공포 □ 열등감 □ 우월감 □ 시기 □ 질투 □ 두려움
□ 갈망 □ 자신감 □ 희망 □ 절망 □ 정열 □ 만성적인 불안
□ 슬픔 □ 채워진 느낌 □ 억울함 □ 불안 □ 화 □ 실망 □ 경쟁심
□ 승리감 □ 죄책감 □ 부러움 □ 애정 □ 기쁨 □ 관심과 배려

3) 활동지를 기록하게 한다. 기록할 때 가능한 구체적으로 기록하게 한다(기록을 하게 하는 이유는 쓰는 것을 통해 자신을 돌아보는 좋은 계기가 될 뿐만 아니라 기록을 통해 자유연상이 되기 때문이다).

4) 기록한 것을 발표한다. 기록을 하면서 자신에 대해 느낀 점을 이야기해 본다.

5) 이를 통해 자신이나 참여자에 대해 느낀 점을 이야기해 본다.

5. 토의 및 평가

이 회기의 활동이 끝나면 전체 집단으로 모여 앉아 활동 이전과 과정 그리고 끝난 후와 관련지어 자신의 느낌이나 생각 또는 참여자들에게 하고 싶은 말을 하게 한다.

어느 정도 평가가 이루어졌다고 판단될 때 지도자는 이 회기의 학습 과정을 요약하고 다음 시간을 예고한 후 학습을 마친다.

제4회 중요한 파트너와의 관계

1. 목 표

이성관계에 중요한 영향을 미치는 자신의 대상관계를 이해하고 이성관계에 대한 깊은 동기와 태도에 따른 바른 통찰과 이해를 갖는다.

2. 준비물

활동지, 필기도구

3. 강 의

사랑은 누구에게나 저절로 생기는 것인가요? 아니면 어렸을 때 말을 배우듯이 그렇게 배워서 얻게 되는 것인가요? 사랑도 능력인가요? 그렇다면 아무나 저절로 할 수 있는 것이 아니란 말인가요? 사랑을 할 수 있고 받을 수 있는 것이 아니란 말인가요? 사랑도 할 줄 알고 받을 수 있는 조건은 무엇인가요?

프롬(E. Fromm)은 「사랑의 기술」이라는 책에서 사랑은 목공 기술이나 기계 기술처럼 배워서 얻는 하나의 능력이라고 합니다. 따라서 능력에는 개인차가 있으며, 그 능력을 잘 습득하지 못한 사람은 사랑을 잘할 수 없고, 특히 양질의 사랑을 받아 보지 못한 경우에는 더욱 그렇습니다. 인간의 신체적·심리적 성장 과정을 연구하는 발달심리학에서는 사랑의 능력이 저절로 생기는 것이 아니라 유아기에 양육자와 맺은 관계를 통하여 아동기 및 사춘기를 통한 가족과 그 밖의 다른 사람들과의 인간관계에서 발달한다고 보고 있습니다.

사랑하는 능력은 사랑을 받는 체험을 통하여, 사랑하는 것을 관찰할 수 있는 모방의 대상을 통하여, 그리고 사랑을 주고받을 수 있는 성격적 성숙을 통하여 얻을 수 있는 것이라고 보고 있습니다. 사랑을 할 수 있는 첫 번째 조건은 사랑을 받아 보는 것입니다. 사랑의 능력은 우리가 태어나기 전에 어머니의 자궁 속에 있을 때부터 시작됩니다. 정신과 의사들은 환자의 성장력을 조사할 때 이 사람이 임신되었을 때 부모가 그 임신을 원했는지 안 원했는지부터 알아본다고 합니다. 원하지 않은 임신이 되었을 때는 태아기부터 정신적으로 취약성을 가지고 있을 수 있습니다. 뿐만 아니라 출생 후 유아기 초기부터 있게 되는 어머니와 유아의 관계에 만족스러운 사랑의 발달을 방해하는 일이 있을 수도 있습니다.

사랑을 학습된 능력이라고 할 때 그 기초는 초기 양육자와의 관계에서부터 시작됩니다. 초기 양육자와의 관계가 성장 후의 사회적 상호작용 능력과 성인기의 친밀한 인간관계 형성 능력을 만들어줍니다. 우리들이 지금 하고 있는 대상관계 이론에서 말하는 대상관계란 한 사람이 다른 사람과 특수하며 긍정적인 정서적 유대를 형성하는 과정입니다. 생애 초기의 대상관계가 성장 후의 사회적 상호작용 능력과 성인기의 친밀한 인간관계 형성 능력을 가능하게 해 준다고 할 수 있습니다. 이처럼 일생 동안의 대인관계 패턴은 원가족 간의 상호작용을 재연하는 경향이 있습니다. 여기서 원가족이라고 하는 것은 부모와의 관계 속에서 맺어진 가족을 의미합니다.

유아기 때 양육자와 맺은 관계가 이후의 사회생활에 어떤 의미가 있으며 왜 중요할까요? 유아기에 어떤 종류의 관계를 맺었는지에 따라 그 사람이 성장한 후에 형성하게 되는 대인관계의 양상을 크게 좌우하게 됩니다. 특히 초기 양육자와의 관계와 관련하여 그 사람의 머릿속에 그려진 인지적 표상은 그 사람이 친밀한 배우자에게 무엇을 기대할 것인지를 결정하게 됩니다. 어른이 된 뒤에 맺게 되는 사랑의 관계는 유아기 때 양육자와의 관계와 여러 면에서 공통점이 있습니다. 대표적인 것으로 사랑하는 사람과는 서로 신체적인 접촉을 하고 싶은 욕망이 생긴다든가, 사랑하는 사람에게 나를 열어 보이고 싶은 마음이 일어난다든가, 사랑하는 사람과 같이 있으면 위로가 되고 안심이 되어 다른 독특한 기분 좋은 반응을 사랑하는 사람에게서 느낄 수 있다는 점 등입니다. 유아기 때 양육자와 충분히 수용적인 관계를 형성했던 사람은 성인이 된 뒤에 앞에서 열거한 욕망이나 행위를 상대방에게 기대할 수 있습니다. 그러나 수용적인 관계를 형성하지 못한 사람은 자신이 그 같은 욕망이나 행동을 나타내 보였을 때 상대방은 자기 행동에 자신이 없고 타인으로부터 긍정적인 반응보다는 부정적인 반응이 있을 것으로 예측하게 됩니다. 따라서 상대방을 잘 신뢰하지 못하거나 너무 쉽게 신뢰하여 만족스러운 애정관계를 형성하지 못하는 경우가 많이 있습니다.

4. 활 동

1) 간단한 심리 놀이를 한다-공동체 놀이

① 서로 상대방의 손을 잡는다. ② 서로의 손을 어루만진다(가만히 그 손을 어루만지면서 상대방의 체온을 느껴 본다. 그리고 상대방을 사랑하는 마음을 전달한다). ③ 서로 이마를 맞댄다. ④ 서로 등을 기댄다(상대방이 편안함을 느낄 수 있도록 서로를 배려하는 마음으로 한다).

2) 활동지 ❸-1과 ❸-2를 나누어준 후 각 질문마다 자신에게 가장 적합하다고 생각하는 칸에 체크를 한다(이때 지도자는 참여자에게 이 검사지로 자신의 유형을 단정짓거나 다른 사람을 단정짓지 않도록 주의를 주어야 한다. 검사 결과를 전적으로 신뢰하기보다는 참고하며, 자신에 대한 이해를 돕는 도구로 사용할 것을 참여자들에게 알려야 한다).

[활동지❸-1] 중요한 파트너와의 관계

Q : 다음 중 어느 진술이 가장 본인의 느낌을 잘 표현한 것입니까?

1. 나는 사람들과 친해지는 게 약간 불편하다. 나는 사람들을 완전히 믿고 의지하는 데 불편함을 느낀다. 또한 나는 사람들과 너무 친밀하게 되면 예민해지고 가끔 애인은 내가 느끼는 편안함보다 더 친해지기를 나에게 바란다.

2. 나는 사람들과 친해지는 것이 비교적 쉬운 편이다. 내가 애인에게 의지하거나 또는 애인이 나에게 의지하는 것이 불편하지 않다. 나는 애인이 나를 버릴까 봐 두렵거나 너무 가까워지는 것에 대해 별로 걱정하지 않는다.
3. 나는 사람들과 친해지고 싶지만 사람들이 나와 가까워지는 데 주저하는 것 같은 느낌을 받는다. 나는 애인이 정말로 나를 사랑하지 않거나 나와 함께 있고 싶지 않을까 걱정할 때가 종종 있다. 나는 다른 사람과 완전히 하나가 되고 싶지만 나의 이런 바람은 가끔 사람들을 두렵게 하는 것 같다.

[활동지❸-2] 성인 애착 검사(Adult Attachment Scale)

1. 나는 다른 사람을 의지하는 것이 어렵다.
2. 내가 사람들을 필요로 했을 때 아무도 없었다.
3. 나는 편안하게 다른 사람을 믿고 의지한다.
4. 내가 사람들을 필요로 할 때 그들이 함께 있음을 안다.
5. 나는 사람들을 완전히 신뢰하는 것이 어렵다.
6. 내가 사람들을 필요로 할 때 의지할 수 있는 사람들이 거기에 있다 것을 확신할 수 없다.
7. 나는 내팽개쳐지는(버려지는) 것에 대해서 걱정하지는 않는다.
8. 나는 때로 나의 파트너가 정말로 나를 사랑하지 않을까 봐 걱정한다.
9. 나는 다른 사람과 친밀해지고 싶지만 다른 사람들은 이를 꺼린다.
10. 나는 나의 파트너가 나와 함께 있기를 원하지 않을까 봐 걱정이 된다.
11. 나는 어떤 한 사람에게 완전히 몰입하기를 원한다.
12. 몰입에 대한 나의 소망은 때로 사람들을 떠나게 한다.
13. 나는 비교적 다른 사람과 쉽게 친밀해진다.
14. 나는 누군가 나에게 매우 친밀하게 다가오는 것이 두렵지 않다.
15. 나는 다소 누군가와 친밀해지는 것이 불편하다.
16. 나는 누군가와 너무 친밀해졌을 때 예민해진다.
17. 나는 다른 사람이 나에게 의지해 올 때 편안하다.

18. 애인은 자주 내가 편안하게 느끼는 것보다 더 친밀하게 되기를 원한다.

3) 자신의 어린 시절 양육자와의 관계에 대해서 이야기한다.

4) 자신의 초기 양육자와의 관계가 이성관계에 미치는 영향에 대해 서로의 경험을 이야기한다.

5. 토의 및 평가

이 회기의 활동이 끝나면 전체 집단으로 모여 앉아 활동 이전과 과정 그리고 끝난 후와 관련지어 자신의 느낌이나 생각 또는 참여자들에게 하고 싶은 말을 하게 한다.

어느 정도 평가가 이루어졌다고 판단될 때 지도자는 이 회기의 학습 과정을 요약하고 다음 시간을 예고한 후 학습을 마친다.

제5회 마음속에 느끼는 부모 이미지

1. 목 표

유아기 때 자신을 돌보아 주던 부모에 대한 이미지가 무엇인지를 자각한다.

2. 준비물

크레파스, 활동지, A4 용지, 필기도구, 풀

3. 강 의

어린아이의 특징 중 하나는 모든 사물을 부분적으로 알고 이해한다는 것입니다. 그러나 점차 성숙한 사람으로 성장하면서 완전한 그리고 바로 맞대어 보는 듯한 이해를 할 수 있게 됩니다. 우리 자신에 대한 느낌이나 이미지들의 상당 부분은 우리의 가족에 의해서 형성됩니다. 특히 어린 시절의 양육자에 의해서 형성된다고 할 수 있습니다.

우리가 보아 온 양육자의 표현, 그들의 관심, 그들의 충분히 수용하는 환경, 그리고 그들의 행동이 큰 영향을 미칩니다. 이러한 것들은 현재의 우리 모습일 뿐 아니라, 미래의 우리 모습이 어떠한 것인지도 알려줍니다. 이러한 양육자와의 관계에서 형성된 이미지가 서서히 나의 모습이 되어 갑니다. 나의 모습이 점차 거울 속에서 보았던 가족들의 모습처럼 되어 갑니다.

여러분은 놀이 공원에 갔을 때 거울로 둘러싸인 방에 들어가서 헤매 본 적이 있습니까? 어떤 거울 앞에 서면 여러분의 모습은 크고 뼈가 툭 튀어나오고 팔이 긴 모습이 되며, 또 다른 거울 앞에 서면 풍선처럼 둥글게 변합니다. 이처럼 거울을 들여다보는 것은 재미있는 일입니다. 특히 자신이 아닌 제3자의 입장에서는 더욱더 재미있는 일입니다. 그는 여러분의 우스꽝스러운 모습이 그저 재미있을 뿐입니다. 결과는 무엇입니까? 거울이 어떻게 만들어졌는지에 따라 당신의 모습이 변할 뿐, 거울에 비친 모습이 당신의 원래 모습은 아닙니다.

자, 이제 이 거울들 앞에서 당신의 초기 양육자와 함께 가족들의 모습을 비춰 봅시다. 당신의 초기 양육자와 가족들이 거울에 비친 모습은 어떤 것일까요? 집안에 있는 거울의 모양과 곡면의 구조가 각각 다르다면, 거울에 비친 모습도 각각 다른 것입니다. 그 결과 얼마 지나지 않아 당신은 거울에서 보았던 자신의 모습과 똑같은 자기 인상을 갖게 될 것입니다. 그리고 얼마 지나지 않아, 그 자기 이미지에 맞추어 주변 사람들에게 행동하고 말하고 관계를 맺게 될 것입니다.

이처럼 현재의 감정을 치유하기 위해 과거를 떠올려야 한다고 해서 어린 시절이 꼭 끔찍해야 한다는 것은 아닙니다. 누구나 자라면서 힘든 일을 겪기 마련입니다. 그중에 누구는 사랑과 보살핌을 더 많이 받고 누구는 덜 받는다는 것이 다를 뿐입니다. 우리들의 감정의 장벽은 성장하면서 겪게 되는 여러 가지 고통스러운 상황과 관련이 있습니다. 그 상황에는 부모가 관련될 수도 있고 다른 누군가가 관련되어 있을 수도 있습니다.

이러한 문제점들을 파악하려는 시도 속에서 여러분은 자신의 부모를 분명히 인식할 수 있을 것입니다. 우리는 초기 양육자라는 거울에 반사된 자신의 이미지와 느낌을 바라봅니다. 우리가 자라면서 언어적 체험과 우리에게 베풀어진 충분히 수용하는 환경과 돌봄, 사랑 등 우리가 일찍이 체험했던 관계들이 현재의 우리를 결정하게 됩니다.

4. 활 동

1) 심리 놀이를 한다－거울 놀이

① 참여자들로 하여금 둥글게 마주보게 한다. 조용한 음악을 틀어 놓은 상태에서 편안한 자세로 자유롭게 움직이게 한다. 이때 참여자들로 하여금 다른 사람들이 눈치채지 못하게 마음으로 한 사람의 표적을 정하게 한다.

② 음악이 연주되는 분위기 속에서 각 참여자들이 표적 참여자의 행동을 거울에 비치는 것처럼 그대로 모방하게 한다. 물론 이때 표적 참여자가 그러한 사실을 알지 못하도록 해야 한다. 결국 각자는 특정 표적 참여자가 행동하는 바대로 따라서 그대로 행동하게 되는데, 이러한 자신의 모방 행동은 또 누군가의 표적이 되어 거울을 보고 하는 듯한 그의 모방 행동을 유발하게 된다. 이렇게 되면 누가 누구를 모방하는지 모를 정도로 전체 참여자가 조화를 이루게 될 것이다.

2) 더 이상 기억할 수 없는 어린 시절까지 명상을 통해 여행을 하도록 돕는다(잔잔한 명상 음악을 준비한다). 눈을 감은 상태에서 명상을 할 때 지도자는 다음과 같은 글을 읽어 준다.

> "조용히 눈을 감고 부모의 얼굴을 떠올려 보십시오. 그리고 떠오른 부모의 이미지를 따라 지난날을 회상해 보십시오. 잠시 각 부모를 우리들에게서 분리시켜 생각해 보는 것도 도움을 줄 수 있을 것입니다. 부모라는 사실을 제외하고 그분들의 존재는 과연 무엇입니까? 그분들이 소유하고 있는 개성은 무엇입니까? 개방적입니까? 부끄러움을 잘 타는 성격입니까? 유머가 풍부합니까? 차분한 성격입니까? 독단적인 성격입니까? 아니면 생각하는 성격입니까? 그들의 취미는 무엇입니까? 무엇이 그들로 하여금 미소짓게 만드는 것입니까? 그들을 화나게 하는 것은 무엇입니까? 그들이 지금 우리의 나이 때는 어떤 모습이었을까요? 그들은 심각한 삶의 절망을 느낀 적이 있었을까요? 그들이 인간적으로 갖

고 있는 가장 위대한 장점은 무엇일까요?"

3) '마음속에 느끼는 부모 이미지'를 그림으로 표현하도록 한다(이때 활동이 끝날 때까지 계속 음악을 틀어 준다).

"내 마음속에 느껴지는 나의 부모님을 그림으로 그려 보십시오. 여기서의 그림은 잘 그려야 한다는 것이 아닙니다. 내 마음속에 느껴지는 부모님을 색깔로도 표현할 수 있고, 어떤 형상물로도 표현할 수 있습니다. 그림을 잘 그려야 한다는 부담감을 갖지 말고 내 마음속에 느껴지는 부모님의 이미지를 그림으로 표현해 보십시오."

4) 지도자가 보기에 그림을 다 그렸다고 생각되면 참여자에게 조용히 활동지❹를 나누어준다.

[활동지❹] 초기 양육자와의 관계 회상

"특히 아래 항목을 염두에 두고 지난날을 돌이켜보십시오. 이 항목들은 여러분의 어린 시절에 양육자와 자신의 관계를 회상할 수 있는 질문들입니다. 질문들에 구체적으로 답을 적어 주십시오."

1. 당신의 부모님은 살아 계십니까?
2. 부모님은 당신과 함께 살고 계십니까?
3. 당신이 어렸을 때, 아버지와 어머니는 어떤 분이었나요? 또한 당신과의 관계는 어떠했습니까?
4. 당신은 부모님이 서로를 어떻게 여긴다고 생각합니까?
5. 당신은 어머니와 아버지에게 사랑을 받았다고 느꼈나요?
6. 어머니 혹은 아버지가 가족들 가운데서 가장 예뻐하는 사람은 누구였습니까? 당신은 어떤 면에서 그렇게 생각하나요?
7. 당신의 어린 시절 집안에 싸움이 많았습니까?
8. 어머니를 생각하면 당신의 마음에 어떤 종류의 감정이 느껴집니까?

5) 활동지를 기록할 수 있는 시간을 충분히 준다.

6) 기록한 것을 참여자들 앞에서 발표한다. 이때 떠오르는 어머니에 대한 이미지와 느낌에 대해서 이야기를 나누는 시간을 갖는다.

7) 활동이 모두 끝난 후 '내 마음속에 느끼는 부모 이미지' 그림을 '내 마음속에 느끼는 나의 이미지'의 그림 바로 아래에 순서대로 붙인다.

5. 토의 및 평가

이 회기의 활동이 끝나면 전체 집단으로 모여 앉아 활동 이전과 과정 그리고 끝난 후와 관련지어 자신의 느낌이나 생각 또는 참여자들에게 하고 싶은 말을 하게 한다.

어느 정도 평가가 이루어졌다고 판단될 때 지도자는 이 회기의 학습 과정을 요약하고 다음 시간을 예고한 후 학습을 마친다.

제6회 초기 양육자와의 관계

1. 목 표

3세까지의 성장 과정과 환경이 자신에게 미친 영향에 대해서 자각한다.

2. 준비물

활동지, 필기도구

3. 강 의

우리는 누구나 사랑받을 자격이 있는 사람이기를 원합니다. 그런데 이런 자격을 갖춘다는 것이 유아에게는 매우 큰 부담이 될 수 있습니다. 아이들에게는 무조건적인 사랑이 필요합니다. 어렸을 때 충분히 사랑받은 사람은 참된 자신을 찾고 즐길 줄 압니다. 어린 시절에 충분히 사랑받고 보살핌을 받으며 자란 사람은 자신을 아끼고 소중히 할 줄 압니다. 하지만 그렇지 못한 사람은 평생 자신이 바라는 삶을 살지 못합니다.

인간은 천성적으로 자기 이외의 대상을 사랑하고 싶어합니다. 그리고 자신감이 넘치며 온순하고 밝습니다. 이러한 본성은 타고나는 것입니다. 그래서 어렸을 때는 마음속에 이런 본성이 가득합니다. 하지만 양육자로부터 필요한 사랑을 충분히 받지 못하면 자라면서 점차 이 본성을 잃어버리게 됩니다. 어린 시절에 양육자로부터 충분히 사랑하고 수용함을 받았느냐 그렇지 않느냐에 따라 자신과 가까워질 수도 있고 멀어질 수도 있습니다. 초기 양육자로부터 사랑과 수용을 받는 것은 나와 다른 사람을 이어줄 뿐만 아니라 참된 나를 이어주는 매개체가 됩니다.

어린아이에게는 참된 자신을 알고 소중히 할 능력이 없습니다. 양육자와 가족을 통해서만 자신을 알 수 있을 뿐입니다. 그 사람들이 자신을 존중해 주어야만 자신이 당연히 존중받아야 할 사람이라고 생각하게 되고, 그들이 자신을 소중하게 보살펴 주어야만 자신이 보살핌을 받아야 할 사람이라고 생각하게 됩니다. 그리고 그들이 자신을 사랑하고 수용해 주면 자신이 그럴 만한 사람이라고 생각하게 됩니다.

이처럼 유아기 때 받은 느낌은 거의 평생 동안 지속된다고 할 수 있습니다. 세상에 대한 생각은 태어나면서부터 형성된다고 할 수 있습니다. 이처럼 양육자로부터 필요한 사랑과 이해, 관심을 제대로 받지 못한 아이는 자기 자신에 대해 잘 알지 못합니다. 자신이 얼마나 소중한 존재인지 모른 채 자신은 사랑받을 가치가 없는 사람이라고 생각합니다. 이런 아이는 인생에서 자기가치에 관한 문제를 겪게 되며, 내부의 자연스러운 본성인 사랑·즐거움·평화·자신감을 상실하고 맙니다. 다시 어린아이 시절로 돌아가 필요한 사랑을 보충하기 전까지는 항상 그러한 상태에 머물 수밖에 없습니다. 현재의 나 자신의 위치에서 겪는 자기 자신을 바라보는 관계나 대인관계에서 경험하는 불만족은 지금–여기의 단계에서 필요한 충분한 사랑과 수용함을 받지 못해서 생기는 것이 아닙니다. 그보다는 초기 유아기 때 양육자와의 관계에서 사랑과 수용함이 비어 있기 때문에 생기는 것입니다.

2보 전진을 위해서 1보 후퇴한다는 말이 있듯이 앞으로 나아가기 위해서는 뒤로 물러설 줄 알아야 합니다. 할아버지, 할머니들은 옛날 이야기 하기를 좋아합니다. 이것은 그분들이 건강하다는 증거입니다. 과거를 생각하면서 추억에 잠기는 것이 건강하고 생기 있게 지내기 위한 비결인 셈입니다. 동일하게, 과거에 양육자로부터 충분한 사랑과 수용함을 받지 못해 마음의 상처를 입은 사람들은 과거를 치유할 때까지 인생의 다음 단계로 제대로 넘어가지 못합니다. 이렇게 되면 자신도 모르게 과거에 묻혀 살게 됩니다.

삶에 지쳐 힘이 들 때 현재 자신의 어려움이 어린 시절의 상처에서 비롯되었다는 것을 알고 나면 그 어려움을 극복할 수 있는 힘을 얻게 됩니다. 그래서 초기 양육자와의 관계에서 채워야 했던 충분히 좋고 수용하는 사랑을 가득 채우면 이제부터는 자신이 원하는 삶을 만들어 갈 수 있게 됩니다.

그래서 이 회기에서는 특별히 초기 양육자와의 관계를 여행하는 시간을 가지려고 합니다. 3세 때까지의 성장 과정에 대해서 회상하면서 참된 자기 자신을 찾아가는 시간을 가져 봅시다.

4. 활 동

1) 심리 놀이를 한다 : 명상의 시간을 가지면서 음악에 맞추어 몸과 손 춤을 춘다(이 때 잔잔한 음악을 틀어 준 후 조용히 명상의 시간을 갖게 한다. 어느 정도 시간이 지난 후 음악의 선율에 맞추어 몸을 움직여 보고 손을 움직여 보게 한다. 그렇게 하여 몸과 마음의 긴장을 풀고 이완되게 함으로써 편안한 마음을 갖게 한다).

2) 지도자는 조용한 음악과 함께 다음의 글을 읽어 주면서 초기 양육자와의 관계에 대해서 명상할 수 있도록 도와준다. 명상할 수 있는 충분한 시간을 준다.

> "자! 이제부터 만 3세까지의 자신의 양육자와의 관계를 조용히 명상하면서 그 관계를 떠올려 보십시오. 만 3세까지의 시간으로 돌아가 보십시오. 양육자와의 관계는 어떠했습니까? 나는 원하던 아이였습니까? 이 시기에 아팠던 적이나 큰 사고는 없었습니까?"

3) 지도자가 보기에 어느 정도 시간이 지났을 때 활동지❺를 나누어 준 후 자신의 3세까지의 성장 과정에 대해서 작성한다.

[활동지❺] 3세까지의 성장 과정

1. 당신은 원하던 아이(wanted child)였습니까? (임신 및 출생에 관한 여러 가지 정보를 포함해서)
2. 당신을 키울 때 애먹은 편이라고 합니까? (잘 먹고 잘 잤는지, 많이 울었는지, 예민했는지-이유, 배변 훈련, 기타 정상적 발달 여부에 관한 정보)
3. 어린 시절에 당신을 주로 돌보아 준 사람은 누구였습니까?
   그 당시 당신을 키우기에 적절한 상황이었다고 합니까? [어머니의 정신건강 및 형편(아이를 돌볼 수 있는 경제적, 시간적, 심리적 여유), 부부 관계의 영향(싸움 등), 형제 순위 등의 영향, 이사 등]
4. 이 시기에 큰 사고나 크게 아팠던 적이 있습니까?
5. 이 시기에 기억나는 일이 있습니까?
6. 부모와 잠시라도 헤어졌거나 실제로 헤어진 적은 없더라도 그와 유사한 경험을 한 적이 있었습니까? 이와 마찬가지로 방치된 경우가 있었습니까? (다른 사람에게 맡겨졌거나 집안 사정이나 부모님의 심리적 상태로 인해 부모님의 돌봄을 받기 어려웠던 경우)
   ① 그때가 언제(몇 살 때)였나요?
   ② 그 이유는 무엇인가요? (그 당시엔 어떻게 이해했으며, 객관적인 이유는 무엇이었나요?)
   ③ 그때의 심정은 어땠나요?
   ④ 대신 누가 당신을 돌보아 주었나요?
      - 그 돌봄이 만족스러웠나요?
      - 이런 환경들이 당신의 삶을 향하여 지금 어떠한 영향을 미치고 있으며, 어떻게 변화시키고 있나요?

4) 자신의 3세까지의 성장 과정에 대해서 발표한다.

5) 활동을 통해서 자신에 대해서 느낀 점이나 참여자를 통해서 느낀 점에 대해서 이야기해 본다.

5. 토의 및 평가

이 회기의 활동이 끝나면 전체 집단으로 모여 앉아 활동 이전과 과정 그리고 끝난 후와 관련지어 자신의 느낌이나 생각 또는 참여자들에게 하고 싶은 말을 하게 한다.

어느 정도 평가가 이루어졌다고 판단될 때 지도자는 이 회기의 학습 과정을 요약하고 다음 시간을 예고한 후 학습을 마친다.

제7회 어린 시절의 감정

1. 목 표

자신의 대상관계와 관련된 어린 시절에 자신에게 가장 중요했던 억압된 감정이 무엇인지를 자각한다.

2. 준비물

활동지, 필기도구

3. 강 의

어린 시절에 사로잡혀 평생을 살아가는 사람들이 많이 있습니다. 하지만 그러한 태도에서 조금만 벗어나면 좀 더 나은 삶을 살 수 있습니다. 어린 시절이야 어떻게 보냈든 성인이 된 지금, 필요한 것은 무엇이든 스스로 얻을 수 있습니다. 스스로에게 사랑을 베풀 수도 있고 필요한 것을 줄 수도 있는 것입니다.

우리의 감정은 지금껏 크게 왜곡되어 왔습니다. 부정적인 감정을 해소하겠다는 미명 하에 사람들은 그 감정을 억누르기만 했습니다. 부정적인 감정을 품는 데 대해 죄의식을 가지고 어떻게든 그 감정이 겉으로 드러나지 않도록 꽁꽁 묶어 두려고만 했습니다. 하지만 부정적인 감정을 감추고 애써 외면하고 억누른다고 해서 되는 것은 아닙니다. 부정적인 감정을 해소하려면 먼저 그러한 감정을 제대로 느낄 줄 알아야 합니다. 참된 자신을 되찾는 데는 부정적인 감정도 필요하기 때문입니다. 자기 내부의 부정적인 억압된 감정들을 느끼고, 제대로 해소하지 않으면 참된 자기 자신을 찾을 수가 없습니다.

억압된 감정이 우리에게 소중한 것이라는 사실은 자전거 타기를 생각하면 쉽게 이해할 수 있습니다. 자전거를 탈 때 균형을 잡으려면 계속해서 왼쪽, 오른쪽으로 방향을 바꾸어야 합니다. 가고자 하는 방향으로 가려면 우선 자전거 손잡이를 그 방향으로 움직여야 합니다. 자신이 무엇을 바라는지를 찾아내는 것은 바로 자전거 손잡이를 움직이는 것과 같습니다. 억압된 감정을 느끼고 해소하는 것은 자전거에서 넘어지지 않기 위해 이리저리 방향을 바꾸는 것과 같습니다. 그리고 꾸준히 기도를 하면서 하나님에게 도움을 청하는 것은 자전거를 타고 앞으로 계속 나아가는 것과 같습니다. 자전거 페달을 부지런히 밟는 것이 바로 기도인 셈입니다.

억압된 감정을 다스리지 못하면 우리는 넘어질 수밖에 없습니다. 자전거를 탈 때는 손잡이를 좌우로 계속 움직여 주어야 균형을 잡을 수 있습니다. 자전거 손잡이를 움직이는 것은 쉬운 일이 아니어서 처음 배울 때는 몇 번이고 넘어지기 마련입니다. 하지만 익숙해지고 나면 조금만 움직여도 쉽게 균형을 잡을 수 있습니다. 자전거를 탈 때 균형이 흐트러지는 것은 억압된 감정을 만나는 것에 비유할 수 있습니다. 억압된 감정을 만나면 참된 자신에게서 점점 멀어지게 됩니다. 억압된 감정은 원래 참된 자기 자신과 이어져 있지만, 그것을 느낀다는 것은 그 참된 자신에게서 멀어지기 시작했다는 신호입니다. 따라서 중심에서 멀어지고 있으나 균형을 잡기 위해 중심으로 돌아가야 한다는 경고이기도 합니다.

자전거에서 균형을 잡을 수 있는 단 한 가지 방법은 제때에 왼쪽 또는 오른쪽으로 방향을 바꾸는 것입니다. 왼쪽으로 가고 있으면 오른쪽으로 방향을 바꾸어서 중심을 잡고 다시 왼쪽으로 바꾸었다가 다시 오른쪽으로 방향을 바꾸어야 합니다. 이렇게 좌우로 방향을 바꾸어야 균형을 잡을 수 있습니다. 자전거 손잡이를 오른쪽으로만 틀면 자전거가 어떻게 될까요? 그렇게 했다가는 균형을 잡을 수 없어 넘어지고 맙니다. 마찬가지로 어떤 감정을 억누르고 나머지 감정만 표출하다 보면 감정의 균형이 깨어집니다. 자전거 손잡이를 좌우로 움직이듯 모든 감정을 다 느껴야 균형을 이룰 수 있는 것입니다. 그러므로 자전거 타는 것과 같이 우리는 항상 긍정적인 감정만 가지고 살 수는 없습니다. 하지만 억압된 부정적인 감정을 발산할 줄만 알면 언제든 다시 참된 자기 자신으로 돌아올 수 있습니다. 이처럼 정신적으로 깊이 있고 풍요로운 삶을 살고자 한다면 자신이 가지고 있는 모든 감정을 제대로 느낄 줄 알아야 합니다. 그래야 사소한 일에도 큰 기쁨을 느낄 수 있습니다.

가장 어렸을 때 버림받은 적이 있다면 다 자란 후에도 그때의 고통이 마음속에서 사라지지 않습니다. 그래서 누군가가 자신을 외면하거나 무시하면 과거의 고통이 더해지면서 감정이 더욱 격렬해집니다. 이럴 때 감정을 다스리는 가장 좋은 방법은 현재의 감정을 과거의 감정과 연결지어 생각하는 것입니다. 과거로 돌아가서 그때의 감정을 되살려 해소해야 현재의 감정을 다스릴 수 있습니다. 과거의 감정을 다스리는 것이 현재의 감정을 다스리는 것보다 훨씬 더 쉽습니다. 앞으로 어떤 일이 벌어질지 모를 때 우리는 두려워집니다. 하지만 과거에 두려웠던 때를 회상해 보면 이미 우리는 그 두려움 후에 어떤 일이 일어났는지를 잘 알고 있습니다. 비록 과거에는 감정을 해소할 수 있도록 주위에서 도움을 받지 못했지만 지금은 그런 도움을 받았다고 상상만 하면 됩니다. 이렇게 과거에 입었던 감정의 상처는 쉽게 치유할 수 있습니다.

이처럼 가족 내에서 감정을 제한하는 것은 다음과 같은 말로 표현되곤 합니다. “남자는 울지 않아야 돼.”, “너는 아무렇지도 않아.”, “너는 슬프지 않아, 행복해.” 또한 말로 하지는 않지만 감정 표현을 제한하는 무언의 메시지가 있습니다. 예를 들어 불쾌한 감정이 표현되었을 때 강한 거부 표시를 보여줄 수 있습니다. 받아들이기 어려운 감정 표현은 무시되기 때문에 이런 감정은 이 가정에서는 허락되지 않는다는 사실이 전달됩니다.

이런 메시지를 여러 번 전달받은 후에 아이는 다음과 같은 강력하게 파괴적인 생각을 갖게 됩니다. ‘나의 감정은 중요하지 않아. 나의 감정은 아무런 상관이 없어. 나는 고통을 느낄 권리가 없어. 나는 느낄 권리조차도 없어.’

네 살짜리 아이가 운동장에서 넘어져서 울고 있었습니다. 옆에 있던 아버지가 엄하게 말하였습니다. “울지 마, 울어도 소용 없어.”

아이의 감정을 인정하는 말들은 다음과 같습니다.

- "울고 있구나. 다쳐서 정말 안됐다. 어디가 아프니?"
- "화가 많이 나 있는 것 같구나. 왜 화가 났는지 말해 주겠니?"

당신 가정이 어떤 가정이었는지 자기 스스로에게 질문을 던질 때 당신은 벽에 부딪힐지도 모릅니다. 그 벽은 당신의 가정을 비판적으로 생각하기 싫은 내부의 저항이라고 생각합니다. 당신은 가정의 비밀을 드러내는 것을 죄책감으로 느낄지도 모릅니다. 그러나 모든 가정은 장점과 함께 단점을 지니고 있습니다. 가장 바람직한 가정들조차도 문제를 안고 있습니다. 다행히 최악의 가정에도 치유의 가능성은 있습니다. 그러므로 정서적, 영적 치유를 경험하기 위해서 당신은 가정의 부끄러운 일을 말해서는 안 된다는 규칙을 깨뜨려야 합니다. 당신의 고통스러운 과거를 언급한다는 것은 쉬운 일이 아닙니다. 어쩌면 가족을 배반하고 있다고 느낄지도 모릅니다. 그러나 당신이 경험한 정서적인 고통에 대해 말하는 것은 가족을 배반하는 것이 아닙니다. 그것은 당신이 하나님이 원하시는 온전하고 활기찬 사람이 되는 것을 의미합니다. 당신은 고통스러운 어린 시절에 직면하면서 동시에 부모님을 공경할 수 있습니다. 당신은 과거를 있는 그대로 인정하면서 여전히 계속적으로 가족들과의 관계를 유지할 수 있습니다.

4. 활 동

1) 심리 놀이를 한다-손의 대화

① 참여자들로 하여금 둥글게 앉은 상태에서 함께 손을 잡게 한다. 즉 전체 참여자들에게 자신의 좌우 사람들과 손을 잡게 한다. 손을 잡은 상태에서 각자 자신의 좌우 참여자의 얼굴을 보게 한다. 그리고 서로 얼굴을 마주 본 참여자들이 서로에게 해 주고 싶은 말을 생각하게 한다. 이제 그 말을 말로써가 아니라 손동작으로써 해 주도록 한다. 먼저 자신의 오른쪽 사람에게 하도록 한다. 손가락을 적절히 움직여서 자신의 메시지를 전해 보도록 한다. 오른쪽 사람에게 다했으면 이젠 왼쪽 사람에게 하게 한다.

② 각자 옆의 사람에게 메시지를 전달하는 사이에 자신의 옆 사람으로부터 자기에게 무언가 손동작으로 메시지가 전달되어 올 것이다. 즉 왼쪽 참여자가 메시지를 보내올 것이다. 이때 참여자가 그 메시지에 추가적인 손동작 메시지를 보내게 한다. 그러면 서로 간에 손의 대화가 이루어질 것이다. 마찬가지로 자신의 오른쪽 사람이 보내는 메시지에 대해서도 답하고 대화를 나누도록 한다.

③ 일정한 시간이 지난 후에 손의 대화를 멈추게 하고 손의 대화를 가진 느낌을 발표해 보도록 한다.

2) 활동지❻을 나누어 준 후 기록하게 한다.

[활동지❻] 어린 시절 가정에서의 감정 표현

1. 부모님이 지배적(통제적)인 편입니까? (아니면 집안에서 다른 누가 그렇습니까?)
2. 부/모와의 관계는 어떠했나요? 긴장되고, 딱딱하고, 재미 없었나요?
3. 어린 시절 양육자로부터 받아들여졌던 감정에 동그라미를 치십시오.

소외감	행복감	분노	호기심	평안	외로움
이질감	슬픔	두려움	수치심	죄책감	어리석음

4. 감정을 표현하는 것에 대하여 당신의 가정이 가지고 있던 불문율을 다시 한 번 생각해 보십시오. 당신이 자라 온 가정에서는 어떤 감정이 허락되었습니까? 어떤 감정이 허락되지 않았습니까? 지금은 이런 감정을 어떻게 처리하고 있습니까?

허락된 감정	금지된 감정	지금은 어떻게 처리하고 있습니까?

3) 기록한 내용을 발표한다. 발표를 한 후 자신에 대해 느낀 점을 이야기 해 본다.

5. 토의 및 평가

이 회기의 활동이 끝나면 전체 집단으로 모여 앉아 활동 이전과 과정 그리고 끝난 후와 관련지어 자신의 느낌이나 생각 또는 참여자들에게 하고 싶은 말을 하게 한다.

어느 정도 평가가 이루어졌다고 판단될 때 지도자는 이 회기의 학습 과정을 요약하고 다음 시간을 예고한 후 학습을 마친다.

제8회 마음속에 느끼는 하나님 이미지

1. 목 표

자신에게 형성된 하나님 이미지를 통하여 초기 양육자와의 관계에서 가지게 된 자기 표상과 타인 표상을 자각한다.

2. 준비물

A4 용지, 크레파스, 필기도구

3. 강 의

우리 모두는 하나님을 바라보는 두 가지 방법을 가지고 있습니다. 하나는 우리가 배운 하나님에 대한 신학적이고 이성적인 개념입니다. 또 다른 하나는 하나님에 대한 정서적 혹은 마음속의 개념입니다. 하나님에 대한 우리 마음속의 개념은 부모나 다른 권위 있는 중요한 타인의 인격을 반영하고 있을 수 있습니다.

토저(A. W. Tozer)는 이렇게 말했습니다. “인간은 대개 육신의 어머니와 아버지로부터 받는 느낌을 토대로 하나님 아버지에 대한 느낌과 인식을 발전시킨다. 이러한 느낌은 마음속에서 정리가 되지 않은 채 혼란을 일으킨다. 그러나 모순된 느낌과 죄책감은 절대로 하나님의 목소리가 아니다. 우리에게 부담을 주는 내적인 음성은 과거에 입력된 아버지, 어머니, 형제, 자매 아니면 우리에게 적잖은 영향을 미친 다른 사람의 목소리이다."

『기억을 통한 정신치료』의 저자인 시맨즈(David A. Seamands)는 이런 하나님에 대한 서로 다른 개념들에 대해 토론하고 있습니다. 여기에서 가장 결정적인 역할을 하는 요소는 하나님이 어떤 분이시며, 그분이 어떤 분이시냐 하는 우리의 '느낌'이라 할 수 있습니다. 순수한 신앙인 가운데 많은 사람들이 하나님에 대한 자신의 생각과 하나님에 대해 느끼는 것 그리고 하나님께서 자신을 어떻게 보시는가 하는 것 사이에서 생겨나는 갈등으로 고민하고 있다는 것은 정말 놀라운 일이 아닐 수 없습니다. 머릿속에 든 신학은 뛰어난 지식이지만 내면에서 느끼는 것(기도할 때 느끼는 것)은 아주 형편없는 경우가 많습니다. 이것이 많은 신앙인들에게 여러 가지 정신적인 문제를 가져오는 근원이 되고 있으며, 기억을 통한 치유가 필요한지를 가르쳐 주는 중요한 지표가 되어 줍니다. 여러 해 동안의 경험을 볼 때 아무리 교리적으로 유식한 사람이라 하더라도 하나님께서 선하시며 은혜로우시다는 것을 느낄 수 없고, 마음속에 영상으로 간직하지 않은 사람이라면 그들의 생활 속에 영적인 승리가 지속되어 갈 수 없다는 것을 알게 됩니다.

리주토는 여러 번 내담자에게 그들의 하나님에 대한 개념을 그려 보도록 하였습니다. 어떤 사람들은 '하나님은 위대한 분이시고 우리를 지켜보시는 분'이라는 개념으로 수염이 없는 하나님을 그렸습니다. 다른 환자들은 하나님이 내 안에 계신다는 것은 알겠지만 그것이 어떤 것인지는 모르겠기에 내 안을 살펴보아야 할 것 같은 분으로 '거울 속의 신'을 그렸습니다. 또 다른 사람은 하나님은 매우 지혜로우며 인간에 대한 인간의 비인간성을 슬퍼하시는 분이라고 하였습니다. 또한 인내심이 많으시고 인류의 고통에 대하여 민감하다라는 개념으로 '불가사의한 신'을 그렸습니다.

이와 같이 여러분이 마음속에 느끼는 하나님은 어떤 모습입니까? 저는 여기서 이성적으로, 신학적으로 생각하고 있는 하나님에 대해서 말하고 있는 것이 아니라, 여러분의 감정과 마음으로 느끼고 있는 하나님의 모습을 말하고 있는 것입니다.

양육자와의 관계에서 자녀들이 가지고 있는 하나님에 대한 모습은 부모와의 모습과 거의 동등할 수 있습니다. 만약 여러분의 부모가 완벽주의자였고 결코 기쁘게 해 줄 수 없는 사람이었다면 여러분은 하나님도 결코 기쁘게 해 드릴 수 없는 분이라고 생각할지도 모릅니다. 만약 부모님이 가혹한 사람이었다면 여러분은 하나님도 가혹한 분이라고 생각할지도 모릅니다.

4. 활 동

1) 심리 게임—명상 시간(명상을 할 수 있는 잔잔한 음악을 준비한다)

"자! 다 같이 눈을 감고 편안한 자세를 취해 봅니다. 온몸에 힘을 빼고 가장 편안한 자세를 취해 봅니다. 편안한 상태에서 천천히 크게 숨을 들이마셨다가 천천히 내쉽니다. 다시 한 번 천천히 크게 들이마셨다가 천천히 내쉽니다. 그러면서 온몸에 있는 긴장을 하나씩 풀어 줍니다. 머리, 어깨, 그리고 팔, 손, 손가락에 숨을 크게 들이마셔서 숨을 보내 줍니다."

2) 내 마음속에 느끼는 하나님에 대해서 묵상을 한다(이때 잔잔한 음악을 틀어 주고, 그러면서 하나님에 대해서 묵상할 수 있는 충분한 시간을 준다).

"내 마음속에 느끼는 하나님 이미지는 어떤 것입니까? 잠시 동안 내 마음속에 느끼는 하나님에 대해서 느껴 보십시오. 이때 여러분의 마음에 느낀 감동을 감지하십시오. 그 느낌을 잡으려고 하지 마시고 그냥 내버려두십시오. 지금 우리가 말하는 하나님 이미지는 이성적인 하나님이 아닙니다. 신학적인 하나님의 개념이 아닙니다. 교회에서 목사님이나 선생님들에게 배워 온 하나님이 아닙니다. 우리들이 원하는 것은 정서적인 하나님 이미지입니다. 내 마음속에 느끼는 하나님입니다. 내가 직접 체험한 하나님 이미지입니다. 그분을 마음속에 느껴 보십시오."

3) 내 마음속에 느끼는 하나님 이미지를 그림으로 표현하게 한다.
(지도자가 보기에 어느 정도 명상이 된 것 같으면 A4 용지, 크레파스, 필기도구를 참여자들에게 나누어 준다.)

"당신의 마음속에 느끼고 있는 하나님은 어떤 분이십니까? 자신이 체험하고 느끼는 하나님에 대한 이미지를 그림으로 그려 보십시오. 그림을 그리고 난 후 여백에는 자신이 느끼는 하나님에 대한 이미지를 기록해 보십시오."

4) 그림으로 나타낸 자신의 하나님 이미지에 대해서 이야기한다.

이때 발표하는 참여자는 '내 마음속에 느끼는 하나님 이미지'를 그린 그림을 벽에 붙여 놓은 '내 마음속에 느끼는 나의 이미지' 그림과 '내 마음속에 느끼는 부모님 이미지' 그림과 함께 설명한다. 그리고 이 세 가지 그림을 보면서 이와 관련된 이미지와 자신의 생각과 느낌을 이야기하게 한다(이때 지도자는 3개의 그림을 보면서 참여자가 이야기하는 것을 잘 경청하고 그 가운데서 일치하는 부분에 대해 잘 감지하여 그 참여자와 함께 이야기하는 시간을 갖는다).

5) 이를 통해 자신이나 참여자에 대해 느낀 점을 이야기해 본다.

5. 토의 및 평가

이 회기의 활동이 끝나면 전체 집단으로 모여 앉아 활동 이전과 과정 그리고 끝난 이후와 관련지어 자신의 느낌이나 생각 또는 참여자들에게 하고 싶은 말을 하게 한다.

어느 정도 평가가 이루어졌다고 판단될 때 지도자는 이 회기의 학습 과정을 요약하고 다음 시간을 예고한 후 학습을 마친다.

제9회 왜곡된 하나님 이미지

1. 목 표

역할극을 통해서 하나님에 대한 왜곡들을 검토한다.

2. 강 의

우리 대부분은 하나님에 관해서 왜곡된 견해를 지니고 있습니다. 비록 신속하게 인정하지는 않더라도, 우리는 하나님이 우리를 학대하거나 돌보지 않던 부모들이나 의미 있는 다른 사람들과 같다고 믿을 수도 있습니다. 우리는 하나님이 우리들의 기분에는 개의치 않고 잔인하며 우리를 심판할 준비를 하고 있다고 믿을지도 모릅니다. 우리는 하나님이 우리의 삶 전체를 심판하실 것이라고 겁을 냈을지도 모릅니다. 부모들이 우리 마음속에 심어 놓은 왜곡된 이미지들이 하나님에 대한 이미지를 직접적으로 형성합니다. 우리는 하나님이 부모들처럼 우리를 지켜보고 있다고 느끼면서 성장합니다. 따라서 우리는 왜곡된 시선을 통해 우리 자신과 하나님을 바라보면서 성장합니다.

많은 사람들이 자신들의 의지와 삶을 하나님께 맡기는 것을 어렵게 생각합니다. 이는 그들이 어려서 형성된 왜곡을 통해서 하나님을 바라보기 때문입니다. 회복에 이르는 주요 열쇠는 하나님을 신뢰하는 것이지만 그것은 하나님은 처벌하시고, 신뢰할 수 없고, 또 심판을 하시는 분으로 믿는 사람들에게는 쉬운 일이 아닙니다.

우리 가운데 일부는 종교적 배경에 따라서 하나님을 두려워해야 할 권위자로 교육받았을지도 모릅니다. 우리는 결코 하나님을 사랑스러운 분으로 알지 못했습니다. 우리는 어렸을 때 잘못을 저지르는 것을 아주 불안해하고 또 두려워했습니다. 어른들은 우리의 어린이다운 행동을 통제하려고 하나님이 내리시는 심판을 위협으로 활용했습니다. 하나님께서 노여워할 것에 대한 두려움은 우리에게 죄책감과 수치심을 증폭시켰습니다. 우리는 성인이 되어서도 계속해서 권위를 가진 사람들을 두려워하고 또 간단한 잘못에 대해서도 죄책감과 수치심에 종종 압도당하기도 합니다.

하나님이 우리와 함께하신다는 확신에도 불구하고 두려움이 찾아들 때 우리는 그분의 임재를 의심합니다. 자신들의 문제들을 해결하고, 또 더 높은 능력과 접촉하는 이들까지도 의심의 순간들을 경험합니다. 이처럼 우리가 양육받은 조건들이 이따금씩 우리로 하여금 하나님을 신뢰하지 못하게 만들기도 했습니다. 우리의 기도가 응답받지 못했을 수도 있고, 그 때문에 우리는 사랑스러운 하나님이 어떻게 그토록 우리에게 잔인할 수 있는가 하고 생각하기도 하였습니다.

3. 활 동

심리 게임—"도와주세요! 쓰러지고 있어요!"

1) 역할극을 한다.

어린아이가 거짓말을 하거나 다른 잘못된 행동을 하다가 붙들린 상황을 역할극으로 할 수 있도록 세 사람을 정한다. 역할극을 하는 사람들은 어린이, 아버지, 그리고 어머니가 되어야 한다. 그 상황 속에서 부모들은 하나님을 왜곡할 수 있는 행동들을 해야 한다. 가령 아버지는 지나치게 잔인하거나 체벌적이고, 어머니는 하나님의 분노와 심판을 들먹이며 아이를 위협할 수 있다. (이때 역할극의 참여자들이 보다 실감적으로 할 수 있도록, 부모들은 형제자매 앞에서 부끄러움을 주거나 목사에게 데려갈 수도 있다. 모임이나 상상에 이르기까지 사람들의 실제 경험을 사용할 수는 있지만, 역할극이 지나치게 현실적이 되거나 억압적이 되지 않도록 유머도 약간씩 추가하는 것을 잊어서는 안 된다.)

2) 자신이 느끼는 하나님과의 개인적인 관계를 소개한다.

3) 이 문제를 토론하고 하나님의 왜곡된 모습을 극복할 수 있는 방법들에 관해서 브레인스토밍을 하는 시간을 갖는다.

4. 토의 및 평가

이 회기의 활동이 끝나면 전체 집단으로 모여 앉아 활동 이전과 과정 그리고 끝난 이후와 관련지어 자신의 느낌이나 생각 또는 참여자들에게 하고 싶은 말을 하게 한다.

어느 정도 평가가 이루어졌다고 판단될 때 지도자는 이 회기의 학습 과정을 요약하고 다음 시간을 예고한 후 학습을 마친다.

제10회 새로운 하나님 이미지 형성

1. 목 표

중요한 타자로서 하나님의 사랑과 수용하심의 경험을 통하여 새로이 내면화된 작용모델을 형성한다.

2. 준비물

활동지, 필기도구, 동영상

3. 강 의

우리는 앞에서 하나님에 대한 나의 관념이 초기 양육자에 대한 관념과 매우 밀접하게 연관되어 있음을 발견하였습니다. 내 부모님은 나쁜 사람이 아니었습니다. 사실 그분은 하나님을 깊이 사랑했고 나를 깊이 사랑했습니다. 그러나 부모님의 삶 속에서 해결되지 않은 몇 가지 정서적인 문제들로 인하여 부모님은 나의 가치에 대해 혼란스러운 메시지를 전달해 주었습니다. 어떤 경우에 부모님은 나를 크게 칭찬했으며 내가 무엇이든 될 수 있다고 말해 주었습니다. 그래서 나는 부모님을 기쁘게 해 드려야 한다고 생각했지만 지금 생각해 보면 그것은 불가능한 일이었습니다. 어쨌든 나는 하나님을 절대로 기쁘게 해 드릴 수 없는 어떤 분이라고 생각하게 되었습니다.

신학교에 다니면서 나는 하나님은 사랑이시며 용납하시고 용서하시는 분이라고 배우게 되었습니다. 그러나 나는 마음속으로 그것을 느끼지 못했습니다. 왜냐하면 나는 부모님의 경험을 통하여 하나님을 바라보았기 때문입니다. 나는 수치심을 느꼈고 무언가 잘못되었다는 느낌을 갖게 되었습니다.

부모님이 여러분을 실망시킬 때 여러분은 부모를 신뢰하기 어렵게 됩니다. 사실 여러분은 신뢰하는 법을 잊어버릴 수도 있습니다. 처음에 어린 자녀들은 신뢰하는 법을 알고 있습니다. 그러나 상처를 받을 때 그들은 다음과 같이 말합니다. “나는 더 이상 신뢰하지 않겠어. 그것은 너무나 괴로운 일이야.” 누군가를 신뢰하고 상처를 받는 것보다 더 괴로운 일은 없습니다.

여러분이 사람을 신뢰하는 데 어려움을 겪고 있다면 하나님께 순종하는 데도 어려움을 겪을 것입니다. 다시 한 번 하나님이 어떤 분이신지 생각해 보십시오. 그분은 사랑이시며 용서하시고 수용하시는 분이십니다. 그렇기 때문에 바울은 다음과 같이 말했습니다. "그러므로 이제 그리스도 예수 안에 있는 자에게는 결코 정죄함이 없나니"(로마서 8장 1절).

우리들이 하나님을 신뢰하고 바르게 이해하는 것을 배우는 것은 우리의 자존감을 크게 향상시킬 것입니다. 우리는 더 이상 직접 우리의 짐을 짊어질 필요를 느끼지 않을 것입니다. 우리의 과거가 주는 고통은 대부분은 완전히 혼자라고 느끼는 데서 비롯됩니다. 하나님과의 개인적인 만남을 통해서 우리의 자존감은 개선되고, 우리가 가치 있는 인간임을 인식하기 시작할 것입니다.

종교를 가지지 않는 사람도 자신보다 강력한 어떤 존재가 있다는 생각은 가지고 있을 것입니다. 이 강력한 존재는 기독교에서는 중요한 타자로서의 하나님을 의미합니다. 중요한 타자로서의 하나님을 만나고 나면 자신은 결코 홀로 버려진 존재가 아니며 언제든 도움 받을 수 있는 것을 알게 됩니다. 그리고 소망이 이루어지게 해 달라고 기도하면서 모든 일은 바로 나 자신을 위해 벌어진다는 것도 알게 됩니다.

우리는 지금껏 이런 사실을 잊고 지내 왔습니다. 하루를 시작하면서 계획을 세우고, 이 세상이 나의 소망에 응답해 준다는 사실을 깨닫고 나면 우리는 더 큰 성공에 대한 자신감을 얻게 됩니다. 그리고 그것을 위해 자신을 지나치게 몰아붙일 필요가 없다는 것도 알게 됩니다.

중요한 타자로서 하나님을 의지할 수 있다는 사실을 모를 때 우리는 혼자서 모든 책임을 떠맡아야 하는 힘들고 고통스러운 길을 택하게 됩니다. 수많은 위대한 작가나 시인, 발명가, 지도자들은 보통 사람들에 비해 힘들게 살지만 겸손을 배우고 마음을 비워 하나님을 의지했습니다. 하지만 참된 행복을 위한 방법을 배우고 나면 그런 위인들처럼 힘들게 살지 않고도 얼마든지 원하는 것을 얻을 수 있습니다. 이제 참된 자기 자신으로 돌아가 건강한 삶을 살려면 중요한 타자인 하나님으로부터 사랑과 수용하심을 받는 것을 깨달아야 합니다. 하나님에게 의지한다는 것은 모든 일을 자기 혼자 하지 않아도 된다는 것을 안다는 뜻입니다.

하나님은 항상 우리 곁에 있습니다. 우리가 마음만 열면 언제든지 하나님을 만날 수 있습니다. 우리가 손끝으로 이 세상 만물을 느낄 수 있는 것처럼 마음으로 하나님을 느낄 수가 있습니다. 시스티나 성당에 그려진 미켈란젤로의 「천지창조」에는 인간이 손을 뻗어 하나님과 만나는 장면이 그려져 있습니다. 우리도 이 그림처럼 손끝으로 하나님을 만날 수 있습니다. 도움이 필요할 때는 언제든 손을 내밀어 거룩한 힘을 받아들이면 됩니다. 이 거룩한 힘은 우리 안의 능력을 찾아내 발휘하도록 도와줍니다. 그런데 모든 것을 하나님에게 맡겨 버리면 원래 자신에게 있던 힘을 잃어버려 손끝으로 힘을 끌어들일 수가 없습니다. 중요한 타자로서의 하나님은 늘 우리 곁에 있습니다. 문제는 우리가 이 힘을 자기 안으로 끌어들일 수 있느냐 없느냐에 달려 있습니다.

규칙적인 묵상과 기도를 하면 하나님과 이어져 있는 참된 자신을 되찾을 수 있습니다. 우리의 참된 자신은 이미 오래전부터 하나님과 만나고 있습니다. 그런데 그 만남을 직접 체험하려면 먼저 그 만남에 대해서 알아야 합니다. 그러면 이제부터 그 '하나님과의 만남'에 대해서 알아보도록 합시다. 이제 어떤 사람이 여러분에게 보여준 하나님이 아니라 진정한 하나님의 참 모습을 바라보십시오.

4. 활 동

▶ 시작하기 전에 모두가 묵도로써 마음을 정리합니다. 이때 마음을 모으고, 이 모임을 통하여 하나님의 사랑과 용납하심을 깨달을 수 있도록 도와달라고 간절히 기도하시기 바랍니다.

1) "지난 시간에 자신이 그려 보았던 하나님의 모습에 대해서 생각해 보십시오."

2) 위와 같은 하나님의 생각에 대해서 생각해 보기 – 활동지를 나누어 준다(당신의 마음속에 느끼는 하나님은 어떤 분이신가?).

(이때 지도자가 판단할 때에 참여자들이 어느 정도 묵상이 되었다고 생각하면 다음과 같은 이야기를 한다.)

"여러분이 하나님에 대해서 이렇게 생각하였을 때에 여러분에게 어떤 도움이 되었는지에 대해서 생각해 보십시오." (잠시 생각할 수 있는 시간을 준다. 할 수 있으면 참여자 모두 눈을 감는 것이 좋다. 눈을 감으면 자기만의 공간을 가질 수 있고 또한 좀 더 깊이 생각할 수 있기 때문이다.) "자! 이제 하나님에 대해서 위와 같이 생각했을 때 나 자신에게 어떤 도움이 되었는지에 대해서 이야기해 보도록 합시다."

▶ 위와 같이 하나님에 대한 왜곡된 개념을 가지고 있었을 때 마음속에 느끼는 부담감과 두려움들을 서로 나눔으로써 잘못된 하나님의 개념들을 바꾸어 크신 하나님께서 나를 사랑하시고 용납하시는 사랑의 하나님이라는 올바른 개념을 갖게 하여 하나님을 의지하도록 한다.

3) 하나님의 성품에 관한 성경 구절을 함께 묵상하며 나눈다.
(지도자는 활동지❼을 나누어 준다.)

"이 활동지에서 여러분은 성경에서 인용한 몇 구절을 찾을 수 있습니다. 우리는 잠시 하나님을 생각하며 하나님의 말씀이 우리 마음속에 속삭이는 바에 대해 묵상하는 시간을 가지려고 합니다. 혼자서 천천히 성경 구절을 읽으십시오. 하나님이 여러분 각자에게 직접 건네시는 말씀을 들으려고 노력하십시오. 성경을 통해서 하나님이 여러분의 마음속에서 하시는 말씀에 주파수를 맞추십시오(성경은 하나님이 주신 말씀이다. 그러므로 성경이 가장 하나님이 어떤 분이신지 잘 나타내고 있다. 그러므로 하나님이 주신 성경 말씀을 통해 하나님을 가장 잘 알 수 있다. 또한 이 성경 말씀을 우리들이 묵상할 때에 이 말씀을 통하여 성령님이 하나님에 대한 올바른 생각을 깨닫게 하신다고 우리 기독교에서는 믿는다. 그래서 하나님에 관한 올바른 개념을 성경 말씀을 묵상함으로써 깨닫게 하고자 한다. 성령님의 역사하심을 기도하면서). 말씀을 읽기 전에 잠시 묵상하고 읽읍시다."

(묵상할 수 있는 시간을 잠시 준다. 이 말씀을 통해 하나님에 대한 성경적 개념을 가질 수 있도록 기도한다.)

[활동지❼] 성경에 나타난 하나님의 성품

다음 성경 구절을 읽으십시오. 읽으면서 하나님의 성품에 대해서 말하고 있는 단어에 동그라미를 치십시오.

"여호와로라 여호와로라 자비롭고 은혜롭고 노하기를 더디 하고 인자와 진실이 많은 하나님이로라"(출애굽기 34장 6절).

"오직 주는 사유하시는 하나님이시라 은혜로우시며 긍휼히 여기시며 더디 노하시며 인자가 풍부하시므로 저희를 버리지 아니하셨나이다"(느헤미야 9장 17절).

"주는 긍휼히 여기시며 은혜를 베푸시며 노하기를 더디 하시며 인자와 진실이 풍성하신 하나님이시오니"(시편 86장 15절).

"너의 하나님 여호와가 너의 가운데 계시니 그는 구원을 베푸실 전능자시라 그가 너로 인하여 기쁨을 이기지 못하여 하시며 너를 잠잠히 사랑하시며 너로 인하여 즐거이 부르며 기뻐하시리라 하리라"(스바냐 3장 17절).

"소망이 부끄럽게 아니 함은 우리에게 주신 성령으로 말미암아 하나님의 사랑이 우리 마음에 부은 바 됨이니"(로마서 5장 5절).

"우리가 아직 죄인 되었을 때에 그리스도께서 우리를 위하여 죽으심으로 하나님께서 우리에게 대한 자기의 사랑을 확증하셨느니라"(로마서 5장 8절).

"높음이나 깊음이나 다른 아무 피조물이라도 우리를 우리 주 그리스도 예수 안에 있는 하나님의 사랑에서 끊을 수 없느니라"(로마서 8장 39절).

"보라 아버지께서 어떠한 사랑을 우리에게 주사 하나님의 자녀라 일컬음을 얻게 하셨는고, 우리가 그러하도다 그러므로 세상이 우리를 알지 못함은 그를 알지 못함이니라"(요한일서 3장 1절)

"하나님은 사랑이심이라"(요한일서 4장 8절).

4) 하나님에 대해서 묵상하며 기도하기

(이때 자세는 편안하게 앉거나 눕는 것이 좋다. 5분 정도는 하나님에 대한 묵상 이외의 일에는 전혀 신경 쓰지 않도록 해야 한다. 마음이 편안해지는 음악을 틀어 놓는 것도 좋은 방법인데, 개인의 취향에 따라 틀지 않아도

상관없다. 이렇게 주변 환경이 정리되면 두 눈을 감고 양손은 어깨 높이 정도로 불편하지 않을 만큼 올린다.) 이제 여러분이 읽은 성경 말씀에 기초한 하나님의 모습에 대해서 조용히 머리에 떠올려 보십시오. 그리고 묵상해 보십시오(잠시 시간을 준다). 이제 여러분의 하나님은 누구입니까?

5) 내가 느낀 하나님에 대해서 활동지❽에 기록한다.

[활동지❽] 성경 말씀에 기초한 하나님의 모습

이제 당신이 읽은 성경 말씀에 기초한 하나님의 모습에 대해서 적어 보십시오.

Q : 당신의 마음속에 느끼고 있는 하나님은 어떤 분이신가요?

....

....

....

....

....

....

....

....

....

....

6) 자신이 느낀 하나님에 대해서 서로 이야기하게 한다(하나님에 대해서 한 사람이 이야기하였을 때 지도자는 이렇게 생각하니 마음이 어떤지 물어본다. 이렇게 하여 전체 참여자가 참여할 수 있도록 한다).

7) 잠깐 멈추어서 그분의 참모습을 체험할 수 있도록 도와 달라고 기도하십시오. 지금부터 24시간 내에 하나님의 사랑을 더욱 분명히 알 수 있게

해 달라고 기도하십시오.

8) 여러분이 말씀 묵상과 기도를 통하여 알고 깨달은 여러분의 하나님에 대해서 참여자들과 함께 나눕시다. 내가 깨달은 하나님을 참여자들과 함께 나눌 때에 우리 모두에게 많은 도움이 될 것입니다. (이때 자유롭게 발표할 수 있도록 한다. 발표하기를 어려워하는 참여자들에게는 부담을 주지 않도록 배려를 한다.)

▶ 1분이나 2분 정도 동안 하나님의 성품에 대해서 곰곰이 생각해 보라. 하나님의 성품 중 어떠한 면이 당신을 보호하고, 당신에게 큰 평안을 준다고 생각되는가?

9) 참여자 간에 서로 사랑을 느끼며 사랑을 베푼다.

(모든 참여자가 함께 일어서서 눈을 감은 채 아무런 말 없이 서로를 안아 주면서 사랑을 전하며 사랑을 느껴 보는 시간을 가진다. 이때 조용한 음악을 준비하는 것이 더 효과적이다.)

5. 토의 및 평가

이 회기의 활동이 끝나면 전체 집단으로 모여 앉아 활동 이전과 과정 그리고 끝난 후와 관련지어 자신의 느낌이나 생각 또는 참여자들에게 하고 싶은 말을 하게 한다.

어느 정도 평가가 이루어졌다고 판단될 때 지도자는 이 회기의 학습 과정을 요약하고 다음 시간을 예고한 후 학습을 마친다.

제11회 마음 전하기

1. 목 표

지금까지의 집단상담 과정에서 자신의 변화된 모습을 바라보고, 참여자들에게 자신의 감정을 전달하고 지금까지의 학습 경험을 나눈다.

2. 준비물

활동지, 필기도구

3. 강 의

우리가 다른 사람에게 우리의 이야기를 할 경우, 그 사람에게 단지 듣고만 있는 것 그 이상을 기대할 수 있습니다. 우리는 다른 사람의 반응에 귀 기울일 준비가 되어 있어야 합니다. 상호 간의 변화는 다른 사람의 관점에 대해서 열린 마음을 가지고 기꺼이 귀 기울이면 유용하고 생산적이 될 수 있습니다. 이것은 우리 자신들에 대한 자각을 확대하고 우리에게 변화와 성장의 기회를 제공합니다. 피드백, 곧 응답은 자신을 드러내는 과정을 완성하는 도구로서 우리에게 중요합니다. 관심과 이해의 방식으로 제기된 질문들은 우리가 인식하지 못하는 통찰들과 감정들을 드러낼 수 있습니다. 이 방식으로 우리가 살아가는 이야기를 나누는 것은 삶 가운데 가장 중요한 상호작용이 될 수 있습니다.

우리는 가끔 자신의 긍정적인 면 또는 장점이 많이 있는데도 불구하고 그것을 잘 모르고 자기를 필요 이상으로 낮게 생각하여 발전적 또는 긍정적으로 살아가지 못할 때가 있습니다. 그런 경우에 만약 우리가 자신의 장점이나 긍정적인 면들을 발견하여 그것을 더욱 발전시킬 수 있다면 자아실현에 한 걸음 더 나아갈 수 있게 될 것입니다.

우리가 우리의 장점이 상대편에 의해서 지적받게 되면 기분이 좋아지게 될 뿐만 아니라 그 장점이나 긍정적인 면들을 더욱 발전시킬 수 있게 되며, 또한 '우리가 사람들에게 줄 수 있는 가장 큰 선물 중 하나는 그의 장점과 긍정적인 소질들을 인정해 줄 수 있는 것'이라는 사실을 생각한다면 긍정적 피드백 활동에 큰 의미를 갖게 될 것입니다. 아울러 그렇게 된다면, 자신의 장점이나 긍정적인 면들에 더욱 관심을 기울이게 되고 긍정적인 자기존중감을 갖게 될 것입니다.

이 프로그램을 시작했을 때, 우리는 즉각적인 결과들을 기대했을지도 모릅니다. 우리는 어려서부터 좋아하는 일이 '즉시' 일어나지 않을 때 분노나 혼란을 느낀 기억이 있을 것입니다. 이 프로그램에서는 갑작스러운 변화는 정상이 아니라 예외적인 것입니다. 우리가 원하는 것은 성취하기 하기 위해서는 인내와 꾸준함이 필요합니다. 여러분의 회복과 성장은 여러분에게 가장 좋은 순간에 일어날 것입니다.

4. 활 동

1) 모든 참여자들이 둘러앉는다.

2) 활동지❾를 나누어 준다.

[활동지❾] 프로그램을 마치면서(경험보고서)

....

....

....

....

....

....

....

....

....

....

3) 경험보고서를 기록할 수 있는 충분한 시간을 준다.

4) 지도자가 판단하기에 경험보고서를 다 기록한 것으로 생각되면 그 경험보고서를 모든 참여자가 참여자들 앞에서 읽도록 한다.

5) 이 프로그램을 참여하는 동안에 새롭게 깨닫게 된 점이 있다면 무엇인지 이야기해 본다.

5. 토의 및 평가

프로그램에 참여한 자신의 소감문을 쓰도록 하고 이를 발표하도록 한다.

참고문헌

공병혜, 박순애(2009). 질적 연구 인터뷰에 대한 철학적 배경. 질적연구, 제10권 제2호.

권낙원, 민용성, 최미정(2008). 학교 교육과정 개발론 : 학교 교육 과정, 어떻게 이해하고 개발할 것인가. 서울: 학지사.

권석만(2012). 현대 심리치료와 상담이론. 서울: 학지사.

길양숙(2016). 타일러식 학부모 교육과정 개발의 문제. 예술인문사회융합멀티미디어논문지, 6권 3호. 인문사회과학기술융합학회.

김명렬 (2012). 의사결정론. 서울: 명경사.

김번영(2007). 이야기 치료와 상담. 서울: 솔로몬.

김영종(1988). 사회학개론. 서울: 형설출판사.

_______(2014). 사회복지 프로그램 개발과 평가. 서울: 학지사.

김영천(2013). 질적연구방법론 II. 파주: 아카데미프레스.

김용현, 김종표, 문종철, 이복희(2010). 평생교육 프로그램 개발론. 경기: 양서원.

김재휘, 박은아, 손영화, 우석봉, 유승엽, 이병관(2009). 광고심리학. 서울: 커뮤니케이션북스.

김진화(2001). 평생교육 프로그램 개발론. 서울: 교육과학사.

김진화, 정지웅(2000). 사회교육프로그램 개발의 이론과 실제. 서울: 교육과학사.

김진화, 김소현, 전은선(2012). 평생교육 프로그램 운영과 자료개발. 서울: 서현사.

김창대(1996). 집단상담 활동자료집 I. 대구: 계명대학교 학생생활연구소.

_______(2002). 청소년 집단상담 프로그램 개발과 평가. 청소년집단상담의 운영. 서울: 한국청소년상담원.

김창대, 김형수, 신을진, 이상희, 최한나(2015). 상담 및 심리교육 프로그램 개발과 평가. 서울: 학지사.

김한별, 박소연, 유기웅(2010). 평생학습을 위한 프로그램 개발 및 평가. 파주: 양서원.

노안영(2018). 상담심리학의 이론과 실제. 서울: 학지사.

문혁준, 서소정, 신혜원, 최혜영, 한유미, 박복매(2014). 영유아 프로그램 개발과 평가. 서울: 창지사.

박민수(2009). 이야기 상담의 과정과 실제. 서울: 시그마프레스.

_______(2016). 다음 세대를 품는 집단상담 수련회. 서울: 시그마프레스.

신용주(2017). 평생교육 프로그램 개발론. 서울: 학지사.

양병찬(2001). 평생교육사 실무가이드. 평생교육소식 2001 가을호. 한국교육개발원 평생교육센터.

유봉현(2001). 브레인스토밍 기법이 창의적 사고력 증진에 미치는 영향에 관한 실험연구. 연세대학교 대학원 박사학위논문.

윤옥한(2017). 평생교육 프로그램 개발: 이론과 실제. 파주: 양서원.

이경숙, 유태명(2016). 교사학습공동체 활동을 통한 가정과 교사의 성찰적 실천에 대한 실행 연구. 대한가정학회지, 56권 6호. 대한가정학회.

이와사키 타키하루(1994). 기획은 정보와 아이디어를 먹고 산다(김택근 역). 서울: 미디어북스.

이종승(2009). 교육·심리·사회 연구방법론. 서울: 교육과학사.

이형득(1992). 집단상담의 실제. 서울: 중앙적성출판사.

_______(2003). 집단상담. 서울: 중앙적성출판사.

이형득, 이상로, 김영환, 김성회, 설기문(1993). 상담이론. 서울: 교육과학사.

장원섭(2011). 인적자원 개발 이론과 실제. 서울: 학지사.

정유순(2010). 농촌 초등학생의 진로성숙도 향상을 위한 집단상담 프로그램 개발. 한국교원대학학교 교육대학원 석사학위 논문.

지은구(2006). 사회복지 프로그램 개발과 평가. 서울: 학지사.

지성애, 김영주, 엄정례, 조경서(2015). 영유아 프로그램 개발과 평가. 서울: 정민사.

최순영, 김수정(1998). 인간의 사회적 성격적 발달. 서울: 학지사.

최은수(2008). 평생교육경영론. 경기: 양서원.

형남출(2017). 청소년을 위한 학교기반 진로가치명료화 집단상담 프로그램 개발. 박사학위논문. 계명대학교.

Ayala, G. X., & Elder, J. P. (2001). Verbal Methods in Perceived Efficacy Work. CA: Sage Publications, Inc.

Boone, E. J. (1985). Developing Programs in Adult Education. New Jersey: Prentice-Hill, Inc., Englandwood Cliffs.

Burch, H. A. (2012). Basic Social Policy and Planning: Strategies and Practice Methods. New York: The

Corey, M., & Corey, G. (2008). 집단상담 : 과정과 실제(김진숙, 김창대, 박애선, 유동수, 전종국, 천성문 역). 서울: 시그마프레스. (원전은 2006년에 출간)

Dalkey, N., & Helmer, O. (1963). An experimental application of the Delphi method to the use of experts. Management Science, 9(3), 458-467.

Davidson, P. (2019). Delphi Method. from https://research.phoenix.edu/content/research-methodology-group

Hall, C. S., Lindzey, G., & Campbell, J. B. (1998). Theories of Personality. John Wiley & Sons Inc.

Heppner, P. Paul, Bruce E. Wampold, Jesse Owen, Mindi N. Thompson, & Kenneth T. Wang. (2017). 상담연구방법론(박현주, 김동민, 박성현, 서영석, 이동훈, 이희경 역). 서울: 센게이지러닝코리아. (원전은 2016년에 출간)

Kemmis, S., & McTaggart, R. (2005). Participatory Action Research: Communicative Action and The Public Sphere. Sage Publications Ltd.

Kreuter, M. W., & Green, L. W. (1978). Evaluation of school health education: Identifying purpose, keeping perspective. Journal of School Health, 48 (4), 228-235.

Murray, P. (2006). 교육과정 개발과 설계(강현석, 박영무, 박창언, 손충기, 이원희, 최호성 역). 서울: 교육과학사. (원전은 1993년에 출간)

Nicholls, A., & Nicholls, S. H. (2018). Developing a Curriculum: A Practical Guide. London: George Allen & Unwin.

Nichols, Michael P., & Schwartz, Richard. C. (2003). 가족치료 개념과 방법(김영애, 정문자, 송성자, 제석봉, 심혜숙, 김정택, 정석환, 김계현 역). 서울: 시그마프레스. (원전은 2001년에 출간)

Osborn, Alex F. (1993). Applied Imagination(3rd eds.). Buffalo, New York: Creative.Oliva, Peter F. (2014). 최신 교육과정 개발론(강현석, 이원희, 유제순, 신영수, 이윤복, 전호재 역). 서울 : 학지사. (원전은 2009년에 출간)

______________ (1999). 창의력 개발을 위한 교육(신세호 등 역). 서울: 교육과학사.

Parnes, Sidney J. (1961). Effects of Extended Effort in Creative Problem-solving, Journal of Educational Psychology, 52, 117-122.

_______________ (1967). Creative Behavior Guidebook. New York: Charles Scribners' Sons.

Rapp, C. A., & Poertner, J. (1992). Social Administration: A Client-Centered Approach. White Plains, NY: Longman.

Rossi, P. H., Lipsey, M. W., & Freeman, H. E. (2004). Evaluation: A systematic Approach (7th ed). CA: Sage publications.

Sarah, Lloyd-Hughes. (2012). 대중을 사로잡는 연설(박민수 역). 서울: 피어슨에듀케이션코리아. (원전은 2011년에 출간)

Seidman, I. (2013). 질적연구 방법으로서의 면담(박혜준, 이승연 역). 서울: 학지사. (원전은 2006년에 출간)

Sheafor, Bradford W., Horejsi, C. R., & Horejsi, G. A. (1998). 사회복지 실천 기법과 지침(서울대학교 사회복지실천연구회 역). 서울: 나남출판사. (원전은 1997년에 출간)

Simerly, R. G. (1989). Handbook of Marketing for Continuing Education. Jossey-Bass Inc., Publishers.

Skidmore, R. A. (1995). Social Work Administration: Dynamic Management and Human Relationships. Boston: Allyn & Bacon.

Sussman, S. (Ed). (2001). Handbook of Program Development for Health Behavior Research & Practice. CA: Sage Publications, Inc.

Tyler, Ralph W. (1996). Tyler의 교육과정과 수업지도의 기본원리(진영은 역). 서울: 양서원. (원전은 1949년에 출간)

York, R. O. (1982). Human Service Planning: Concepts, Tools, and Methods. Chapel Hill: The University of North Carolina Presss

Walker, D. F. (1971). A naturalistic model for curriculum development. The School Review, 80(1), 51-65.

Wheeler, D. (1967). Curriculum Process. London: University of London Press.

찾아보기

ㅊ

ㅋ

[저자 약력]

박 민 수

현재 계명대학교 인문국제학대학 기독교학과 상담학 교수로 재직 중이다. 한국기독교심리상담학회 감독, 한국청소년상담학회감독, 한국상담학회 전문상담사, 정신보건상담사로 활동하고 있다. 기독영성상담연구소의 지도교수와 G2심리상담센터에서 상담 및 상담실 운영에 참여하고 있다. 최근에는 '코칭 커뮤니케이션 과정'과 '효과적인 설득의 기술'을 개발하여 강연 및 워크숍을 진행하고 있다. 특히 저자는 '성경 이야기 상담'이라는 상담 이론을 개발하여 대학교와 대학원에서 가르치고 있을 뿐 아니라 실제 상담 현장에서 실시하고 있다.
지은 책으로는「마음을 움직이는 대화의 기술」,「이야기 상담의 과정과 기법」,「성경 이야기 상담」,「성경 이야기 상담 가이드 북」,「다음 세대를 품는 집단상담 수련회」,「성경적 영성 형성」,「상담으로 풀어본 신학」,「목회상담 이론 입문」 등이 있다.
역서로는「대중을 사로잡는 연설」,「논증의 달인」,「자기표현의 기술」,「면접가이드-Interview Q&A Book」,「면접가이드-Interview Book」 등이 있다.

집단상담 및 교육 프로그램 개발

초판인쇄 2024년 7월 25일
초판발행 2024년 7월 30일

지은이 박민수
펴낸이 최준규

총괄기획 박노일
편 집 이상민

펴낸곳 피앤씨 에듀
경기도 고양시 일산동구 백석로 119 214-904
등록 제2017-000078호

전 화 070)7550-3758 팩 스 02)6280-3758
홈페이지 www.pncmedia.co.kr 이메일 pnc@pncmedia.co.kr

ISBN 979-11-88782-76-5 93180

정 가 21,000원